Le Merchandising

Le Merchandising

Bases, techniques,
nouvelles tendances

Alain WELLHOFF
Jean-Émile MASSON

6e édition

DUNOD

Alain Wellhoff est directeur du premier cabinet-conseil spécialisé en merchandising qu'il a créé en 1972. Il a réalisé des missions de conseils, études et formations pour plus de trois cents entreprises (tant distributeurs que fournisseurs) et a formé plus de quinze mille commerciaux ou chefs de produits. Faisant autorité sur le sujet du merchandising, il l'a enseigné dans de nombreuses écoles de commerce (Insead, Essec...) et a donné des conférences dans plusieurs pays (Europe et Amérique). Créateur et défricheur de « nouveaux territoires », il innove sans cesse et développe le merchandising dans différentes directions : grande consommation, services, chaînes spécialisées...

Avec Jean-Émile Masson, il a fondé en 1972 l'Institut français du merchandising (IFM), association réunissant les principaux industriels et distributeurs. Ils ont ensemble instauré les Mètres d'or du merchandising, attribués chaque année lors des Journées nationales du merchandising devant 1200 professionnels de la distribution.

Du même auteur

Anatomie de la négociation, IFM, 1975

Lexique du commerce moderne, Éditions d'Organisation, 1977

Le Merchandising des années 80, Concret, 1980

ISBN 2 10 048902 X

Avant-propos

LE MERCHANDISING était presque totalement inconnu en France en 1970 : seules quelques rares entreprises multinationales avaient commencé à le pratiquer, sous une forme assez rudimentaire, dans les années 60. Le marketing commençait alors à avoir droit de cité, avec quelques vingt ans de retard sur les États-Unis.

Il faut dire que les années 50 avaient surtout été consacrées à la remise en état de l'appareil de production, après le traumatisme géant des années 40, et la fabrication de masse de produits de grande consommation commençait réellement.

En découvrant le marketing, déjà pratiqué aux États-Unis, les grandes entreprises françaises devaient bien constater que l'appareil de distribution était totalement caduc, ne se prêtant pas à un écoulement de masse de produits fabriqués en masse. La modernisation du commerce a d'abord consisté à rendre plus productif l'acte commercial, baisser les coûts ; bref il fallait *industrialiser* la vente après avoir industrialisé la production.

Mais ces années 70, qui devaient voir la distribution (nom générique du commerce moderne) faire sa révolution, puis prendre le pouvoir dans les années 80, voyaient en même temps les techniques de marketing se développer chez les industriels, puis devenir toutes-puissantes dans les années 80 – d'où des frictions importantes entre producteurs et distributeurs.

En effet, ce qui a caractérisé cette première période du marketing, chez les industriels, c'est la *méconnaissance, voire l'oubli, volontaire ou non, de la distribution :* on produisait pour le consommateur, on communiquait vers le consommateur ; la distribution n'avait qu'à suivre. Le pouvoir était alors du côté des industriels, qui pouvaient imposer leurs tarifs, voire les prix de vente.

Nombre de fabricants croyaient donc avoir trouvé dans le marketing l'arme absolue qui leur permettait d'établir, *par-dessus la tête du distributeur,* un dialogue direct avec le consommateur, et la possibilité de dicter leur loi au marché.

Mais quand le marketing naissait en France, nous l'avons vu, le commerce était atomisé, les commerçants passifs (il suffisait d'ouvrir une boutique, sans être professionnel, pour vendre facilement).

L'apparition de la distribution de masse, avec comme précurseurs Goulet-Turpin, E. Leclerc, Carrefour, a modifié les rapports de force. Et les industriels ne comprenaient plus les demandes de ces discounters débutants : ils voulaient vendre leurs produits au même prix public, pour éviter les boycotts des commerçants traditionnels.

Le marketing des industriels ignorait donc les problèmes de la distribution, mais, petit à petit, la bataille du linéaire, entre les marques, se faisait de plus en plus dure. Certains industriels (des lessiviers, d'origine américaine) utilisèrent alors le merchandising comme *moyen de gagner du linéaire,* car le libre-service généralisé donnait à la vente visuelle toute sa valeur.

Certains représentants peu scrupuleux arrivaient, dans les années 60, dans les magasins populaires (la grande distribution de l'époque) et dans les premiers supermarchés, et proposaient de « refaire » le rayon lessives, mal adapté, selon eux, aux parts réelles de marché. Et de *pousser* les concurrents pour prendre la plus grande place possible et occuper le terrain : *la guerre du linéaire* avait commencé… mais le mot merchandising était encore inconnu.

De très rares industriels français comme L'Oréal ou Gervais-Danone avaient aussi commencé à s'occuper du linéaire de leurs produits en magasins.

Tout a véritablement basculé en 1970, lorsque je rencontrai Jean-Émile MASSON au sein de l'Union des Annonceurs, représentant chacun notre société[1] pour des commissions spécialisées en PLV.

1. Alain Wellhoff chez l'Oréal. Jean-Émile Masson chez Gervais-Danone.

« Qu'est-ce donc que ce merchandising dont vous nous rebattez les oreilles ? demandaient les autres participants... Faites-nous donc un topo, c'est intéressant... »

Et c'est ainsi que nous publiâmes ensemble, dès 1972, déjà chez Dunod, le premier ouvrage français consacré au merchandising : *À la découverte du merchandising.*

Ce livre et ses différentes éditions ont connu un grand succès avec plus de 70 000 exemplaires vendus en France, en Italie, Espagne, Portugal, Mexique, Brésil et en Russie. Constamment réédité et remis à jour depuis sa première édition, il est recommandé et inscrit dans toutes les universités et écoles de commerce pour les cours de gestion-distribution.

Nous avons créé la même année l'Institut Français du Merchandising, association sans but lucratif, destinée à faire connaître ces techniques, à définir le contenu de ce mot, à impliquer aussi bien la distribution que l'industrie, en trouvant les points communs, les méthodes pour *travailler ensemble* à une meilleure commercialisation dans l'intérêt des deux parties.

Aujourd'hui cet institut, qui regroupe la plupart des industriels et distributeurs de l'univers « grande distribution alimentaire », correspondant du Food Marketing Institute aux États-Unis, est dirigé par un conseil d'administration comportant *un nombre égal d'industriels et de commerçants.* Il réunit chaque année, lors de ses « Journées nationales » plus de 1 200 participants... en refusant du monde[1].

Mais le merchandising, comme le commerce, bouge : pour l'an 2000, puis pour 2005, il fallait tout reprendre, tout remettre en forme, même si les informations apportées, remises à jour dans cette nouvelle édition, étaient toujours d'actualité. Si les lois du commerce sont éternelles, les changements de mentalités des partenaires (industriels, commerçants, consommateurs) remettent en cause les rapports de force institués, les changements techniques viennent modifier certains concepts, et la maturité de la distribution leur rendre le leadership naturel du merchandising, en particulier avec le category management.

Le merchandising, hier inconnu, est aujourd'hui totalement *incontournable.* Tout le monde en fait – ou devrait en faire – car c'est le

1. Site internet de l'IFM – IFM.asso.fr

moyen de mieux commercialiser ses produits si l'on est un industriel, et de mieux rentabiliser son espace si l'on est un distributeur.

Tant il est vrai que la nature a horreur du vide, et que le merchandising correspond à une nécessité absolue, dans une commercialisation efficace, où le vendeur (doit-on le regretter ?) a disparu, et où le consommateur, devenu adulte, exerce son libre arbitre tout seul, face à l'offre marchande.

Dans cette nouvelle édition j'ai ajouté, entre autres, un chapitre important sur un nouveau concept déjà bien implanté aux États-Unis : le category management. Certains pensent qu'il aurait pris la place du merchandising : rien n'est plus faux, car le category management s'appuie totalement sur un merchandising complet, tel que nous le développons ici. Si celui-ci a bien été mis en œuvre, en véritable partenariat fournisseurs/distributeurs, les deux tiers du category management auront été réalisés.

Pour cette toute dernière édition 2005 une importante partie a été ajoutée concernant les différentes études réalisées dans le cadre de l'IFM, qui apporteront un éclairage complémentaire et fondamental. (chapitre 15)

De même ai-je ajouté un chapitre (16) sur le merchandising tous azimuts et, avec la collaboration précieuse de Béatrice QUERETTE un chapitre (17) sur le développement nouveau du merchandising sensoriel.

Tant il est vrai que le Merchandising se développe sans cesse !

Alain WELLHOFF

Table des matières

DEUXIÈME PARTIE – **Techniques**

TROISIÈME PARTIE – **Ratios**

QUATRIÈME PARTIE – **Développements**

Liste des abréviations

BB	Bénéfice brut
BF	Bénéfice financier
BT	Bénéfice total (brut + différé + financier)
CSP	Catégories socioprofessionnelles
DLV	Date limite de vente
DN	Disponibilité numérique : % de magasins détenteurs par rapport à l'univers considéré (Nielsen)
DPO	Direction par objet
DV	Disponibilité valeur : % du CA réalisé par les magasins détenteurs (Nielsen)
EAN	*European Article Numbering :* coadification européenne à barres
ECR	*Efficient Consumer Response :* réponse efficace au consommateur
EDI	Échange de données informatisées
GM	Grand magasin
GMS	Grandes et moyennes surfaces
HD	Hard discount
HM	Hypermarché
IFLS	Institut Français du Libre Service
IFM	Institut Français du Merchandising
LS	Libre service
LS	Linéaire sol
LD	Linéaire développé
MDD	Marque de distributeur
MP	Magasin populaire
PDP	Profit direct produit : analyse détaillée des coûts de transport et commercialisation d'un produit
PGC	Produits de grande consommation
PLV	Publicité sur le lieu de vente
PQR	Presse quotidienne régionale
PVC	Prix de vente consommateur
RAL	Reste à livrer, ou commandes en cours
RFA	Ristournes de fin d'année, auxquelles on ajoute, pour les ratios de rentabilité, les avantages différés
ROI	*Return On Investment :* retour sur investissement-stock ou bénéfice par rapport au stock immobilisé au prix d'achat
SM	Supermarché
SUP	Supérette
UC	ou UVC : unité de vente consommateur
TG	Tête de gondole

Remerciements

Je tiens à remercier tout particulièrement l'IFM, ainsi que Béatrice QUERETTE, consultant merchandising spécialisée dans le luxe et le textile, qui s'est chargée de faire les synthèses de ces études, et d'apporter également ses réactions de professionnelle avec un œil tout neuf sur notre monde des PGC.

Nous avons ainsi réfléchi sur les nouvelles applications et les nouveaux développements du merchandising pour lesquelles nous avons construit de nouvelles bases.

Introduction

Un phénomène propre au merchandising, et qu'il faut bien intégrer chaque fois que l'on en parle, est la fréquente incompréhension du terme – ou plutôt « dyscompréhension » – bien que depuis les années 1970 à 1980 le terme ait été maintes fois éclairci, et les entreprises de plus en plus nombreuses à en adopter les techniques.

On peut même affirmer qu'à la fin du XXe siècle, le merchandising est parfaitement assimilé comme culture commerciale, tant par les grands industriels de produits de consommation que par les chaînes de magasins, surtout à dominante alimentaire, telles les grandes surfaces.

Mais ce n'est que l'aspect extérieur, car, selon que l'on s'adresse à un chef de produit, un directeur commercial, un directeur de magasin, un chef de vente ou un acheteur de centrale, si l'on panache de surcroît les métiers, les circuits ou les niveaux hiérarchiques, si l'on demande une définition claire et précise du merchandising, on reçoit une série de réponses très diverses, parfois précises dans l'erreur, ou confuses dans la globalité.

En réalité chacun met dans le merchandising ce qui l'arrange, peut-être parce que les écoles de commerce, qui l'ont pourtant toutes mises à leurs programmes, manquent de certitude sur le concept, sur la zone d'action, sur les limites, soit vis-à-vis du marketing, soit du commercial.

Encore heureux quand un journaliste, en mal de modernisme et de technicité commerciale, ne baptise pas merchandising du *licensing*, c'est-à-dire l'utilisation d'un personnage, d'une vedette ou d'un événement pour la commercialisation de *produits dérivés.*

Nous allons voir que le merchandising est la résultante logique des modifications de la distribution, et en particulier du libre-service. Disons le tout de suite : il s'agit d'une *série d'actions à différents niveaux destinées à mieux vendre les produits en magasins.*

☞ **On pourrait aussi expliquer que le merchandising concerne tout ce qui se passe sur le lieu de vente, en vue d'améliorer les performances : sa zone d'action, c'est l'espace compris entre les quatre murs d'un magasin.**

Pour un producteur c'est un des éléments du marketing, et le ressort principal de sa stratégie commerciale, en particulier dans le commerce moderne (GMS)[1]. Il ne peut plus, pour avoir une efficacité minimum, se passer de merchandising, c'est-à-dire *intégrer les problèmes* de la distribution pour y apporter *sa solution.*

Pour un distributeur (c'est-à-dire un commerçant moderne distribuant en masse) c'est l'exploitation optimale de sa surface de vente, de son linéaire, et la base même de sa performance, en chiffre d'affaires comme en marge.

Pour les deux partenaires, toute la bataille du profit se passe au linéaire, support du merchandising. Le produit est seul, face à l'acheteur potentiel. Il doit se vendre lui-même, puisqu'il n'y a plus personne pour le faire (tout au moins en libre-choix).

Tout ce qui participe à la performance du produit en linéaire, sa *présence* d'abord, sa *présentation* ensuite, sa *mise en valeur* et son étiquetage (éventuellement informatif) sans oublier sa *rentabilité* (sa contribution linéaire) forme un tout qui s'appelle merchandising.

Mais si le merchandising est né tout à fait logiquement du libre-service, comme nous le verrons plus loin, est-ce à dire pour autant qu'il ne s'appliquerait que dans les magasins alimentaires de grande surface ? Certainement pas, et nous pouvons assurer, pour y avoir directement participé, que *tous les types de magasins sont concernés* – donc tous les types de produits, textile, pharmacies, boulangeries ou cavistes, opticiens ou magasins de luxe et bien d'autres professions.

Dès les années 1980 nous avons vu certaines chaînes dynamiques de commerce spécialisé, certains industriels de l'équipement de la personne ou de la maison, se mettre au merchandising, tant sa prééminence devient évidente dans tous les types de commerce.

1. GMS : grandes et moyennes surfaces alimentaires (super et hypermarchés).

Après les produits, sont venus les services. Assurances, banques, télécoms – même, La Poste – se sont dit : « nous aussi, nous avons des points de vente ; nous recevons du public ; nous n'avons peut-être pas de produits matériels (sauf les appareils de communication pour les télécoms) mais nous avons des services qui sont bien des produits, eux aussi. Donc il doit y avoir un merchandising à inventer » – ce qui s'est d'ailleurs réalisé pour certains.

Il y a *merchandising dès lors qu'il y a vente visuelle :* rendons visuelle l'offre, elle n'en sera que plus marchande. Il n'y a pas, dans ce contexte, de limite au merchandising : tout le monde y a accès, industriels et commerçants, avec, certes, des attentes différentes.

Notre ambition, dans cet ouvrage, est de définir le merchandising, en expliquer les principales techniques, en montrer l'étendue exacte, avec les implications des deux partenaires (*le fournisseur* et le *commerçant*) sans oublier le troisième larron, et non des moindres, puisqu'il s'agit du « juge » : *le consommateur.*

Producteur et distributeur travaillent tous les deux pour lui ; *tout part du consommateur* (études de comportement, attentes, besoins, attitudes, etc.) que ce soit au niveau du marketing-produit (industrie) ou du micromarketing-magasin (commerce) ; *mais tout y revient* car c'est bien le consommateur, en dernier ressort, qui « vote » pour ou contre un produit ou un magasin.

En ce sens on peut difficilement définir une frontière rigoureuse entre marketing et merchandising, surtout au niveau du distributeur ; en revanche la délimitation semble plus facile chez le producteur, ne serait-ce que par les fonctions des hommes. Encore que les hommes du marketing doivent de plus en plus intégrer les données merchandising, et les commerciaux les données du marketing.

Rien n'est simple, nous allons tenter de préciser ce qui est du ressort du merchandising, même si certaines actions sont mises en œuvre par des *marketing-men :* après tout, l'important est d'utiliser la force du merchandising pour prolonger au point de vente le positionnement marketing. C'est vrai pour l'industriel, c'est vrai pour le commerçant.

Nous verrons que le merchandising débouche sur la rentabilité de l'espace, ce qui veut dire maîtriser tous les paramètres de cette rentabilité. C'est sa finalité : améliorer la performance produit, donc les *ratios de rentabilité ;* c'est un aspect souvent mal compris du merchandising, alors que c'est la mesure de son efficacité.

Reste le vocabulaire, avec ses mots techniques ou anglais, ses néologismes ou sa spécificité : nous expliquerons, au fur et à mesure, le sens des mots, rappelés de surcroît dans un lexique à la fin de l'ouvrage ; bien sûr on pourrait dire, comme le voudraient les pouvoirs publics, « marchandisage »[1] mais qui comprendrait ?

En sport, on parle de *corner,* de *dribble,* de *set,* de *passing-shot,* de *green* au bout d'un *fairway,* défendu par un *bunker :* lorsque l'origine d'un sport est un pays anglophone, le vocabulaire est anglais. Il en va de même pour le marketing et pour le merchandising. Et il faut reconnaître que l'anglais se prête particulièrement bien à l'expression d'une idée en un seul mot…

Enfin nous avons voulu privilégier la simplicité et la clarté des idées plutôt que les théories mathématiques ou complexes, et rester simples pour une technique simple… et vieille comme le monde : le commerce.

Le merchandising est la *codification de règles de bon sens commercial.* Plus il est simple, plus il est efficace – ce qui ne veut pas dire qu'il ne soit pas indispensable, de temps en temps, de faire appel à des moyens très affûtés, qui ne doivent rester que des moyens, et non des fins.

Le merchandising, *c'est mieux vendre, vendre plus, avec plus de profit.*

1. Qui dit mercatique au lieu de marketing ?

PARTIE I

Approche du merchandising

CHAPITRE 1

Origine du merchandising

LE COMMERCE est certainement le plus vieux métier du monde. C'est un acte naturel que l'industrisaliation de la distribution a rendu technique. Aussi loin que l'on remonte dans l'histoire, dès qu'il y eut troc, donc désir de vente, il y eut merchandising – sans le savoir. Pourquoi et comment la révolution des méthodes de vente des magasins a-t-elle transformé un « art » inné, acte naturel et simple, en technique élaborée venue s'intégrer aux techniques de marketing ?

Faisait-il du merchandising, ce chamelier antique qui, pour mieux vendre ses oranges, les entassait par terre en une pyramide éclatante, et, pour mieux *susciter le désir,* coupait en deux les plus belles ?

La pulpe gorgée de jus, dont les gouttes brillant au soleil appelaient le chaland assoiffé, n'était-ce pas déjà la meilleure mise en valeur possible du meilleur produit possible, au meilleur endroit et au meilleur moment ?

Évolution du commerce à travers les âges

Observons l'évolution du commerce à travers les âges...

- Dans les tout premiers temps, avant même l'existence de boutiques, la marchandise était présentée – à même le sol ou sur des tréteaux – dans des marchés en plein air. Le vendeur appelait le chaland, vantait sa marchandise, éventuellement discutait le prix. Son rôle était fondamental.

- Puis, très vite, la boutique est arrivée, dont la structure classique n'a pas évolué pendant des siècles : échoppe sombre dont on poussait malaisément la porte, barrée au fond d'un comptoir de bois patiné par les ans. Le chaland devait *demander* l'article qu'il désirait... Par exemple trois mètres de tissu pour faire une robe, un boisseau de blé, etc.

  Le marchand allait alors dans l'arrière-boutique, cherchait la pièce d'étoffe, la portait sur le comptoir avec une ou deux autres : et de vanter la solidité de celle-ci, la main de celle-là ou le coloris de cette autre.

  Entre le chaland (on ne disait pas encore consommateur) et la marchandise, il y avait alors *séparation totale* : la réserve, le vendeur, le comptoir. D'où l'importance fondamentale de l'argumentation de vente, du talent de « tentateur », de la parole. Jusqu'au milieu du XIXe siècle, en dehors des marchés traditionnels, tel était le commerce de détail, depuis l'Antiquité.

- En 1852, c'est la *grande révolution du commerce,* avec l'arrivée des grands magasins, inventés par Aristide Boucicaut (Au Bon Marché). Les produits, placés auparavant *derrière le vendeur,* font le grand saut, par-dessus sa tête pour s'étaler sur les comptoirs, *au contact direct des chalands,* qui circulent librement dans d'imposantes structures architecturales.

  On constate que :

  - le produit s'est considérablement rapproché de l'acheteur, à portée de sa main ; il le touche ;
  - l'action du vendeur est encore importante (débiter la marchandise) sans être pour autant déterminante ;
  - la libre circulation et les grandes surfaces de vente entrent dans les habitudes.

  C'est de là qu'est partie la grande révolution du commerce ; tout y est contenu, tout en découle[1].

1. Le lecteur curieux ou intéressé se reportera *Au Bonheur des dames*. Émile Zola, après une longue enquête à l'intérieur du Bon Marché y décrit minutieusement les règles du commerce moderne : circulation, présentation, affichage, prix d'appel, rotation des stocks par rapport à la marge, service au consommateur, entre autres. On n'a guère inventé réellement depuis.

- Vers 1934, en France (vers 1928 aux États-Unis), deuxième *évolution* plus que *révolution* : c'est le « magasin populaire », dit aussi à « prix uniques » (c'était leur positionnement au départ : tout à 3 F, tout à 5 F, etc.). Dérivé du grand magasin (et pour cause, c'étaient les mêmes commerçants), il en *simplifie les principes :*
  - libre circulation dans une surface plus modeste ;
  - nombre de références limité (produits de grande consommation, très peu chers) ;
  - rotation rapide des stocks, avec une marge réduite ;
  - vente et encaissement simplifiés (comptoirs dits « bergeries »).

  On voit s'amenuiser de plus en plus le rôle du vendeur – ou plutôt de la vendeuse : plus aucune argumentation, son rôle est de « débiter » les produits, le plus vite possible.

  La cliente prend en main son achat, et va le faire débiter par la vendeuse : le produit s'est encore rapproché du consommateur, le vendeur ne se voit presque plus.

La vente moderne

L'aboutissement logique de cette évolution, c'est le *libre-service :* en simplifiant encore ce processus, le produit est *mis directement* dans le panier de la ménagère, par elle- même, sans passer tout d'abord par un acte de vente.

Le chaland se promène en toute liberté, prend ce qu'il veut, le met dans son chariot : nous voilà revenu à une *économie de cueillette,* vieil atavisme à nouveau libéré... disparition totale du vendeur ; liberté totale de choix *sans ancune intervention humaine*[1].

Pendant ce temps, le commerce traditionnel restait englué dans ses habitudes ; bien avant la guerre, les premiers succursalistes alimentaires

1. Cependant on remarquera le transfert général de manutention du commerçant vers le client : 1) il prend le produit, 2) le met dans son chariot, 3) le pose sur le tapis de caisse, 4) le remet dans son chariot, 5) le transfère dans son coffre, 6) le remonte dans son appartement... Le nouveau manutentionnaire, c'est le consommateur ! Où est passé l'épicier de jadis qui vous livrait à domicile ?

(Goulet-Turpin, Primistères, Felix-Potin, Casino et bien d'autres) avaient déjà créé des réseaux de petits magasins à succursales dont le succès était très grand[1].

Mais la vente était toujours traditionnelle, les produits proposé souvent en vrac devaient être pesés et ensachés par les gérants. L'industrie fabriquait en masse ; *la distribution n'était pas adaptée, et beaucoup trop onéreuse.*

Nés aux États-Unis avant la guerre, les supermarchés arrivent en France treize ans après la libération.

Le développement des grandes surfaces[2]

1948 : premier libre-service (Goulet-Turpin) ;
1949 : premier centre distributeur E. Leclerc à Landerneau ;
1958 : premier supermarché (Goulet-Turpin) ;
1963 : premier hypermarché (Carrefour, Sainte-Geneviève-des-Bois) ;
1969 : premier centre commercial régional (Cap 3000 à Saint-Laurent-du-Var).
1975 : premier hard-discount (Archi-bas, Erteco).

L'évolution est arrivée à son terme, tout au moins en ce qui concerne le commerce dit classique (nous faisons ici l'impasse sur le commerce électronique, vidéo-distribution, et autres bornes interactives, ou réseaux informatiques).

Notons que l'on retrouve, avec l'extrême simplification de l'acte d'achat, la liberté de flâner, et les étalages de masse du commerce de toujours.

1. Pour être précis, la naissance du succursalisme remonte à 1866 (Goulet-Turpin, Ruche Picarde, Docks rémois...), celle de la VPC à 1922 (La Redoute), du groupement de détaillant à 1924 (Codec), du magasin populaire à 1928 (Uniprix).
2. Voir le tableau synoptique en strates proportionnelles des grandes surfaces alimentaires *(Store Chart France)* créé par Alain Wellhoff, commercialisé par Vigie S.A. chaque année. (0142278855)

CHAPITRE 2

Logique du merchandising

MAINTENANT, le produit doit se vendre tout seul. *C'est l'univers du libre-choix* : le consommateur doit apprendre à se repérer, à lire l'offre marchande, à choisir son produit, celui-là plutôt qu'un autre. Cette arrivée brutale du libre-service a amené quatre grands changements, au niveau du produit, du consommateur, du producteur, et du distributeur. Ces quatre modifications fondamentales ont toutes induit le merchandising (voir tableau 1) et l'ont rendu *indispensable.*

Modifications concernant le produit

En libre-service le produit doit être son propre vendeur, d'où une transformation progressive du *packaging* (emballage) et du *packing* (suremballage par plusieurs unités). Nous verrons plus loin le « dialogue » qui se met en place entre le produit et le prospect, et que le packaging a deux rôles fondamentaux : *attirer,* pour être choisi, *expliquer* son mode d'emploi de façon claire et simple, pour motiver l'achat par le consommateur. Les contenances des produits ont également évolué, vers des grands formats ; après avoir été trop loin en ce sens, les producteurs reviennent à des formats plus raisonnables, et mieux adaptés à la taille des foyers (nombreux célibataires et familles monoparentales).

Tableau 1 – Évolution vers le merchandising : une nécessité induite par le libre service

4 MODIFICATIONS FONDAMENTALES

Produit	Consommateur	Producteur	Distributeur
Transformation du packaging	Lâché en liberté dans un univers de signes	Concentration de la décision : inutilité du VRP classique	Devient un industriel de la vente
du packing	doit se repérer, comprendre les classifications exercer son jugement	on ne peut laisser les magasins sans contrôle besoin de « missi dominici »	nouveaux critères de gestion devient un financier (bénéfice financier)
des contenances			
↓	↓	↓	↓
Le produit doit **s'auto-argumenter**	Le linéaire doit se lire comme un **catalogue**	Transformation du représentant : **nouvelle « race »**	Rentabiliser l'investissement : **productivité**

Pour ces 4 raisons
le merchandising est devenu indispensable
autant pour les producteurs que pour les distributeurs

↓	↓
VENDRE PLUS (volume)	VENDRE MIEUX (volume)

© Alain Wellhoff

Toujours est-il que le produit doit *s'auto-argumenter*, n'ayant plus de vendeur pour le faire. Cette évolution obligatoire du produit est faite en fonction de la visibilité, de la lisibilité en magasin, de son environnement direct, de la largeur des allées, de l'importance du linéaire...

Modifications concernant le consommateur

Celui-ci s'est considérablement transformé. Lâché en liberté dans un univers de signes, il doit apprendre à *se repérer*, *décoder*, *comprendre* les différentes classifications (rayons, familles, sous-familles, catégories), puis *exercer son jugement* entre les produits, les marques nationales, les marques de distributeurs, les premiers prix, les signes de qualité.

Un linéaire doit se décoder, être compréhensible. Placé devant l'offre d'un rayon, le consommateur doit être capable de « *lire* » *le linéaire* comme le sommaire d'un livre, comme un catalogue. D'où l'importance des études consommateurs en magasin, base d'une bonne démarche merchandising.

Modifications concernant le producteur

Au fur et à mesure de la montée en puissance du commerce moderne, les industriels se sont, peu à peu, trouvés confrontés à des centrales d'achat de plus en plus puissantes, de plus en plus directives. Dans ces conditions, la décision de référencement ne se trouvant plus dans les magasins, et le réassortiment petit à petit établi par des ordinateurs, sans compter le développement des entrepôts : que pouvait alors faire un représentant classique, preneur d'ordre, en face de chefs de rayon de moins en moins décisionnaires ? Rien.

Pour autant, pouvaient-ils, ces industriels laisser les magasins sans visite, sans vérifier la bonne présence des produits, sans contrôler la qualité de la présentation, voire l'état des produits ou les DLV[1] ?

1. DLV : date limite de vente.

Le représentant, ex-VRP ou vendeur, a dû se transformer en *merchandiser,* une nouvelle « race » d'homme dont le rôle n'est plus de vendre, mais d'assurer le bon fonctionnement de la présence-produit, la bonne mise en place des promotions, le bon linéaire, bref conseiller le chef de rayon *pour améliorer les performances.*

Modifications concernant le distributeur

Le commerçant – avant de devenir *distributeur,* achetait des produits à un prix donné, et les revendait à un prix plus élevé, la différence constituant sa marge, avec les taxes éventuelles.

Aujourd'hui où la distribution est devenue une *industrie* on pense d'abord à la productivité, tout comme dans une usine.

Le « produit » fabriqué par le distributeur, c'est le service de mise à disposition des citoyens d'un assortiment complet de produits, le moins cher possible, dans les meilleures conditions de vente possibles (horaires, confort, circulation, services).

Ce « produit » doit, bien évidemment, lui revenir le moins cher possible, d'où la *recherche effrénée de gains de productivité.*

Les magasins se sont transformés en « usines à vendre », recherchant naturellement les moyens de limiter au maximum les coûts ; le plus clair de ces coûts est le poste « frais de personnel », et qui dit personnel, dans une usine à vendre, dit essentiellement *manutention.*

Le distributeur doit chercher à optimiser ces frais de mise en rayon, donc à équilibrer le linéaire pour limiter le « réassort » : c'est la *répartition logique du linéaire,* des *facings*[1] : qui va permettre cet équilibre. C'est du merchandising.

De surcroît, un autre phénomène de mutation s'est inscrit dans le métier de distributeur : c'est *le facteur financier.* Car les sommes énormes encaissées chaque jour par les grandes surfaces, comptant, donnent lieu à des bénéfices financiers non négligeables avant de servir à payer les fournisseurs. Nous étudierons cela en détail dans le chapitre rentabilité.

1. *Facing* : unité de présentation d'un produit, vu de face.

Toujours est-il que certains distributeurs se sont avisés qu'il était bien plus aisé de gagner de l'argent avec des placements financiers qu'avec la marge commerciale.

On pourrait presque dire que pour certains, à certaines périodes, et à l'échelon le plus élevé, le plus clair du métier de distributeur était de faire de l'argent avec de l'argent plutôt qu'avec les produits.

Ce qui explique la facilité avec laquelle certains distributeurs vendent parfois « à la planche » c'est-à-dire sans bénéfice, car celui-ci est réalisé ailleurs qu'en magasin.

Autre chose, qui n'est peut-être pas si innocent que cela : en France (Dieu sait pourquoi) le métier de *commerçant* n'est pas « noble » être *industriel,* c'est « mieux », l'échelon social est plus élevé ; mais qu'y a-t-il au-dessus d'industriel ? *Banquier !* et la tentation est grande, pour un commerçant très courtisé par les banquiers (du *cash,* à grands flots, chaque jour !) de jouer, lui aussi au banquier.

Ainsi, pendant plusieurs années, une grande chaîne de distribution cotée en bourse a dégagé une marge nette entièrement composée de produits financiers.

Vendre plus et vendre mieux

Le merchandising est donc devenu indispensable pour les partenaires professionnels en cause, c'est-à-dire le producteur et le distributeur :

- pour le producteur, l'objectif du merchandising est clair : *vendre plus,* plus de produits, en plus grande quantité, optimiser le linéaire pour écouler régulièrement ses produits dans les meilleures conditions ;
- pour le distributeur, certes vendre plus, mais surtout *vendre mieux,* c'est-à-dire en optimisant la marge, tout en limitant les frais généraux ;
- et indispensable pour le consommateur, pour les raisons ci-dessus evoquées, pour lui faciliter son choix, optimiser son temps, lui proposer une offre claire et compréhensible.

Le merchandising, c'est avant tout une façon de penser la meilleure valorisation possible du produit, de la sous-famille, de la famille, du rayon, du magasin.

En anglais, le suffixe *ing* donne une notion d'action, de mouvement. *Le merchandising, c'est le mouvement de la marchandise vers le consommateur.*

La scène de la vente

Le commerce, c'est le théâtre. La pièce doit être prête à jouer, dès la sonnerie d'ouverture. *Le merchandising, c'est la mise en scène.* Une preuve ?

• Scène 1. Voici une cliente potentielle qui entre dans un magasin en libre-service. Où va-t-elle aller ? Elle a certainement une idée de ce qu'elle veut acheter, autrement elle ne serait pas venue... Va-t-elle y aller directement, ou va-t-elle se promener dans d'autres rayons que celui qui l'intéresse ? C'est l'implantation du magasin qui va jouer, en même temps que d'autres facteurs. À un moment donné, voici notre cliente – appelons-là notre « jeune première » – qui s'arrête devant une famille de produits. Que va-t-il se passer ?

• Scène II : la séduction. Qui joue le rôle du séducteur, du « jeune premier » ?... C'est le produit, qui doit séduire. Par son emballage (bien habillé), son image de marque (sa réputation), son environnement (le cadre de la rencontre).

Si la scène de séduction se passe bien, c'est le *happy end,* la jeune première le « prend », se l'approprie, le met dans son chariot (assimilable, pour les psychologues, à un ventre). Le produit est vendu. Mais si quelque chose ne fonctionne pas dans cette scène de séduction, c'est un autre produit qui sera l'élu.

Bien sûr, si la PLV[1] se trouve à proximité, cela va influencer notre jeune première, en augmentant son envie. Mais nul vendeur, nulle démonstratrice ne sera là pour l'influencer ; c'est un véritable « dialogue muet » qui s'est instauré entre le produit et la consommatrice.

Mais qui est donc le metteur en scène ? C'est le chef de rayon, bien sûr, ou le commerçant lui-même !

Et dans toute scène de cinéma, il y a un producteur, bien entendu. Qui est-ce ? Le représentant de l'industriel, qui apporte ses conseils pour la meilleure réussite possible.

1. PLV : publicité sur le lieu de vente.

Le produit doit se faire connaître ou reconnaître. Il sera d'autant plus choisi qu'il y aura :

- notoriété ;
- identification ;
- information ;
- motivation ;
- et qu'il *sera à sa place logique* (dans la logique du consommateur et non du chef de rayon).

Il ne suffit pas d'être présent : *il faut être là ou il faut.*

- *La notoriété* s'acquiert sur plusieurs années grâce à la qualité, au nombre de points de vente desservis, à la publicité, à la promotion, à l'image de marque d'une société novatrice et dynamique, image qui rejaillit sur ses produits.
- *L'identification* se crée à partir de bases solides : choix des emballages, esthétique du design, lisibilité aisée, clarté des classifications en familles et variétés.
- *L'information*, surtout pour les produits nouveaux, est une clef essentielle pour entrer sur le marché. Elle a des règles, et il est bon que cette information soit répercutée au rayon.
- *La motivation* peut être le prix, l'offre spéciale, la taille du conditionnement, la complémentarité... voire la nouveauté.

Point essentiel : être à sa place

Pour cela, il faut un merchandising objectif, en constante évolution, et parfaitement efficace, faisant respecter la position réelle du produit sur le marché, en tenant compte des caractéristiques locales et de la stratégie commerciale du *producteur* pour le plus grand bien de la rentabilité du *distributeur* et la satisfaction du *consommateur.*

Autre nécessité : l'industrialisation de la distribution donne aux critères de rentabilité une importance de plus en plus grande.

Le distributeur, gérant son unité de vente comme une unité de production ne peut plus construire des rayons selon un sens commercial plus ou moins grand, se fier seulement à son expérience ou à son instinct, ni pour l'assortiment, ni pour le linéaire.

Bien souvent, à 0,5 % près, un magasin gagne ou perd de l'argent. Le profit net est très vulnérable, compte-tenu des marges très étroites (et typiquement françaises) des magasins.

Les chiffres d'affaires impressionnants des grandes surfaces (un hypermarché peut atteindre, à lui seul, 305 millions d'euros !) sont bien souvent supérieurs au chiffre d'affaires d'une société industrielle de bonne importance.

Seul un merchandising efficace peut lui permettre, *rayon par rayon,* d'améliorer ses résultats par une meilleure gestion. La gestion des produits, c'est aussi le merchandising.

Il faut donc non seulement mettre le bon produit à la bonne place, mais faire en sorte de mixer les produits à profitabilité variée dans le but d'améliorer constamment la productivité de chaque mètre, carré ou linéaire, du point de vente. C'est devenu une nécessité vitale.

C'est la généralisation du libre-service, des supers et hypermarchés, des grandes surfaces spécialisées (bricolage, électroménager, sport, jouets, jardineries, etc.) qui a institué cette nouvelle technique de commercialisation, cette codification des règles de vente visuelle : le merchandising.

Après avoir été l'apanage des industriels, le merchandising a peu à peu pris sa place naturelle chez les distributeurs. Mais après avoir, parfois, été mené de façon impérialiste par certains producteurs, surtout à ses débuts, il ne faudrait pas que certains distributeurs veuillent développer tout seuls leur propre merchandising… Certes, ils sont chez eux, *mais il n'est pas possible de faire du merchandising en solitaire.* Nous verrons plus loin les limites des actions de chacun.

Bien sûr il arrive que certains, critiquant la société de consommation, vouent le merchandising aux gémonies, l'accusant carrément – nous l'avons entendu plus d'une fois – de technique tendant à faire acheter aux consommateurs des produits dont ils n'ont pas besoin.

Le merchandising, c'est le commerce d'aujourd'hui. Le commerce, depuis la nuit des temps, c'est la tentation. Tenter est-il haïssable ? Chacun répondra selon sa philosophie… Les ennemis de la société de consommation peuvent mettre en cause le merchandising. C'est bien lui, après la publicité, qui crée l'envie, pousse à l'achat, et à travers le libre choix fait consommer.

Ce n'est évidemment pas le merchandising qu'il faut accuser, mais le système. Le merchandising n'est qu'un moyen, une technique au service d'une politique économique.

Est-ce immoral ? Est-ce au contraire faciliter la vie par une simplification du choix, une facilité de compréhension, une présentation logique ?

N'oublions pas que la distribution de masse, succédant à la fabrication de masse, fait incontestablement baisser – considérablement – les prix à la consommation par une commercialisation plus efficace, et met ainsi à la portée de tous des produits autrefois réservés à des privilégiés.

Est-ce le merchandising ou le commerce lui-même qui est en cause lorsque Zola parle de « la femme sans force contre la réclame » à qui l'on tend « des pièges les plus savants » en lui faisant « perdre la tête » ?

☞ **Que faut-il admirer le plus dans *le Bonheur des dames* ?**

Émile Zola, dont nous avons pu consulter les notes prises pendant son étude du « Bon Marché » ?

Ou le génie de Boucicaut qui a trouvé il y a un siècle et demi les grandes orientations du commerce ?

« Chaleur d'usine… bousculade des comptoirs… foule brutale de convoitise… ronflement continu de la machine à l'œuvre… tout cela réglé, organisé avec une rigueur mécanique, tout un peuple de femmes passant dans la force et la logique des engrenages ».

Ou encore : « Nous perdons quelques centimes sur l'article, je le veux bien. Après, le beau malheur, si nous attirons toutes les femmes et si nous les tenons à notre merci, séduites, affolées devant l'entassement de nos marchandises, vidant leur porte-monnaie sans compter ! »

Et puis celle-ci : « Ce commerce était basé maintenant sur le renouvellement continu et rapide du capital… toute la mécanique est là… Un écoulement de la marchandise à bon marché… des occasions qui arrêtent les clients au passage… des piles colossales, de grandes pancartes, des chiffres géants…

Mais : « Un classement d'une logique absolue… un ordre intelligent qui devait permettre aux clientes de se diriger elles-mêmes ».

Nous ne saurions trop vous en conseiller la (re)lecture, il y a bien d'autres observations et prémonitions savoureuses…

Chapitre 3

Définitions du merchandising

Le merchandising, nous l'avons vu avant de le définir, c'est le *mouvement de la marchandise vers le consommateur.* Ce n'est pas la *licence* octroyée par le propriétaire d'un personnage, d'une institution, d'un musée ou d'un monument, pour fabriquer à sa marque tel ou tel type de produit.

Ce n'est pas la *manutention* des marchandises, la *mise en rayon,* parfois (rarement aujourd'hui) effectuée par un fournisseur. Ce n'est pas le travail *d'étalage,* de *décoration ou* de *promotion*, même si parfois cela en fait partie.

Ce n'est même pas, comme beaucoup le croient encore, le seul travail sur la *présentation* des produits, encore qu'il soit indispensable et indissociable.

C'est plutôt, dans sa conception française, issu du libre-service :

- une nouvelle forme des techniques de vente, dont les axes principaux sont l'assortiment, la présentation, l'animation et la gestion ;
- l'ensemble des actions tendant à la meilleure valorisation possible du produit auprès du distributeur et du consommateur ;
- l'aide apportée à un produit vendu en libre-choix, qui doit se défendre tout seul ;
- une évolution des méthodes commerciales en phase avec l'évolution rapide et permanente des techniques de la distribution moderne, qui

a besoin d'une collaboration objective entre producteurs et distributeurs.

Aux États-Unis, avec le sens de la formule qui caractérise nos amis américains, c'est la définition du Dr Keppner qui est généralement retenue :

> « Le bon produit, au bon endroit, au bon moment, au bon prix, en bonnes quantités. »

En France, beaucoup de définitions ont été données, ici ou là, du merchandising, selon ce que chacun voulait y voir ; et comme tout le monde en fait ou croit en faire, le terme merchandising signifie souvent quelque chose de différent selon les interlocuteurs. Par exemple on confond souvent promoteurs, étalagistes, démonstrateurs, approvisionneurs, voire représentants avec de véritables *merchandisers.* S'ils font souvent partie d'une politique merchandising, ils n'en sont que les *moyens.*

Merchandising vient du mot marchandise. D'où l'on peut dire que c'est *l'ensemble des moyens qui aident le produit à s'écouler au point de vente.*

L'Académie des sciences commerciales en donne la définition suivante :

> « Le merchandising est une partie du marketing englobant les techniques marchandes, permettant de présenter, dans les meilleures conditions matérielles, et psychologiques, le produit ou le service à vendre à l'acquéreur éventuel.
> Le merchandising tend à substituer à une présentation passive du produit ou du service une présentation active faisant appel à tout ce qui peut le rendre plus attractif : conditionnement, fractionnement, emballage, exposition, étalage, etc. »

On notera que le merchandising, pour cette honorable académie peu informée de la chose, est réduit à la seule présentation marchande. La référence au marketing est bonne, ainsi que la notion de présentation active.

L'Institut français du merchandising élaborait en 1973 une définition plus large :

> « Ensemble des études et des techniques d'application mises en œuvre, séparément ou conjointement, par les distributeurs et les producteurs en vue d'accroître la rentabilité du point de vente et l'écoulement des produits,

par une adaptation permanente de l'assortiment aux besoins du marché et par la présentation appropriée des marchandises. »

Nous avions proposé dès 1972 une formule plus concise :

« Ensemble des méthodes et des techniques concourant à donner au produit un rôle actif de vente, par sa présentation et son environnement, pour optimiser sa rentabilité. »

Mais une définition est toujours imparfaite par... définition.

Existe-t-il une bonne définition pour le merchandising ? Nous ne le croyons pas, car le merchandising est tellement souple, adaptable par définition au produit, ou au service, qu'à chaque nature de produit, à chaque circuit de commercialisation correspond un – voire plusieurs – types de merchandising.

Le merchandising, c'est avant tout la bonne connaissance des caractéristiques et potentialités du point de vente.

Le merchandising, qu'il soit l'apanage de l'industriel ou du commerçant, doit être mis en œuvre pour le produit, pour une famille, pour un rayon. Qui que ce soit qui en ait l'initiative, il ne pourra être réalisé qu'à deux, le producteur apportant sa connaissance du marché, des différents circuits de distribution, le distributeur la connaissance de son marché local, de ses clients, de son point de vente ; ils sont « condamnés » à *travailler ensemble,* en regardant dans la même direction : le consommateur.

Alors, qu'importe la définition, alibi commode pour faire croire que l'on sait. Une seule chose compte : le *résultat.*

On peut aussi dire que le merchandising n'est que le *bon sens* (commercial). C'est aussi l'innovation, la créativité ; c'est la technique, simple ou élaborée ; ce sont les hommes, qui pensent, créent, ou appliquent. Mais, de toutes les façons, une seule valeur compte : le résultat.

C'est pour cela que l'on fait souvent du merchandising par approches successives : nous avions dit, dans notre premier ouvrage, que c'était de *l'heuristique par itérations*[1]. C'est vrai mais c'est bien compliqué à comprendre.

1. *Heuristique :* discipline qui se propose de dégager les règles de la recherche scientifique et de la découverte.
Itération : action de répéter, de faire de nouveau (Larousse).

Après bien des années de formation, nous avons trouvé une formulation que tout le monde comprend, parce qu'elle est simple comme doit rester simple le merchandising :

> « Le merchandising, ce n'est pas la pratique d'une théorie, c'est la théorie de la pratique. »

Ce n'est pas si évident ; beaucoup d'hommes de marketing, par défaut fréquent de réalités du terrain, pensent un merchandising apparemment bien conçu : et il y a toujours des problèmes à l'application.

On pense, certes, on réfléchit, on étudie, on crée ; mais, humblement, on va d'abord tester, calculer, améliorer, faire fonctionner avant de définir une « doctrine merchandising » solide.

On fait bien, alors, la théorie de la pratique ; ensuite on peut faire la pratique de la théorie.

CHAPITRE 4

Champ d'action

Les quatre axes du merchandising

Pour bien vendre un produit, avec un profit correct, il y a une démarche incontournable :

- Il faut que le produit soit dans le magasin, donc référencé (pas là, pas vu) ;
- il faut qu'il soit convenablement présenté (pas vu, pas pris) ;
- il faut qu'il soit bien mis en valeur et animé (pas mis en avant, pas vivant) ;
- il faut que sa rentabilité en soit bien maîtrisée (retour sur investissement).

Dès lors sont définis les *quatre axes fondamentaux* du merchandising :

1. assortiment ;
2. présentation ;
3. animation ;
4. gestion.

On peut dire alors qu'il y a quatre grands types de merchandising, ou quatre phases, si l'on veut.

Dans chaque quadrant ainsi délimité se trouvent trois points spécifiques. Nous en avons fait une synthèse, sous forme de points cardinaux, les quatre axes représentant successivement l'est, le sud, l'ouest et le nord.

Les points intermédiaires sont bien évidemment les points (en commençant en haut à droite) : N-NO, NO, E,-NO... et ainsi de suite (voir figure 1).

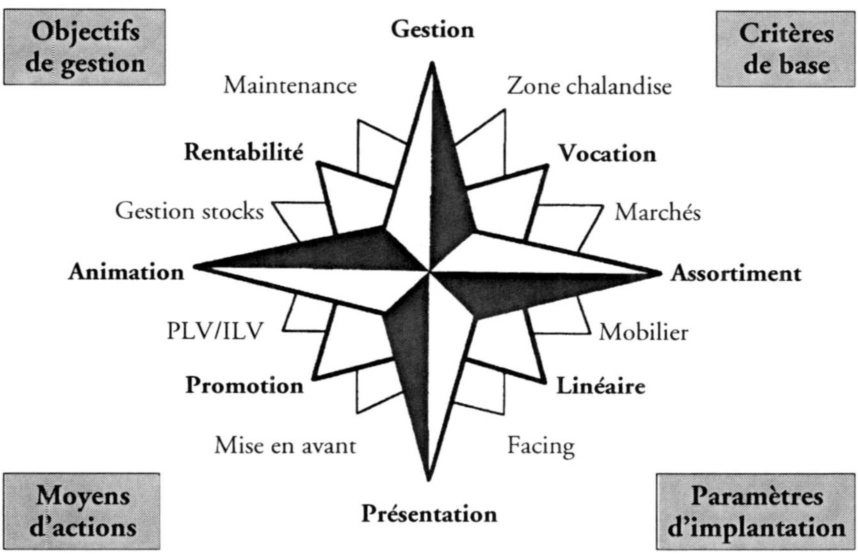

Figure 1 – Les points cardinaux du merchandising

© Alain Wellhoff

➤ Critères de base

Ce premier quadrant comporte donc trois points qui doivent être étudiés soigneusement, avant de construire un assortiment :

- zone de chalandise du magasin concerné ;
- vocation du magasin (choix, qualité, prix) ou autrement dit *positionnement de l'enseigne* ;
- connaissance des marchés des produits dont on veut faire le merchandising.

Il est bien évident qu'un assortiment ne peut être décidé qu'en fonction des clients potentiels de la zone, en fonction de l'offre produits, et en fonction de sa stratégie commerciale.

➤ Paramètres d'implantation

L'assortiment défini, il faut présenter les produits. La démarche est, là aussi, logique :

- définition du mobilier apte à bien présenter les produits concernés ;
- répartition du linéaire par familles et sous-familles ;
- dévolution du *facing* de chaque référence.

➤ Moyens d'action

Il ne suffit pas de présenter les produits, il faut les animer de diverses façons :

- mise en avant régulière, pas forcément promotionnelle (pas vu, pas pris) ;
- promotion, généralement avec mise en avant ou tête de gondole ;
- PLV/ILV : c'est-à-dire publicité ou information sur le lieu de vente.

➤ Objectifs de gestion

Finalité du merchandising – « tout çà pour çà » ! :

- rotation des stocks, clé de la rentabilité dans le commerce moderne ;
- ratios de rentabilité par rapport à l'investissement linéaire ou au stock ;
- maintenance du linéaire pour assurer le suivi des performances.

Le merchandising, sans aucune ambiguïté, c'est effectivement tout cela : tout un ensemble d'actions réalisées dans un but – la performance du produit en magasin.

Quelles actions en particulier ? Quelle performance ? Comment la définir et la calculer ?

C'est l'objectif de cet ouvrage de le découvrir ensemble.

Pendant longtemps, le merchandising a souffert d'une ambiguïté : était-ce l'affaire les industriels ou des commerçants ?

Historiquement, seuls les industriels l'avaient intégré ; mais dès que les chiffres d'affaires de la distribution ont commencé à ne plus évoluer avec des pourcentages à deux chiffres, il a été nécessaire d'affiner la gestion des magasins – donc de mettre en place, plus ou moins rapidement, le merchandising.

Il est certain que les deux partenaires, même s'il y a des points communs, n'ont pas le même objectif. Ils sont cependant obligés, pour des raisons évidentes d'efficacité, d'avoir une politique merchandising (dont le champ d'action est étendu *de facto* à toute l'industrie de produits de consommation, et à toute la distribution de détail, quelle que soit son positionnement, puisque aujourd'hui la quasi-totalité des magasins est au moins en libre choix – à l'exception, bien entendu, de la bijouterie).

Merchandising des fournisseurs

Si le marketing est fondé sur la connaissance du consommateur, de ses besoins, de ses attentes, le merchandising est fondé sur une approche identique, mais *centrée sur le distributeur.*

Classiquement, l'action d'un fournisseur (qui peut être un industriel, mais également un grossiste, un importateur) consiste à *vendre* ses produits à des commerçants, qui le *revendent* au détail aux consommateurs en prenant au passage une marge de fonctionnement. Il y a dix bonnes raisons qui incitent le fournisseur à développer une politique de merchandising.

Comment le merchandising vient-il interférer dans le circuit commercial, où chacun vend à l'autre, exerce donc une action de « *pousser la marchandise* » *vers l'aval* – ce que l'on appelle *push*[1] ? Nous allons voir qu'il renforce ce circuit en « tirant » : *pull*[2].

Le schéma de la figure 2 (découpé en séquences) explique de façon claire l'apport du merchandising au commercial, et surtout la démultiplication de l'efficacité, le renfort des liens entre les trois partenaires que sont le producteur (P) le distributeur (D) et le consommateur (C).

1. *Push,* en anglais : pousser.
2. *Pull* : tirer.

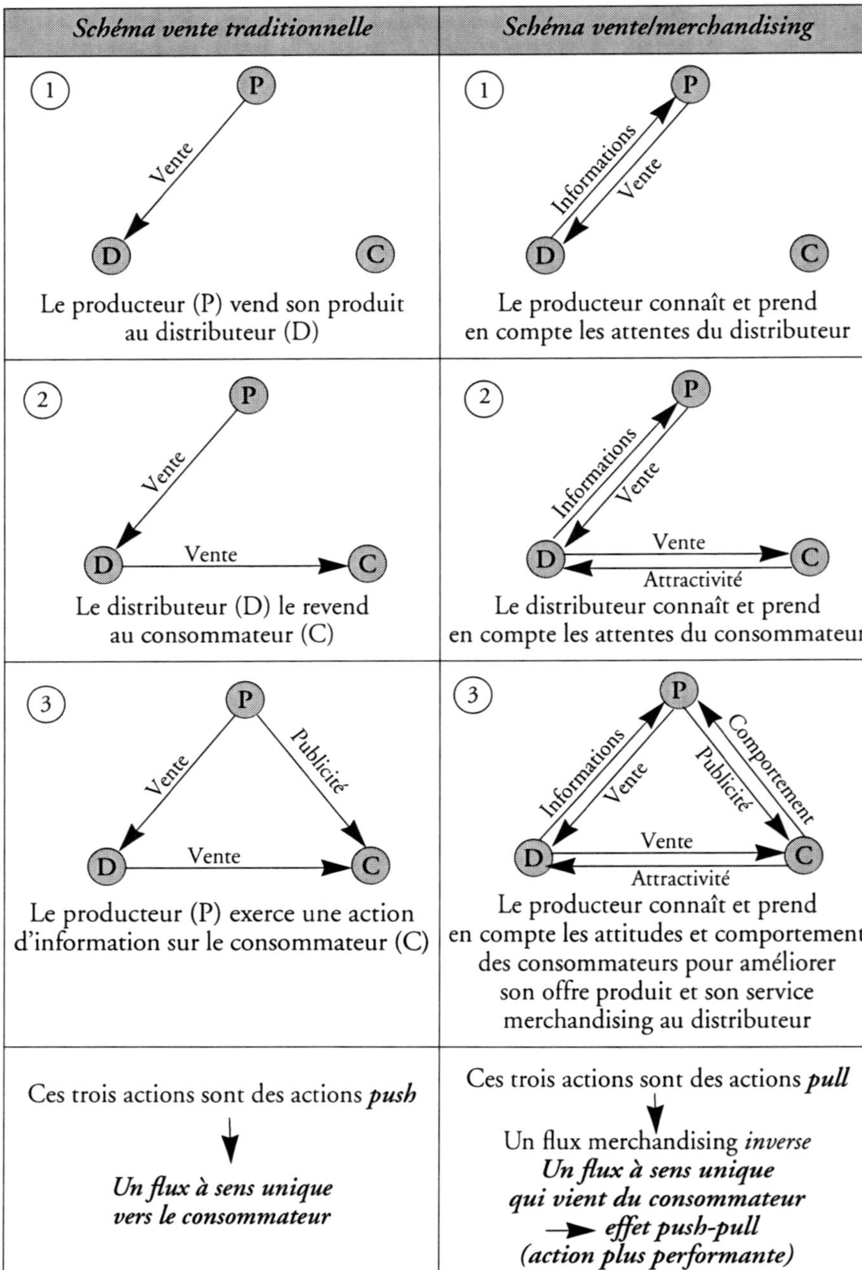

Figure 2 – Schéma de la vente

Dix raisons pour faire du merchandising

• *Connaissance*

Il faut *connaître les problèmes propres* aux différents canaux de distribution, à tous les niveaux, du circuit de la décision d'achat à celui de la gestion marchandises, en passant par les critères de rentabilité et les contraintes de la logistique. Trop souvent, si certains commerciaux connaissent parfaitement quelques-uns de ces impératifs, ils ne les connaissent pas tous, et les hommes de marketing ont souvent tendance à faire l'impasse sur ces problèmes « d'intendance » (pourtant les gains de productivité se font souvent sur la logistique, voir l'ECR, page 219), et tous concourent au succès d'un produit.

• *Consommateur*

Il faut appréhender le plus précisément possible les *comportements d'achat du consommateur* sur le lieu de vente, ses réactions face au rayon, ses motivations, ses hésitations, le détournement effectué par d'autres produits, l'attitude face aux problèmes sémiologiques[1], effectuer des tests de vente selon les types de classification et de présentation possibles. Il faut également observer les effets des promotions, des prix, des conditionnements.

• *Préconisation*

Il faut pouvoir préconiser – selon les régions, les circuits, les surfaces de vente, les politiques commerciales, les typologies de zones de chalandise – l'assortiment et la présentation correspondant aux meilleurs résultats de vente et de rentabilité de l'espace, après des études validées par des tests dont les résultats peuvent être prouvés.

• *Rentabilité*

Il faut calculer exactement la rentabilité de ses produits pour le distributeur, en intégrant la totalité des données, c'est-à-dire le prix de vente, le prix d'achat, les remises, les quantités vendues, le stock, la rotation, le linéaire, les promotions, la ristourne de fin d'année et les accords spéciaux (coopération) éventuels, sans oublier... le délai de paiement.

Pouvoir répondre précisément à la question « combien va me rapporter votre produit ? (sous-entendu : « quel plus m'apporte-t-il ? » est une clef fondamentale de l'argumentation de vente).

↳

1. Sémiologie : science des signes.

• *Maintenance*

Il faut maîtriser parfaitement les *données de commercialisation* en magasin des produits référencés, en particulier contrôler la présence, le prix, le linéaire, le stock, afin que les produits prévus soient correctement en vente dans les magasins prévus. Certes, il faut des hommes entraînés à exercer cette pression constante, mais également des « outils » de contrôle simples et fiables, permettant de rectifier instantanément une anomalie.

• *Tarification*

Il faut définir une politique tarifaire rigoureuse et équilibrée, très dynamique, rémunérant des *services effectifs, justifiables et contrôlables,* qualitatifs et quantitatifs (barème hiérarchisé, ristournes de fonction, coopération promotionnelle planifiée, RFA[1], etc.). Cette politique tarifaire, associée au contrôle défini dans la maintenance, permet d'exercer une pression puissante et justifiée sur la distribution, lorsque les termes des accords ne sont pas respectés.

• *Potentiel*

Il faut pouvoir *évaluer le potentiel* de vente réel d'un magasin, en fonction d'études merchandising précises, pour ne pas se satisfaire par exemple d'un + 20 % qui ne signifie rien si l'on est au tiers du potentiel réel.

Un moyen simple et efficace consiste à tester les potentiels de vente et de rentabilité par types de points de vente (par surfaces, enseignes, régions), et appliquer les principes qui ont fait leurs preuves à tous les magasins en dessous de leur potentiel : il y a là une source rapide, sûre, économique, de *développenent facile du chiffre d'affaires,* nous l'avons maintes fois éprouvé. Encore faut-il définir, expliquer et prouver les clefs de la réussite en ce domaine.

• *Structures*

Il faut adapter les structures de la force de vente aux structures de la distribution, afin d'accroître son efficacité, et qu'à chaque niveau décisionnel du distributeur, il y ait un interlocuteur non seulement compétent, mais *responsable et décisionnaire* (définitions de fonction du chef de région, des représentants ou merchandisers, tableau de bord, plan de couverture, cadences de visites, types de travaux à effectuer, problèmes de maintenance en magasin, etc.).

1. RFA : ristourne de fin d'année.

• *Formation*

Il faut former les hommes à un type nouveau de dialogue, où ils sont plus *conseillers* que vendeurs. Il faut transformer (ce qui se fait, heureusement, de plus en plus) les représentants en spécialistes qualifiés de la vente moderne, les entraîner à la nouvelle négociation (lorsqu'elle a encore lieu) qui doit pouvoir se dérouler *d'égal à égal,* sans qu'il y ait un rapport de soumission, encore trop fréquent.

Les moyens de formation actuels, les outils merchandising spécifiques, l'informatique portable permettent maintenant ce nouveau rapport, fondé sur la confiance et le respect mutuel, sur la technique et la compétence merchandising (dialogue de professionnels), et non plus sur des rapports de force exacerbés où le perdant est toujours le même... le gagnant se trouvant le dernier acheteur en bout de chaîne.

En réalité le tout dernier acheteur est bien le consommateur. Attention, son pouvoir augmente sans cesse, et c'est lui qui va finalement mettre tout le monde d'accord.

• *Argumentaire*

Il faut réaliser des *outils de négociation* clairs, objectifs, incontestables, fortement documentés et argumentés, parfaitement fiables, *constamment remis à jour et validés,* qui apportent des arguments solides, prouvés, apportant un « plus » très net au distributeur.

Ces outils peuvent être « dossier merchandising », « vade-mecum force de vente », « régloscopes linéaires », « modules de présentation », « planogrammes informatiques », études de rentabilité, voire compte d'exploitation prévisionnel : ce sont des armes puissantes, qu'il faut apprendre à manipuler, qui ne « tuent » personne puisqu'elles ont pour objectif de justifier et prouver la politique merchandising sur mesure préconisée.

Et quelle efficacité !

Ces dix raisons de faire du merchandising sont fondamentales pour un fournisseur. Elles lui permettent d'échapper à la stérile et sempiternelle discussion sur les ristournes, avantages plus ou moins différés et justifiés, souvent générateurs de fausse rentabilité apparente... et de relations tendues. On substitue alors à ces rapports primaires et à court terme une politique raisonnée d'amélioration des résultats de vente et de la rentabilité, avec un dialogue constructif entre spécialistes compétents.

Un fournisseur ne peut se désintéresser de son produit dès lors qu'il l'a vendu : il doit continuer d'agir, avec le distributeur, sur l'écoulement de son produit au point de vente.

Merchandising des distributeurs

La vente au détail, c'est acheter de la marchandise pour la revendre avec un bénéfice.

Le merchandising, c'est la *mise en valeur et la rentabilisation de l'espace de vente.*

Il y a également dix raisons principales qui incitent un distributeur à développer une politique de merchandising.

Dix raisons pour faire du merchandising

• *Assortiment*

Il faut pouvoir construire et adapter l'assortiment en fonction de trois critères, qui doivent être parfaitement maîtrisés ; c'est le premier quadrant des « points cardinaux » : zone de chalandise, vocation, connaissance des marchés concernés. Construire l'assortiment est certainement l'acte le plus difficile pour un distributeur. Quel choix présenter ? Comment équilibrer l'offre entre les premiers prix, les marques de distributeurs ou privées, les marques nationales, le haut de gamme ? Entre les produits à faible marge et forte roration et ceux à bonne marge mais faible rotation ?

C'est du merchandising appliqué, et c'est dans ce domaine que la bonne maîtrise de la rentabilité va s'avérer nécessaire.

• *Implantation*

Il faut implanter les linéaires de vente, les rayons, en fonction du flux de clientèle – différent selon les jours et les heures – et adapter le mobilier à l'assortiment, dans toute la mesure du possible. L'implantation des rayons induit la circulation ; la circulation entraîne l'implantation des rayons : difficile équilibre. En fonction de la surface de vente disponible, de l'importance de l'assortiment, de l'image de choix ou de prix que le distributeur veut donner, en fonction de la politique promotionnelle (importance de l'allée promotion et des têtes de gondole), et surtout de l'expérience acquise par une enseigne, l'implantation sera le reflet direct de la stratégie merchandising d'un magasin. Ce qui bat en brèche les *me too*[1] implantations réalisées pendant une période par presque tous les hypermarchés.

• *Présentation*

Il faut réaliser une présentation marchande des produits à l'intérieur de chaque rayon, et savoir constituer une séquence logique des familles et sous-familles. Mais attention, logique de qui ? Souvent les chefs de rayon (ou les planogrammes qu'ils reçoivent) conçoivent la présentation selon *leur* logique, ou celle de la classification d'assortiment établie par la centrale. Il est bien évident qu'il faut prendre en compte *la logique du consommateur,* et pour cela observer son comportement voire réaliser une étude *ad hoc.*

La répartition du *facing* doit prendre en compte une *vingtaine de correctifs* quantitatifs et qualitatifs[2]. C'est un travail de professionnel.

• *Négociation*

Il faut savoir négocier avec les fournisseurs, dont les représentants suivent régulièrement des stages de vente – dans la mesure où il reste encore des négociations possibles dans les magasins (la plupart des référencements étant faits en centrale, ou par régions). La négociation d'achat est un acte important, technique, qui n'a rien à voir avec le chantage sauvage parfois effectué, faute de formation adéquate.

Trop souvent la discussion porte sur des conditions de vente exceptionnelles, contraires à la morale et à la loi, au lieu de porter sur des critères plus directement utiles et rentables (cadence de visite, rotation des stocks, délais de paiement, etc.).

Tous les responsables d'achat sont-ils capables d'effectuer un arbitrage raisonné, et non pas passionnel, entre un produit *à faible marge et forte rotation et l'inverse ?* Pourquoi privilégier, la plupart du temps, le seul taux de marque alors qu'il est souvent bien plus aisé d'améliorer les résultats par un stock tournant plus vite (voir la troisième partie) ?

On notera que beaucoup de distributeurs pourraient améliorer leurs résultats par une meilleure négociation d'achat (ce qui ne veut pas dire

1. *Me too* : terme anglais utilisé en marketing pour dire : « produit semblable ».
2. *Cf.* pp. 98 et 99.

acheter moins cher que tout le monde) à cause d'un manque de formation sérieuse à cette fonction (il faut dire qu'elles sont rares, ces formations).

• *Services*

Il faut utiliser les services des fournisseurs : certains ont mis au point une gamme non négligeable de services, et se heurtent parfois à une méfiance instinctive du distributeur – *comme si tout ce qui provient de la partie adverse ne pouvait qu'être manipulation.*

Parmi ces services, le merchandising vient en tête : informations sur les marchés, les résultats, les rendements, études de linéaire ou d'assortiment, modules de présentation, parfois même compte d'exploitation prévisionnel, gestion assistée, éventuellement par un logiciel sophistiqué (par exemple pour des produits à modèles, tailles et coloris dans le textile).

Heureusement le développement du *trade marketing*[1], qu'à notre sens on devrait plutôt appeler *trade merchandising* est venu quelque peu réhabiliter l'utilisation de ces services.

Il est facile de savoir si l'on peut faire confiance à un fournisseur : il faut construire avec lui les conditions de son intervention, ses limites et les ratios de gestion recherchés.

Par exemple, la garantie d'un stock maximum, d'un chiffre d'affaires ou d'une marge brute ou semi-nette, d'un quota par rapport au rayon général sont des « clignotants » aisés à mettre en place, et d'une efficacité à toute épreuve.

Cela implique, il est vrai, un travail de collaboration, de spécialiste merchandising à spécialiste merchandising, et le responsable d'achat ou de rayon ne doit – au contraire – en aucun cas se sentir dépossédé d'un pouvoir, mais enrichi et grandi par une maîtrise absolue de sa gestion... *car il doit toujours conserver le contrôle de son rayon.*

• *Potentiel*

Il faut connaître son potentiel de vente dans un créneau donné, pour une zone de chalandise donnée. Trop souvent un responsable de rayon se satisfait (comme le représentant du fournisseur, d'ailleurs) d'un pourcentage d'augmentation, induisant de façon simpliste que « tout va bien ».

1. *Trade marketing* : marketing (ou plus souvent merchandising) conjoint entre fournisseur et distributeur. Peut porter sur la logistique, la coopération commerciale, la publicité ou la promotion.

Or l'expérience merchandising apprend qu'un rayon a rarement atteint son potentiel de vente, par manque de temps de réflexion à son sujet. Le meilleur moyen de savoir si le rayon se comporte bien ou mal est de comparer ses performances, non seulement avec les magasins du même groupe (ce qui est généralement fait) mais avec des résultats obtenus dans d'autres points de vente comparables. Les études merchandising objectives réalisées par certains fournisseurs, parfaitement compétents, démontrent chaque jour l'intérêt d'une telle concertation, *qui profite aux deux parties et permet souvent des progressions spectaculaires.*

• *Rentabilité*

L'espace de vente représente un investissement, chaque mètre (carré ou linéaire) doit être rentabilisé – *c'est la productivité appliquée à la distribution.*

Les analyses, régulières, de rentabilité doivent prendre en compte tous les paramètres : marge, linéaire, bien sûr, mais également stock, délais de paiement et avantages différés, afin d'effectuer des calculs réels ou objectifs, qui sont ensuite corrigés par un certain nombre de critères d'appréciation.

L'informatique permet d'effectuer ces calculs très rapidement, de programmer toutes les simulations envisageables, et de visualiser les implantations par des planogrammes correspondant aux différents cas de figure[1].

Le *scanning*[2], maintenant très largement répandu, permet des analyses de plus en plus fines et rapides, utilisables aussi bien pour le marketing que pour le merchandising. Nous sommes décidément entrés dans l'ère de l'informatique et de la gestion pilotée « aux instruments ».

• *Formation*

Il faut former les cadres opérationnels à ce rôle de gestionnaire compétent et conscient. Il y a eu longtemps un gros retard entre les forces de vente des fournisseurs, formés et entraînés à la technique de vente, à la gestion du territoire, à la DPO[3] et les chefs de rayon, formés sur le

1. Voir les logiciels merchandising comme Apollo ou Spaceman, notamment, qui permettent, par la numérisation des conditionnements, de représenter les linéaires en physionomie réelle.
2. Il s'agit du système optique utilisé aux caisses, capable de lire les codes-barres ; les sociétés de panel (Nielsen, IRI-Sécodip) se branchent directement sur les caisses de certains magasins pour en tirer toutes les analyses imaginables.
3. DPO : direction par objectifs.

tas, d'un niveau d'études souvent modeste. D'où un retard notable de culture économique entre les partenaires. Aujourd'hui la balance s'est nettement rééquilibrée, avec une formation de base excellente (bac + 2) chez les nouveaux responsables de rayon, en même temps qu'une certaine baisse chez le producteur, non pas de la qualité des hommes, mais de *l'influence du fournisseur devant l'augmentation du professionnalisme du distributeur.*

La plupart des chaînes de distribution ont créé des écoles de formation internes, souvent de haut niveau, et ont compris l'importance de la maîtrise du merchandising par le premier intéressé : le commerçant lui-même.

• *Outils*

Il faut créer, pour les responsables de rayon, des « outils » de travail, de gestion, concrets et pratiques, afin de guider leurs actions en magasin.

Des *guides pratiques par rayon* peuvent être réalisés (et commencent à l'être) pour la présentation marchande, la gestion, l'animation, afin de faciliter le travail quotidien. Une *check-list,* par exemple, est indispensable pour ne rien oublier des actions quotidiennes pour les rayons de marchandises périssables, comme la crémerie ou les fruits et légumes.

Un tableau de bord bien construit et facile à suivre permet d'avoir en permanence une vue globale du rayon, et de mettre en place des « clignotants » signalant toute anomalie.

Ce n'est pas parce que l'on connaît toutes les procédures qu'on ne risque pas d'en oublier une au passage : demandez donc à un pilote d'avion de ligne à quoi sert sa check-list...

Un manuel à l'usage du personnel est également souhaitable, car il y a fréquemment une importante déperdition d'énergie et de méthode ; des documents faciles à utiliser par le personnel en magasin servent à unifier ces méthodes, et à gagner un temps précieux pour les explications nécessaires à l'entretien des linéaires.

• *Animation*

Il faut bien sûr animer les ventes par des actions promotionnelles ou commerciales. Or celles-ci sont trop souvent réalisées au fur et à mesure des offres des fournisseurs, sans que le programme en soit suffisamment maîtrisé (en dehors des grandes dates anniversaires) par les responsables de rayon ou de magasin.

> Les techniques publi-promotionnelles ont beaucoup évolué : il faut les connaître, apprécier les avantages, les coûts et les inconvénients, afin de pouvoir jouer sur la totalité des actions possibles.
>
> Un mot sur la PLV, la mal-aimée de la distribution française, si bien utilisée aux États-Unis.
>
> Il y a une espèce de *ségrégation,* n'ayons pas peur des mots, en France, vis-à-vis de la PLV, peut-être parce que jadis, du temps des premières grandes surfaces, elle était mal adaptée à la réalité. Les distributeurs pensent que le développement de la PLV se fait forcément au détriment de leur propre image. Alors pourquoi est-elle si efficace en Amérique, donc si utilisée ? Certes, il ne faut pas en abuser, mais si la PLV accélère les ventes, soyons pragmatiques.
>
> Trop de promotions tuent l'animation, et brouillent l'image de l'offre marchande ; d'où la tendance, pour certains distributeurs, d'intégrer les avantages promotionnels dans les prix de revient, pour développer une stratégie EDLP[1].

Ces dix raisons, pour un distributeur, de faire du merchandising, paraissent logiques et même nécessaires. Elles lui permettent de maîtriser le mieux possible son assortiment, sa présentation, sa gestion, de mieux travailler et surtout de connaître et contrôler tous les points sur lesquels il peut agir.

Le distributeur apprend alors à mieux utiliser les services des fournisseurs, à *les considérer comme des partenaires* et non comme des fâcheux, au mieux comme un mal nécessaire.

Il apprend à connaître ses clients, leurs comportements, et à ne pas les considérer comme – eux aussi – des perturbateurs qui viennent démolir un linéaire si bien construit[2].

Il apprend à utiliser tous les paramètres de la rentabilité, car il sait les calculer et les interpréter. Il apprend à agir de façon volontariste et planifiée, à *moyen terme,* alors que trop souvent il « recharge » le linéaire comme il peut, « subit » la vente, les consommateurs, comme une contrainte permanente, travaillant toujours à très court terme – alors que c'est sa raison de vivre et son objectif professionnel.

1. EDLP : en anglais *every day low price*, tous les jours les prix les plus bas.
2. Authentique, nous l'avons entendu.

PARTIE II

Techniques

CHAPITRE 5

Critères de base

RAPPELONS qu'il s'agit du quadrant Nord-Est des « Points Cardinaux du merchandising », qui amènent, par trois étapes, à la constitution de l'assortiment (premier axe).

Zone de chalandise

La zone de chalandise, c'est la zone d'influence commerciale d'un magasin, constituée de chalands[1] et de concurrents. Bien entendu, des études d'implantation ont lieu, préalablement à une ouverture, afin de déterminer la composition de cette zone, l'emprise attendue, et, partant, le chiffre d'affaires prévisionnel. Supposons l'obstacle administratif contourné, ou aplani (ce qui n'est pas une mince affaire, étant donné les difficultés d'autorisation d'ouvertures) : il est bien évident que la première chose à faire, une fois la faisabilité assurée, est d'analyser en détail la typologie des habitants de cette zone.

En dehors du nombre d'habitants, aisé à déterminer par les statistiques disponibles, il faut analyser la composition de ces habitants : type d'habitat, niveaux de revenus, importance des familles, habitudes de consommation, nature de la concurrence.

1. Chalands = clients : ce qui veut dire qu'un magasin bien achalandé est un magasin plein de clients, et non, comme certains le croient, offrant un grand choix de marchandises.

➤ Délimitation

Mais cette analyse va se faire en découpant la zone de chalandise en zones primaire, secondaire et tertiaire, suivant le temps nécessaire pour atteindre le magasin, soit à pied ou en deux roues pour une petite surface, soit en voiture pour une grande surface (> 3 000 m^2). Généralement on considère 5 minutes pour la zone primaire, 10 minutes pour la zone secondaire, 20 minutes pour la zone tertiaire. Ces zones sont définies par des lignes dites *isochrones,* c'est-à-dire définissant les égalités de temps comme les cartes d'état-major dessinent les courbes de niveau.

Ces zones vont donc essentiellement se construire autour des axes routiers, avec des excroissances sur les plus grands axes (voir figure 3).

On va tenir compte, aussi, des déplacements de population, par exemple entre les zones dortoir et les zones d'activités économiques.

Il y a des *obstacles naturels* qui viennent parfois amputer une zone de chalandise : fleuves, voies ferrées, formant parfois des barrières matérielles ou même psychologiques (les habitants d'une rive répugnent fréquemment à passer un pont pour aller faire des achats courants sur l'autre rive, à moins d'avoir une bonne raison d'attraction).

Tout cela serait relativement facile à prévoir, si le magasin était tout seul de son espèce dans sa zone : ce n'est évidemment pas le cas, sauf dans le cas de magasins très spécifiques tels la FNAC, ou autres spécialistes uniques dans une ville.

Il y a donc croisements, superpositions de zones, et attractivités contrariées. La stratégie va alors consister à faire venir les consommateurs (augmenter son trafic) et les fidéliser. Ce sont les clients fidèles qui rentabilisent un magasin, et les batailles des promotions, des anniversaires, des festivals et autres animations sont destinées à augmenter le trafic occasionnel, pour ensuite essayer de fidéliser les occasionnels en habituels.

Les études de pénétration des zones sont aujourd'hui très bien suivies par des organismes spécialisés, chaque pâté de maison étant isolé au point de vue de la population et de ses caractéristiques, sur le thème de « dis-moi où tu habites, je te dirai qui tu es »[1].

---

1. Voir le géomarketing, page 226.

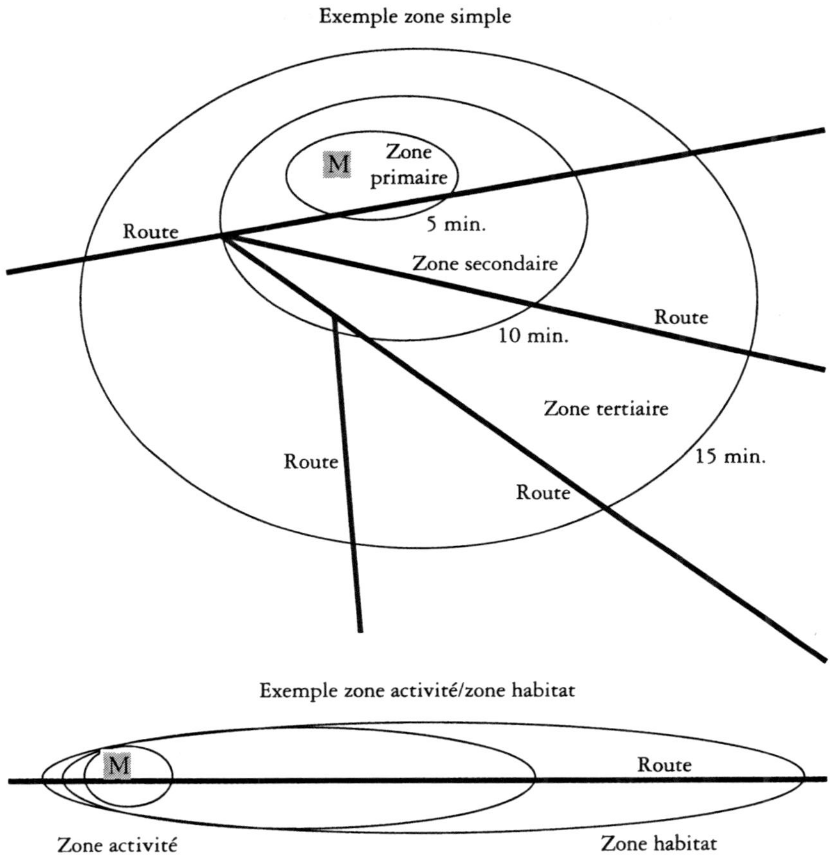

Les zones se construisent autour des axes

Figure 3 – Zones de chalandise

Les études de chèques (adresses) sont croisées avec les études statistiques, elles-mêmes enrichies d'études qualitatives (interviews sortie de caisse ou dans les quartiers) ; telle est la bataille des mastodontes de la distribution.

Des sociétés de panels (Secodip, Nielsen) réalisent des études régulières sur les parts de marché locales, et chacun peut suivre ainsi en permanence l'évolution de sa pénétration, et celle des concurrents.

La guerre commerciale, c'est la prise d'emplacements stratégiques, mais aussi la qualité du renseignement qui permet de la gagner... comme pour les militaires !

La zone de chalandise peut prendre des formes différentes ; on distingue habituellement deux formes principales :

- *concentrique,* si les distances d'attraction sont sensiblement égales dans toutes les directions, ce qui est assez exceptionnel car la forme concentrique concerne des sites sans contraintes particulières, sauf les variations dues aux attractions de la concurrence ;
- *excentrique,* lorsque les zones sont gênées par des barrages naturels (voies de chemin de fer, fleuves...) ou sont perturbées par les zones de la concurrence.

Des enquêtes sur les habitudes d'achat de la population résidente sont effectuées dans chaque zone, afin d'appréhender les *motivations de fréquentation* des différents points de vente situés dans la zone de chalandise.

➤ Critères de connaissance

Les critères de connaissance de la zone de chalandise, ou les « 5 P » sont les suivants :

- pénétration ;
- positionnement ;
- perception ;
- potentiel ;
- points clés.

• *Pénétration : d'où viennent les clients ?*

Les caractéristiques de la population évoluent généralement irrégulièrement, par à coups ou lentement. Des magasins nouveaux ouvrent, les politiques commerciales changent, l'environnement commercial se transforme sans cesse.

D'où nécessité de *mesures régulières des taux de pénétration* dans chaque zone, pour suivre ces évolutions.

• *Positionnement par rapport à la concurrence*

Quelles sont les *motivations principales de fréquentation* du magasin ? Des magasins concurrents ?

- *Perception des rayons, des promotions, de la publicité*

Comment le magasin est-il perçu ? Pour quelles raisons ? Quelle est la *perception objective* des différents rayons ? Quels sont les *raisons* de fréquentation et d'achat pour chacun des rayons ? Quelle est la perception de la politique publicitaire et promotionnelle du magasin ?

- *Potentiel*

Estimation des emprises et parts de marché du magasin dans la zone de chalandise, compte tenu des éléments suivants :
- implantation dans la zone ;
- surface de vente ;
- qualité et image de l'enseigne ;
- politique commerciale développée ;
- emprise de la concurrence.

- *Points-clés, image du magasin*

Il est nécessaire de repositionner chaque année la politique commerciale/merchandising locale en fonction des points forts/points faibles du magasin, vus par les consommateurs ; des comportements d'achat de ceux-ci par rapport à l'image perçue du magasin ; des potentiels de vente, après amélioration des points faibles.

➤ Micro-marché

Les grandes surfaces ont toutes pris l'habitude, pressées par la concurrence, d'effectuer des études régulières et complètes de leur zone de chalandise.

Les commerces traditionnels ressentent aussi la nécessité d'effectuer des études afin de se positionner vis-à-vis des grandes surfaces et de savoir quels avantages mettre en valeur :
- proximité ;
- qualité ;
- choix ;
- service.

D'où la nécessité pour eux aussi d'étudier leur micro-marché sous tous ses aspects. L'étude quantitative et qualitative du réservoir de clients est fondamentale pour ajuster régulièrement l'offre et développer les ventes :

Connaître pour maîtriser et anticiper.

Étude de marché d'un point de vente : étude du micro-marché

On procède en cinq étapes, adaptables selon le type de magasin.

• Typologie de la population de la zone de chalandise :
– constitution des familles (nombre de personnes par foyer) ;
– âges ;
– CSP des ménages[1] ;
– revenus moyens des ménages ;
– dépenses commercialisables par grandes familles de produits (statistiques Insee).

• Étude de l'environnement concurrentiel :
– par types de magasins ;
– par types d'enseignes ;
– par types de surfaces.

• Étude des parts de marché par circuit de distribution :
– libre service : hypermarché, supermarché, supérette, *hard-discount,* magasins populaires… ;
– traditionnel : commerces indépendants ;
– spécialiste : équipement de la maison, sports, bricolage… (GSS : grandes surfaces spécialisées).

• Évaluation de la répartition des dépenses commercialisables par circuit de distribution :
– panels[2] nationaux ;
– panels régionaux.

• Estimation, pour le point de vente, de son marché potentiel sur ces bases.

Aujourd'hui l'étude *micro-marketing* est fondamentale pour bien positionner le produit-magasin dans son marché, conserver son acquis et conquérir de « *nouveaux territoires* ».

1. CSP : catégories socioprofessionnelles.
2. Panel : échantillon représentatif de l'univers étudié, interrogé régulièrement.

Vocation

La vocation commerciale d'un magasin, c'est son *positionnement* en terme de choix, de qualité, de prix. Autrement dit, la réponse à une zone de chalandise donnée, pour une même catégorie de produits, sera différente selon qu'il s'agit d'un grand magasin, d'un supermarché, d'un discount ou d'un spécialiste.

Ce positionnement est la volonté déterminée de l'enseigne d'offrir une image donnée aux consommateurs, sachant que l'on ne peut pas *tout vendre à tout le monde.*

➤ Quoi vendre à qui ?

Telle est la grande problématique (voir figure 4). En réalité nous touchons là au *marketing de l'enseigne ;* au début des grandes surfaces, tout le monde se copiait mutuellement ; puis on a copié ceux qui réussissaient le mieux ; maintenant chacun veut – et c'est bien normal – avoir une image propre, ne pas être confondu avec le voisin.

Cette personnalisation recherchée se traduit directement dans *la fidélisation* des clients ; ces derniers, auparavant facilement fidèles à *leur* enseigne, à *leur* hyper, sont devenus *zappeurs,* changent facilement de magasin au gré des promotions, et changent de comportement.

Ainsi peut-on dire que nous ne sommes pas en présence de 58 millions de consommateurs... mais de 300 millions, chaque consommateur étant multiple selon les moments de son existence !

D'où l'extrême attention apportée maintenant par les enseignes à se chercher un positionnement à la fois *fort* et *clair.*

D'où également le *développement des services* et celui des cartes privatives, pour tenter de verrouiller les clients fidèles, qui ne coûtent rien en frais de communication dans la zone de chalandise, et rapportent, selon les sources, de 70 à 80 % du chiffre d'affaires.

Les enseignes vont donc chercher à être *incontournables* au moins dans certains rayons ; comme on ne peut vendre de tout, dans toutes les marques, à tout le monde, (ce n'est même plus, comme avant, le métier du grand magasin) il faut bien effectuer un choix, soit dans les produits (spécialiste, par exemple en bricolage) en visant toute la clientèle de tous types, soit en procédant à un arbitrage produits/consommateurs, et c'est la vocation de généralistes que sont les grandes surfaces (voir l'assortiment, page 62).

Cette vocation va déterminer l'implantation intérieure, comme nous le verrons, mais d'abord la communication. On se trouve exactement dans la *situation marketing d'un produit* (le magasin) sur un *marché* (la ville, ou la zone) avec des *concurrents* qui ont des parts de marché.

Dans les vingt premières années du développement des grandes surfaces, point n'était besoin de ces analyses sophistiquées : c'était la course aux ouvertures. Il faut dire aussi que les cadres de la distribution n'avaient alors que rarement une formation marketing solide.

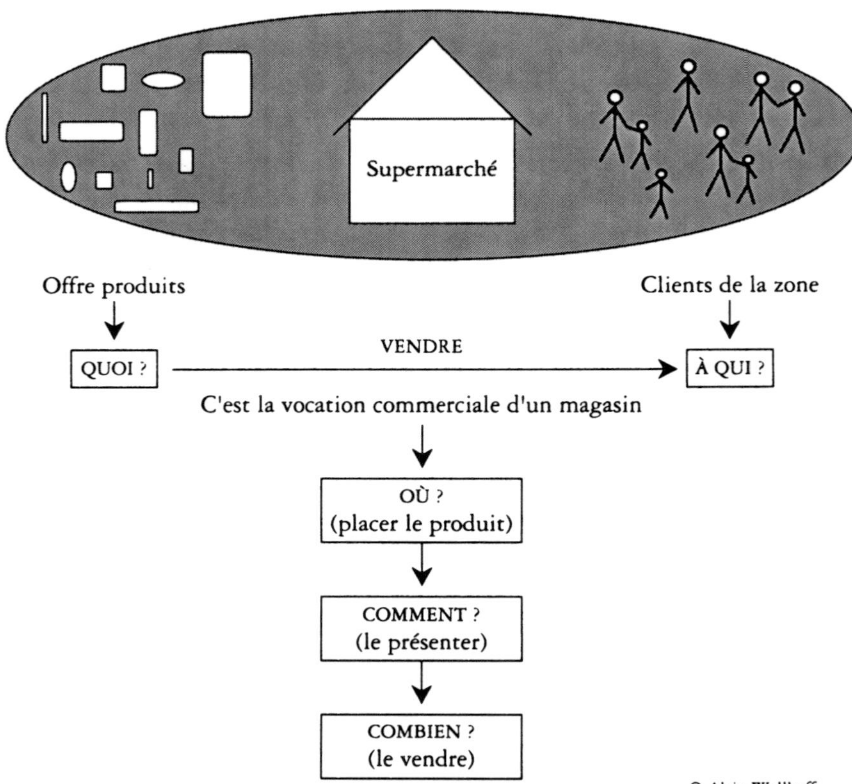

© Alain Wellhoff

Figure 4 – Vocation d'un magasin

Prendre les places le plus vite possible, tel était l'objectif. Maintenant, il faut travailler en termes de *micromarketing*, avec les mêmes outils de positionnement, parts de marché, études consommateurs, promotions ciblées, communication personnalisée, que pour le marketing-produit, de façon à se donner les outils de management à moyen et long terme, et développer une *personnalité d'enseigne* nécessaire pour sortir du lot commun des grandes surfaces trop anonymes.

Cette personnalité originale, *c'est ce qui a fait le succès* des grandes enseignes qui ont réussi ; c'est le manque de personnalité (avec parfois un manque de professionnalisme[1]) qui a fait l'échec d'autres enseignes.

Quel que soit le domaine, produit ou magasin, quel qu'en soit la nature, un produit (un magasin) doit apporter *un plus, une raison* pour être choisi par le consommateur.

Comme personne n'est seul sur son marché, seule l'étude attentive *du positionnement des concurrents,* tel qu'il est perçu par le consommateur, permet de construire, en fonction de son savoir-faire, un positionnement solide et original, gage de longévité.

À condition de continuer à su*ivre les images* chez les consommateurs, afin d'évoluer en fonction de l'évolution des consommateurs eux-mêmes.

C'est aujourd'hui l'objectif du micro-marketing, issu du marketing de l'enseigne, appliqué à la zone de chalandise propre d'un magasin : adaptation à la fois aux caractéristiques socio-économiques locales, à l'environnement architectural social (HLM, pavillons, bureaux...), mais également aux caractéristiques locales de consommation (habitudes alimentaires, produits régionaux ou locaux, immigrés...).

Le micro-marketing est devenu une technique incontournable pour le développement des grandes surfaces – et même de tous les magasins dynamiques.

➤ Politique

Selon les types de magasins, on exprime aussi la vocation par la politique :

- choix/qualité ;
- prix ;

1. Exemple : le Pdg d'un grand groupe d'hypermarchés (feu Euromarché), issu de la banque, voulait améliorer les marges ; il a donné un coup de pouce aux taux de marque, mettant ainsi l'enseigne « hors marché ».

– services ;
– ambiance de vente.

• *Choix/qualité*

On peut proposer un choix plus ou moins profond (voir assortiment, page 62) selon les rayons ; mais la politique de choix implique une *politique de marque et de qualité* :
– marques producteurs ;
– marques distributeurs (privées, d'enseignes, dédiées) ;
– produits premier prix ;
en même temps qu'une politique :
– bas de gamme ;
– moyenne gamme ;
– haut de gamme.

• *Politique de prix*

Deux assortiments identiques peuvent être vendus à des niveaux de prix différents : la notion de niveau de prix est *liée à l'investissement et au service rendu.* Exemple : une politique discount n'est possible qu'avec un investissement réduit et des frais de personnels restreints.

• *Politique de service*

Selon le service que l'on veut apporter, on détermine le niveau de prix ou de conseil :
– conseil sur le lieu de vente ;
– accueil personnalisé ;
– libre choix : pas besoin de vendeur mais disponibilité éventuelle de celui-ci ;
– libre-service intégral.

• *Politique d'ambiance* de vente, d'aménagement intérieur :
– soit un magasin à investissement très réduit, type hangar ;
– soit un magasin « sophistiqué » : architecture extérieure et intérieure soignée, choix des matériaux (sols, murs) et mobilier, éclairage, décoration ;
– animations dans le magasin (fréquentes ou non).

Cette approche simplifiée de la vocation est souvent utilisée pour des magasins traditionnels.

Bien entendu, les positionnements de la figure 5 sont donnés à titre d'exemple ; il est bien évident que selon les enseignes, les positionnements peuvent être très différents. On se reportera avec intérêt aux mapings qui sont élaborés régulièrement par les organismes spécialisés (tels le CCA ou Interdeco).

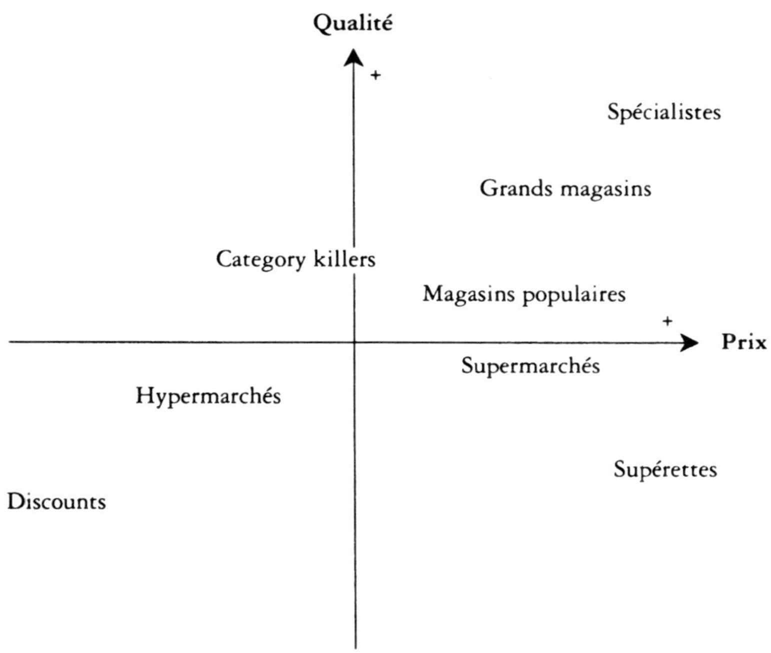

Figure 5 – Maping des types de distribution

Marchés

Cela peut paraître une évidence, lorsque le choix de l'assortiment est du ressort exclusif d'un acheteur professionnel : celui-ci, heureusement, connaît bien les caractéristiques des marchés dont il s'occupe, leurs segmentations, leurs évolutions.

Tableau 2 – Motivations d'achat et structure d'assortiment

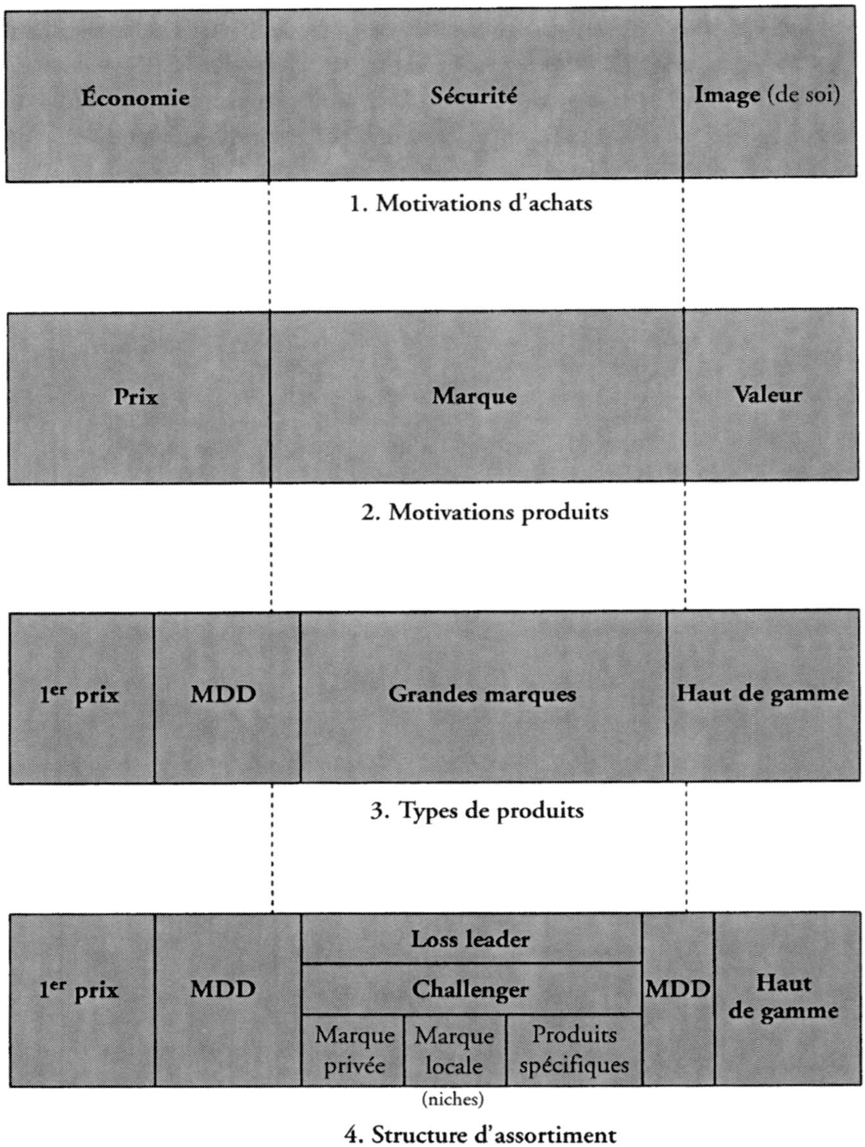

© Alain Wellhoff

Ce n'est que très rarement le cas lorsque la décision d'achat est prise en magasin, le chef de rayon n'ayant que peu de temps pour se former au marketing des produits, sauf par l'entremise des informations apportées – parfois partielles voire partiales – par le fournisseur.

Si l'on se reporte au tableau 2, on voit que le choix de l'assortiment doit être fait en fonction des caractéristiques, donc des besoins, des consommateurs potentiels de la zone, choix qui doit bien s'exercer dans l'ensemble de l'offre produits existante. Et ce n'est pas facile. Sur quels critères choisir tel produit, telle marque plutôt que telle autre ?

Les parts de marché ? Bien sûr, les leaders sont les plus demandés mais sont les plus bradés.

Faire l'impasse sur les leaders bradés (les *loss leaders*, dit-on aux États-Unis) ? Mais on mécontente beaucoup de clients, *le magasin n'est plus dans le marché.*

Combien de marques proposer ? Si on veut avoir un grand choix, cela veut dire un stock lourd ; si l'on veut un stock très réduit, il faut peu de choix. Mais alors la marge est plus faible... Ce sont les produits *de petite vente qui ont le meilleur taux de marque.*

Va-t-on développer des marques de distributeur[1], des marques privées[2] ? Quelle place donner aux premiers prix dans l'assortiment ?

Ce *merchandising mix*, cet équilibre entre des produits à faible marge/forte marge, petit stock/gros stock, grande vente/petite vente c'est tout l'art du commerçant, l'expression de son positionnement, la clef de sa rentabilité.

C'est pour cela que le merchandising comporte une étude précise de la rentabilité des produits, qui peut guider la décision – encore qu'il soit dangereux de s'y fier aveuglément.

Certains produits apportant une marge minime, voire nulle, sont des aspirateurs formidables de trafic client : ils doivent être présents, ces produits puissants *(power items* en anglais) pour pouvoir vendre, à côté, des produits à meilleure marge.

C'est ce que Bernardo Trujillo, pape du commerce moderne, expliquait dans les années 50, dans ses fameux séminaires de Dayton (Ohio), aux

1. Marques de distributeur : marque signée par l'enseigne, ou marque d'enseigne.
2. Marques privées : marques exclusives à un distributeur, lui appartenant en général.

futurs distributeurs du monde entier sous la formule « un îlot de perte dans un océan de profit », en même temps qu'il développait la formule « *no parking, no business* » qui semblait alors ahurissante aux Français.

Étudions le tableau 2, qui représente l'ensemble de la problématique merchandising de choix d'un assortiment dans un marché donné.

Motivation des consommateurs

Les études consommateurs nous apprennent que les trois grandes motivations d'achat sont l'économie, la sécurité, l'image de soi.

Ce qui ne veut pas dire qu'il y ait une catégorie de consommateurs qui achète uniquement sur des critères d'économie, ou de sécurité, etc. La plupart du temps c'est *le même consommateur,* en fonction de ses besoins, qui va acheter selon une de ces trois motivations.

➤ Motivation économie

C'est essentiellement la motivation prix : « j'achète le moins cher, soit parce que j'y suis obligé, soit par bonne gestion réfléchie ». Le consommateur va choisir soit un produit premier prix, soit une marque de distributeur (MDD).

On notera que depuis l'arrivée massive des produits premiers prix, sous l'influence des *hard discounters*[1], ce sont les MDD qui ont vu leur part de marché baisser.

➤ Motivation sécurité

Ce sont les acheteurs de marques nationales : « j'achète telle marque, parce que c'est la meilleure, la publicité l'affirme, j'ai confiance, la marque me rassure, etc. ». C'est la « grande marque » fortement publicitée, mais ce peut être aussi une marque régionale bien connue, ou des produits spécifiques.

Dans cette catégorie on va retrouver toute la difficulté du choix des marques, et pour faciliter le raisonnement, construire des catégories :

- le produit leader, bradé *(loss leader)* généralement incontournable. Le « mal nécessaire » ;

1. *Discounters* purs et durs genre Aldi, Lidl, ED...

– le (ou les) produits challenger(s), toujours de marque nationale, avec des parts de marché significatives, qui essaient de conquérir des points de part de marché, et qui, en conséquence, offrent une meilleure marge que le leader ;
– les niches marketing, que sont les marques privées, locales, ou produits spécifiques, types mêmes de produits à petite vente mais forte marge, permettant de surcroît de personnaliser un assortiment (on les appelle aussi *cash cows,* produits vaches-à-lait).

➤ Motivation image de soi

Cette motivation, non négligeable, fait appel à l'image que l'on a soit vis-à-vis de soi, soit vis-à-vis des autres. « Je prends cette bouteille de whisky de luxe pour montrer à certains invités que je les considère tout particulièrement » (sous-entendu, « je sais ce qui est bon, je fais partie de l'élite, ou des amateurs… »). C'est la place des produits haut de gamme, voire de luxe, dans lesquels on voit, parfois, des marques de distributeurs venir s'insinuer.

Ce schéma est *essentiellement mobile,* c'est-à-dire que les valeurs relatives des motivations sont très différentes selon les produits auxquels elles se rattachent. Mais, quel que soit le rayon concerné, ces trois motivations existent toujours, à des degrés divers. Une des expériences merchandising les plus enrichissantes est de se livrer au jeu du positionnement dans ces cases des différents produits d'un assortiment.

C'est alors que l'on se rend compte des double emplois éventuels, ou des « trous » à boucher d'urgence… ou encore que l'on justifie une référence vis-à-vis d'un distributeur…

L'approche d'un marché donné se fera donc selon ces critères ; nous sommes toujours dans la recherche de la solution « *Quoi vendre à qui ?* », donc dans la décision du type d'assortiment que l'on veut proposer, à la fois pour être fidèle à son image d'enseigne, et pour être performant dans sa zone de chalandise.

D'où la nécessité soulignée de *bien maîtriser les données marketing* des produits, leur cible, leur positionnement, pour s'en servir au mieux : attention aux arbitrages brutaux faits sur des critères de rentabilité apparente, souvent à court terme, sans se soucier (cela se voit tous les jours) des stratégies marketing produits des fabricants, en décidant *(quia nominor leo*[1]*)* des marques parmi lesquelles les clients devront obligatoirement choisir.

Approche technique

Il y a une approche plus « technique » des produits dans chaque marché : selon ses caractéristiques commerciales, et selon sa phase de vie marketing.

➤ Caractéristiques des produits

Il y a deux critères de performance :

- le *volume* des ventes ;
- la *marge* cumulée.

On distingue par ailleurs trois catégories de produits :

- les produits *attractifs* : à fort volume et faible marge ;
- les produits *performants* : à bon volume et bonnes marges ;
- les produits *spécifiques* : à petits marchés, faibles volumes, mais bonnes marges.

Nous allons les positionner sur un maping, autour des axes de *marge et de volume* (voir figure 6).

En effet, on demande à un produit d'apporter soit du *volume* pour accroître l'attractivité du magasin (aux dépens de la marge), soit de la *marge* (généralement aux dépens du volume), soit un mélange des deux.

Les approches que nous avons vues plus haut peuvent (et doivent) être suivies d'un positionnement de principe sur un tel maping ; celui-ci peut d'ailleurs faire l'objet d'un calcul informatique, pour donner à chaque produit, dans une famille donnée, un *volume* de marge avec un solde de marge de la famille qui peut se lire directement sur un compteur *ad hoc* :

- En haut et à droite, c'est le *positionnement idéal* avec des produits de bonne vente, à bons volumes et marges correctes, autour d'un *axe de performance.* On peut y trouver aussi bien des produits leaders, avec faible marge (plus près de l'axe *volume)* que des produits challengers – ou « vaches à lait » (plus près de l'axe *marge).*

1. Parce que je m'appelle lion (voir La Fontaine).

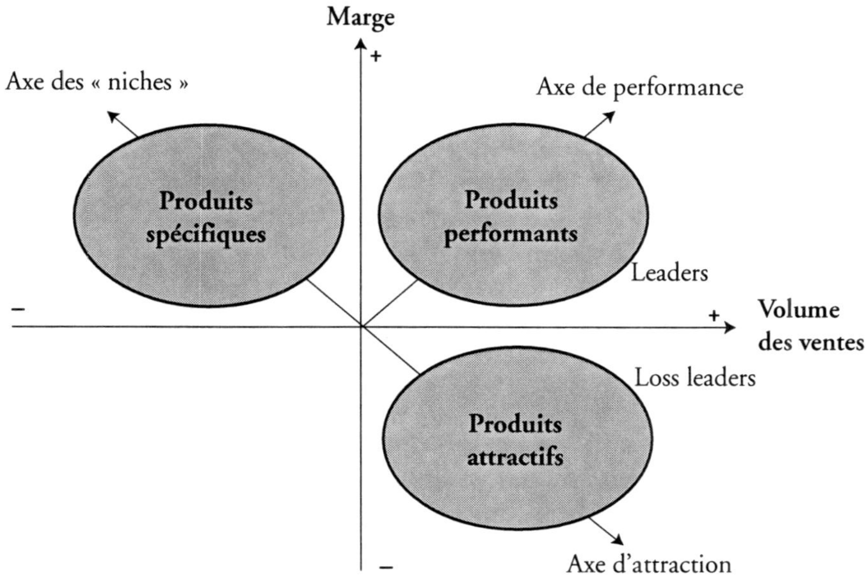

Figure 6 - Mapping des produits selon le rapport volume/marge

- En bas et à droite, ce sont les *produits d'appel,* à fort volume et *marge négative.* Malgré les règlements sur la vente à perte, ces produits existent, tout au moins au niveau d'une marge commerciale négative (il se peut que d'autres critères entrent en jeu pour éviter une vente à perte (voir les ratios de rentabilité dans la troisième partie).
- En haut, à gauche, nous retrouvons les produits spécifiques, des petits marchés ou des produits régionaux ou locaux, de vente généralement faible par rapport aux marques nationales, mais toujours avec de bonnes marges.

C'est l'équilibre des produits autour de ces trois catégories (on peut considérer qu'il n'y a jamais de produits dans la partie faible vente et marge négative !) qui va permettre de créer une offre marchande :

– les produits *attractifs* pour l'image prix et l'attraction commerciale ;

– les produits *performants* pour la rentabilité et le bon positionnement ;

– les produits *spécifiques* pour l'image de choix et le haut de gamme.

➤ Phases de la vie d'un produit

Un autre paramètre doit être pris en compte : la phase de vie d'un produit.

Rappelons brièvement qu'un produit, de sa naissance à sa disparition, passe, dans le temps, par quatre phases principales (cycles) : la naissance (lancement), la croissance, la maturité, le déclin (voir figure 7). Comme pour les êtres vivants. Mais, selon les produits, ces cycles peuvent être lents ou rapides. En tout état de cause il est intéressant, avant d'arrêter l'offre-produits, de connaître la situation (la vieillesse) d'un produit sur un marché.

On parle également de produits « *morts* » et de produits « *vivants* ».

Les produits « morts » sont des articles de grosse vente, répondant à des besoins de consommation courante, objet d'achats rationnels. Ce sont des produits sans innovation et dont le prix est décisif[1]. Exemple : le sucre, le riz, les produits d'entretien de base, l'essence...

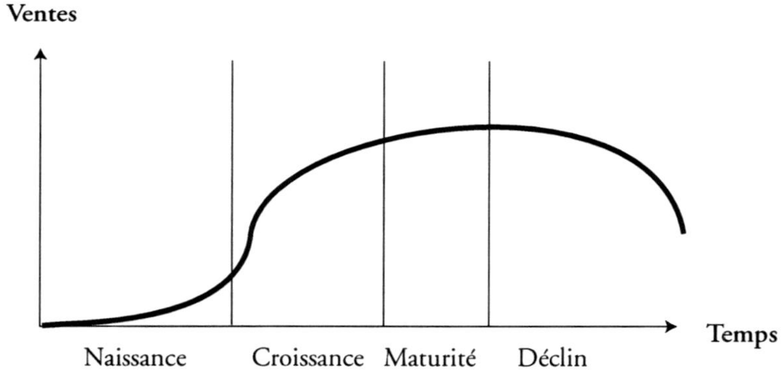

Figure 7 – Les quatre phases de la vie d'un produit

1. Encore faut-il relativiser dans la mesure où les fabricants de ce type de produits essaient par tous les moyens – justement pour cette raison – de les débanaliser, de les typer, de les sophistiquer...

Les produits « vivants » sont des produits bien ciblés, jeunes, innovants, intéressants, festifs, satisfaisant des désirs plus que des besoins, pour lesquels le prix n'est pas prépondérant et la valeur ajoutée décisive. Exemple : le sucre enveloppé, le riz préparé, les plats surgelés ou sous-vide, les produits exotiques, les produits de petit-déjeuner...

➤ Durée de vie

Elle est très variable selon les types de produits : les produits de mode, par exemple, ont une durée de vie très courte, ainsi que les gadgets.

Mais la plupart du temps les produits ont des durées de vie assez longues (on allonge tant que l'on peut la phase de maturité par des aménagements du packaging, des promotions, de la publicité, voire un *re-looking* complet).

Pour un producteur, la stratégie marketing sera évidemment différente selon les phases de vie du produit :

- Dans la phase de lancement, juste après la naissance (après tests et marché tests), on va procéder à la mise en place du produit dans les circuits de distribution choisis, avant de débuter l'investissement publicitaire de départ : le produit doit bien *être présent* dans les linéaires *avant* le lancement dans les médias... Les commerçants ont souvent du mal à comprendre cela, ils disent : « lancez d'abord, quand on nous en demandera nous en achèterons ». Si c'était le cas, on ne pourrait jamais lancer de nouveaux produits !
- Dans la phase de croissance, le producteur va chercher à élargir le champ de distribution, le marché se trouve normalement en forte croissance (si le produit réussit, ce qui n'est pas toujours le cas), et l'investissement publicitaire va se développer fortement.
- En phase de maturité, il y a souvent quelques modifications mineures sur le produit (présentation, qualité...) ; on assiste souvent à une riposte vis-à-vis d'une concurrence éventuelle sur les prix ; il y a peu d'investissements publicitaires (publicité d'entretien, promotions) : le produit est vendu en grosses quantités sur un marché en faible croissance.
- Dans la phase de déclin, on assiste à une diminution des ventes, une forte concurrence, une baisse des prix, parfois l'abandon de certains points de vente ; mais il y a des promotions ponctuelles de soutien.

➤ Seuil de rentabilité d'un produit

Encore appelé « *point mort* », c'est le moment où le nombre d'unités vendues aura dégagé une marge suffisante chez l'industriel pour amortir les frais de lancement (études préliminaires, frais de recherche, de fabrication, commercialisation, publicité et promotion) et où un bénéfice va alors pouvoir se dégager (voir figure 8).

Si le lancement est réussi (une fois sur trois ou quatre si tout va bien...) cette masse de frais est amortie en deux à trois ans.

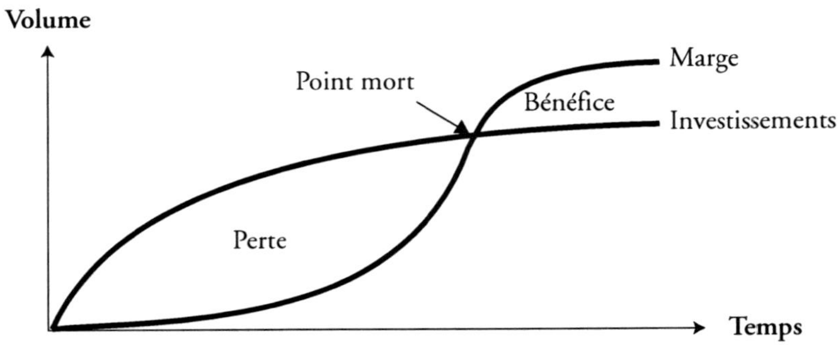

Figure 8 – Rentabilité d'un produit

➤ Marché d'un produit

Il s'agit de l'offre et de la demande réelles et potentielles d'un bien ou d'un service. Le marché se définit par rapport à un produit, ou une classe de produits dans un univers donné, territoire, ou circuit. Pour étudier le marché, l'industriel s'informe de ce qui existe déjà :

- Sources internes :
  - statistiques de vente ;
  - fichier clients ;
  - études antérieures ;
  - rapports de la force de vente ;
  - réclamations ou suggestions des clients.

• Sources externes :
  – organismes publics, parapublics ou professionnels ;
  – organismes privés ;
  – établissements universitaires ;
  – panels ;
  – banques de données.

Étudier le marché d'un produit, c'est étudier la concurrence, analyser la clientèle, rechercher la perception par le consommateur des caractéristiques du produit.

La concurrence : nombre, rayonnement géographique, politiques, parts de marché et évolution, stratégies…

La clientèle : clientèle finale (consommateurs) potentielle et réelle ; niveau de consommation, comportement d'achat, style de vie, culture… mais aussi la clientèle intermédiaire (professionnels) ; grossistes, commerçants, prescripteurs, collectivités…

La perception des caractéristiques du produit : le produit lui-même, son conditionnement, le prix (niveaux, prix psychologique), la distribution (choix des canaux), la communication (choix des médias, des messages).

Cette étude doit permettre d'évaluer le volume de consommation probable.

➤ Segments de marché

On appelle segments les sous-ensembles du marché total d'un produit ou d'un service. La segmentation du marché permet à un producteur de mieux adapter sa politique de marketing à chacun des sous-ensembles ou à certains d'entre eux.

Il y a quatre catégories principales de critères de segmentation :

– les critères socio-démographiques, géographiques, socioculturels ;
– les critères de personnalité et de « styles de vie » ;
– les critères de comportement à l'égard du produit ;
– les critères d'attitudes psychologiques envers le produit.

Bien entendu, on peut prendre en compte plusieurs critères à la fois (multi-critères). Les études de marché « produits » apportent les informations nécessaires pour pouvoir bien construire un assortiment.

Le commerçant peut obtenir ces informations soit :

– par des organismes extérieurs ;
– par ses fournisseurs, spécialistes de leur marché, et très heureux de pouvoir expliciter le positionnement de leurs produits.

Assortiment

Un assortiment, c'est la « collection » ou « offre-produits » proposée à la clientèle d'un magasin.

L'assortiment, son choix, ses caractéristiques, vont décider de la réussite d'un rayon. C'est, de loin, l'acte le plus difficile d'un commerçant, celui qui va traduire sa volonté de prendre une part de marché.

Voyons tout d'abord les caractéristiques fondamentales d'un assortiment, c'est-à-dire sa *largeur,* sa *profondeur,* et, à un moindre degré, sa *cohérence (voir* figure 9).

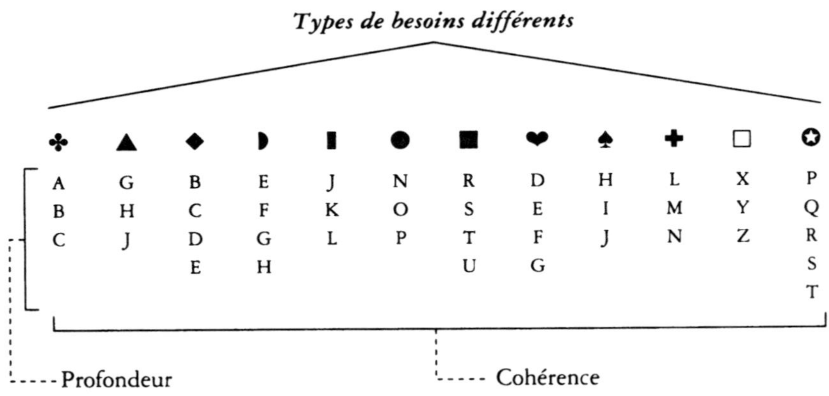

• Chaque ***dessin*** représente une famille de produits ; chaque ***lettre*** représente une marque de produits.
• Le nombre de ***dessins (familles)*** représente la ***largeur*** de l'assortiment ; le nombre de ***lettres (produits)*** représente la ***profondeur*** de l'assortiment.

Figure 9 – Assortiment : largeur et profondeur

➤ Largeur

On appelle largeur d'un assortiment l'importance du nombre de familles de produits couvrant des *besoins différents* : si on évoque l'univers global des produits de consommation, on considère que plus il y a de rayons différents, plus l'assortiment est large.

Si on évoque un univers spécifique (par exemple la papeterie, les jouets, l'épicerie, les vins...), la largeur concernera alors les familles de produits proposées à l'intérieur de cet univers.

La largeur, c'est l'éventail de besoins satisfaits ou non, dans un domaine donné.

➤ Profondeur

On appelle profondeur d'un assortiment l'importance des références produits qui le composent, à l'intérieur d'une famille homogène. Autrement dit, c'est ce que l'on appelle habituellement le *choix proposé,* à l'intérieur de la satisfaction d'un besoin en nature de produit. Plus il y a de choix de marques, plus l'assortiment est profond.

➤ Cohérence

Il s'agit de la cohérence naturelle d'un rayon à l'autre, d'une famille à l'autre : on voit mal, sauf volonté délibérée, l'intérêt de proposer un choix profond dans telle famille, et limité dans telle autre, voisine.

En revanche, au niveau d'un rayon, on peut très bien, volontairement, approfondir tel assortiment d'un rayon, pour avoir une image de spécialiste (par exemple le bricolage, ou le vin).

À ce moment-là, c'est d'un choix politique qu'il s'agit, qui a donné lieu à réflexion préalable sur ses avantages et ses inconvénients. En règle générale, un commerçant va choisir une bonne cohérence entre les largeurs et les profondeurs d'assortiment de ses différents rayons.

La largeur et la profondeur définissent plusieurs catégories de magasins (voir figure 10).

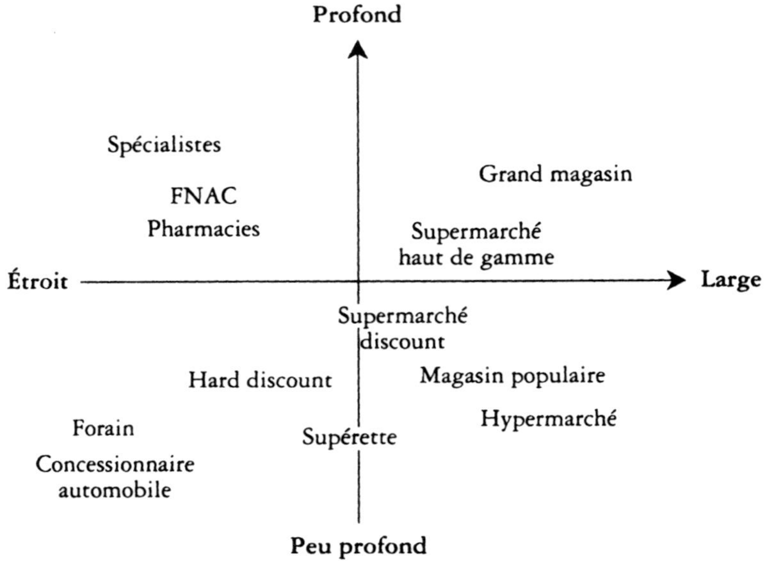

Figure 10 – Maping des types d'assortiment

➤ Assortiment large et peu profond

Il s'agit de la couverture d'un maximum de besoins immédiats, mais avec un choix limité. Peu de marques, généralement deux ou trois : c'est le cas de *l'hypermarché.* Mais en poussant le raisonnement plus loin, c'est le magasin de dépannage en besoins courants : le *convenience store* américain (magasin de commodité, on trouve de tout pour se dépanner, mais il n'y a aucun choix, une référence, c'est tout). Mais c'est aussi le cas, avec une largeur d'assortiment plus réduite, des « *hard discounts* » tels ED, Aldi, Lidl...

➤ Assortiment large et profond

Il s'agit de la couverture de la quasi-totalité des besoins d'un consommateur, avec un très grand choix proposé dans chaque famille de produits (marques, qualités, prix, variétés...). Un seul type de magasin correspond à cette classification : *le grand magasin.* On y satisfait – en principe – tous les besoins, tous les désirs ; mais le stock est d'autant plus lourd, donc plus onéreux, la gestion en est difficile : ceci induit forcément des *marges élevées.*

➤ Assortiment étroit et profond

Il s'agit de l'assortiment du *magasin spécialisé,* qui satisfait des besoins très spécifiques, mais avec un choix très important. C'est le quincaillier spécialisé où l'on trouve tout pour le bricolage ou l'outillage professionnel, le boulanger avec son assortiment de pains spéciaux, mais aussi la grande surface spécialisée, en sport, en bricolage, en jardinerie...

➤ Assortiment étroit et peu profond

Il s'agit d'un assortiment spécialisé, avec peu de choix. C'est le cas du concessionnaire de marque (par exemple automobile) ou marchand forain qui ne propose que des agrumes sur le marché, ou encore du démonstrateur vendeur spécialisé en gadget. Cette catégorie, plus rare, est peu concernée par le merchandising.

Panels

Pour construire l'assortiment, le commerçant va tout d'abord faire appel aux panels. Ce sont des sources d'informations permanentes sur la distribution et la consommation des produits.

Le panel est un *échantillon permanent* d'individus, de consommateurs, de ménages, de magasins, d'établissements, *représentatif* de l'univers étudié, sur lequel sont enregistrées des *données* factuelles à intervalles réguliers et constants.

Les panels sont surtout développés dans les marchés où la concurrence est vive : c'est un outil d'information, de « pilotage », indispensable.

De ce fait ils constituent un élément de référence objectif dans le dialogue producteurs distributeurs.

Ils fournissent des informations dans trois domaines principaux :

- les achats des ménages et leurs caractéristiques (panel consommateurs) ;
- l'offre et la vente en magasins (panel de distributeurs) ;
- les résultats des actions publicitaires et promotionnelles.

Par conséquent, les panels reflètent l'effet des actions marketing des industriels ; on peut ainsi contrôler les résultats des actions entreprises par ces fabricants sur le *marketing mix* des produits, à partir de données objectives et chiffrées.

Le panel distributeur renseigne l'industriel sur le degré de disponibilité des produits, sur les caractéristiques de l'offre (linéaire, *facing,* prix, nombre de marques ou de références présentes) ainsi que sur les ventes des magasins, par catégories de surface, en quantité et en valeur. Également il indique le niveau des stocks et les ruptures constatées.

➤ Panels consommateurs

Ils donnent des informations sur la *consommation de produits* par les ménages, selon différents critères socio-démographiques, socioprofessionnels, géographiques, enseignes : qui achète quoi ? en quelle quantité ? où ? – ce qui permet de déduire les parts de marché, les quantités achetées par ménage, les sommes dépensées.

Les opérateurs s'appellent Sécodip, Sofrès, Nielsen.

➤ Panels distributeurs

Nous avons vu qu'ils enregistrent, dans un univers représentatif de la distribution, disponibilité, ventes, stocks, linéaire, par types de points de vente et par région (par exemple supermarchés de 400 à 800 m^2 dans la région Ouest).

Principaux opérateurs : Nielsen, IRI-Sécodip, GFK.

Les panels et leur utilisation sont nécessaires (mais pas suffisants) pour une approche marketing globale, la définition d'un assortiment, un merchandising logique.

➤ Dialogue fournisseur-distributeur

La construction d'un assortiment doit être d'abord le *reflet du marché,* national et régional. Il doit aussi être *ciblé* pour satisfaire les attentes des différents types de clientèle locale, et *évolutif afin* de suivre les tendances du marché – ainsi que les nouveaux produits.

Il doit encore refléter l'image de l'enseigne, donc ne pas être trop *standardisé.* Tous les segments peuvent ne pas être couverts : par exemple un segment de marché ne représentant que 5 % du total ne sera représenté que s'il s'agit d'un segment en forte croissance, ou si l'entreprise veut couvrir la totalité des besoins.

Exemple des informations fournies par Nielsen

• Informations sur les ventes : volume, valeur des ventes moyennes mensuelles par les magasins détenteurs ; parts de marché en volume et en valeur ; pourcentage des magasins ayant vendu.

• Informations sur les achats : en volume, part des achats, pourcentage de magasins actifs dans la période (actifs numériques : nombre de magasins achetant le produit ; actifs valeur : pourcentage de magasins acheteurs de la classe de produits ayant acheté le produit considéré).

• Informations sur les stocks : volume, part de chaque marque/référence dans les stocks magasins, stock moyen, valeur exprimée en mois de vente, pourcentage de magasins en rupture de stock.

• Informations sur la distribution :

- DN ou distribution numérique. C'est le pourcentage de magasins référençant une marque, variété, modèle (DNU : pourcentage de magasins référençant une marque par rapport à l'univers commercial concerné ; DNT : pourcentage de magasins référençant la marque par rapport aux magasins référençant le produit) ;
- DV : distribution valeur. C'est le pourcentage entre les quantités vendues de la classe de produits par les magasins détenteurs du produit X, par rapport aux quantités vendues de la classe de produits par les magasins détenteurs. Un produit peut ainsi avoir une DN de 50 %, avec une DV de 80 % : cela veut dire qu'il est présent dans les magasins les plus performants ;
- linéaire moyen ;
- couverture en semaines de vente ;
- indicateur de la demande (pourcentage des ventes réelles en volume par rapport au pourcentage des ventes théoriques en volume).

L'assortiment dépend de surcroît de la *taille du linéaire* attribué aux différentes familles de produits (chaque référence doit être visible clairement) aussi bien que des facilités d'implantation, de manipulation, de stockage, voire de gestion (cas du rack-jobbing[1]). Il faut également distinguer *l'assortiment permanent de l'assortiment saisonnier.* Dans ce

1. *Rack-jobbing* : gestion d'une famille, d'un rayon par un fournisseur.

dernier cas, on trouve notamment la papeterie (rentrée des classes), le jouet (Noël), le linge de maison (le blanc), les chocolats (Noël, Pâques) et tout le textile de mode, été ou hiver.

Les informations produits apportées par le fournisseur s'avèrent alors précieuses, ainsi que les services éventuels que ceux-ci sont susceptibles d'apporter (délais de paiement, de livraison, services sur le lieu de vente).

Un assortiment est la bonne adéquation entre deux approches complémentaires.

Le fournisseur apporte des informations sur :

- les marchés et leurs évolutions ;
- les typologies de consommateurs de ses produits ;
- les performances des différents circuits de distribution ;
- les plus apportés par ses produits.

Le distributeur tient compte :

- de son micro-marché local ;
- des attentes de sa clientèle ;
- de l'image de son magasin ;
- de ses statistiques de ventes et de stock.

Critère de choix d'un assortiment

Nous avons vu que la politique générale d'assortiment découle de la vocation de l'enseigne, de la nature des marchés considérés, des études de marché, des adaptations locales éventuelles. Mais nous n'avons pas encore évoqué un autre type d'approche, et non des moindres, puisqu'il concerne la *rentabilité de l'assortiment.*

Faire des choix de marques, d'accord : encore faut-il privilégier les objectifs de marge, de rotation, de coût de gestion des stocks...

En effet il y a des disparités souvent importantes dans les performances des produits, en terme de chiffre d'affaires, de marge brute, de rotation du stock, de rentabilité du linéaire. D'où l'importance de bien maîtriser tous les ratios de rentabilité (voir troisième partie) de l'assortiment.

Il est généralement constaté que la *loi de Pareto* (loi dite des 20/80) s'applique très bien à un assortiment, avec des variations sensibles, mais le principe reste acquis : 20 % des *références génèrent 80 % du chiffre d'affaires.*

Par exemple, dans le cas illustré par la figure 11, on voit que 10 % des références donnent 50 % du CA, 30 % en donnent 40 %, 60 % des références ne « produisent » que 10 % du CA…

Le commerçant, au vu de ce graphique (qui respecte à peu près les 20/80) est fondé à tenir le raisonnement suivant :

- il y a 10 % de références absolument indispensables ;
- avec 40 % des références possibles, j'assure 90 % du CA ;
- je supprime les 60 % non rentables en CA.

Mais ce n'est pas si simple. Entrent alors en jeu deux notions :

- le *choix,* qui ne doit pas être trop restreint, ce que n'aime pas le consommateur ;
- mais surtout la *marge* : il se trouve que les 10 % de produits les plus vendus, donc ceux qui produisent le plus de CA, sont les plus bradés : ils ne rapportent pratiquement rien en marge ; les 30 %

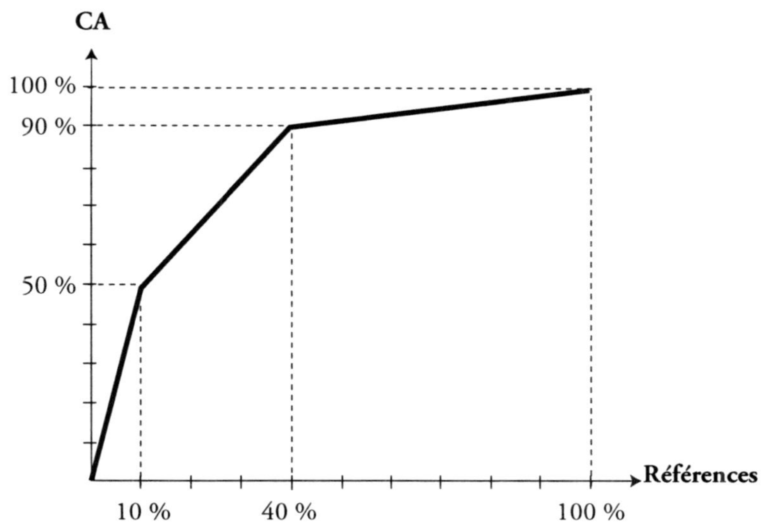

Figure 11 – Courbe d'assortiment I ; rapport références/CA

de références suivantes bénéficient d'une marge meilleure, mais sont tout de même soumis à la pression de la concurrence ; en revanche c'est dans la troisième catégorie, les 60 % de références qui ne produisent que 10 % du CA que les marges sont les plus élevées.

Le distributeur se trouve alors devant une difficulté (thèse/antithèse) :

> « Je fais l'impasse sur ces 60 % de références qui alourdissent mon stock, mais ces références me permettent d'améliorer mes marges ! »

On va alors tracer un nouveau graphique (voir figure 12), pour préciser le rapport entre le nombre de références et le bénéfice brut (marge brute cumulée) :

On voit que sur 100 % de bénéfice brut théorique, la part des deux premières catégories, soit 40 % des références est ramenée à 50 % (au lieu des 90 % du premier graphique). D'où une nouvelle interrogation :

> « Je référencerais bien d'autres produits, mais jusqu'où ? Ai-je intérêt à alourdir mon stock en privilégiant mes marges ? »

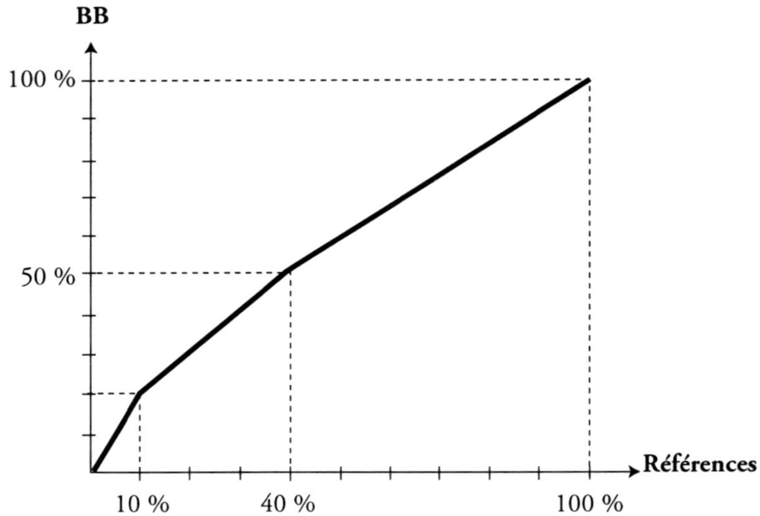

Figure 12 – Courbe d'assortiment II ; rapport références/bénéfice brut

C'est alors qu'il faut raisonner en terme de profit.

En merchandising, le terme *profit* recouvre la notion de « retour sur investissement ». Sans entrer dans les détails qui seront abordés dans la troisième partie, retenons le concept marge × rotation.

Nous obtenons, pour chaque produit, une valeur véritable du profit dégagé, en multipliant la marge dégagée pour 100 € d'achat par le coefficient de rotation des stocks (dans l'année).

C'est la notion fondamentale utilisée couramment aux États-Unis du ROI[1] *(return on investment),* véritable juge du profit.

Dans une troisième approche, on essaiera donc de rapporter les références à une valeur moyenne de profit global recherché pour une famille donnée.

Cela signifie *classer les références par ordre décroissant de profit,* exactement comme nous l'avons fait pour les valeurs absolues de bénéfice brut.

On va alors pouvoir vérifier le bien-fondé du choix de l'assortiment, en donnant une valeur de profit à chaque référence : c'est la vérité de la rentabilité, où l'on s'aperçoit souvent qu'un produit à très faible marge, que l'on aurait tendance à supprimer (sauf si c'est un leader) peut apporter beaucoup plus de profit qu'un autre produit à bonne marge, et faible rotation.

La décision finale d'assortiment devra donc prendre en compte la *totalité des critères* que nous avons évoqués, avec un souci majeur : être marchand, satisfaire les besoins des consommateurs, *tout en maîtrisant la rentabilité, dans tous ses aspects.*

L'expérience montre qu'on améliore la plupart du temps la rentabilité totale en procédant à des *coupes sombres* dans l'assortiment ; mais qu'ensuite il est nécessaire de réintroduire de *nouvelles références,* qui vont améliorer à leur tour la rentabilité de la famille…

Ambiguïté du merchandising, du commerce : *le principal est de se remettre en cause !*

1. On peut aussi calculer le ROI en divisant la marge annuelle dégagée par le stock au prix d'achat HT : le pourcentage obtenu donne la valeur du profit.

Chapitre 6

Paramètres d'implantation

Il s'agit maintenant du quadrant sud-est des points cardinaux du merchandising (voir figure 1, page 25), qui amène, en trois étapes, à la constitution de la présentation (deuxième axe).

Mobilier

Le mobilier de vente joue un rôle ambigu et ingrat : il doit être efficace (c'est le *support* des produits) et donc techniquement parfait, et en même temps être quasi invisible (moins on le voit, plus on voit les produits). Ce qui est pleinement le cas pour les produits banals. Mais il doit pouvoir créer aussi un environnement propice à la vente, et même, dans certains cas, être *valorisant* (produits anomaux[1]). On distingue de ce fait, habituellement, le mobilier dit standard (par exemple pour les PGC[2]), appelé « gondoles » des mobiliers spécifiques, c'est-à-dire essentiellement adaptés à un rayon donné (par exemple les meubles réfrigérés, casiers à pulls, mobilier fleurs, comptoirs photos...).

Dans tous les cas, le mobilier doit répondre à trois fonctions : mettre le rayon en valeur ; permettre une classification claire et être adapté aux produits présentés.

1. Anomal : qui s'écarte de la norme, de la règle générale. Contraire de banal.
2. PGC : produits de grande consommation.

Dans presque tous les cas, tous les types de mobilier se déclinent en *meubles muraux,* de grande hauteur (2,5 m ou plus, utilisation maximale du mur, visibilité de loin) et *meubles centraux,* généralement de faible hauteur (1,4 à 1,6 m, permettant une visibilité de l'ensemble du magasin).

Certaines exceptions sont bien connues : les hauteurs de 4 mètres (courantes chez Toy R'Us), ou des hauteurs de gondole centrales de 2 mètres dans certaines enseignes (qui compensent le manque de mètres carrés par des linéaires développés plus importants).

Il y a eu de grandes évolutions (heureusement) dans le mobilier des grandes surfaces, au début totalement fonctionnel et polyvalent. Certes, il faut du matériel standard, souple à utiliser, adaptable à différents rayons. Ce n'est pas une raison pour le rendre uniforme.

L'ennui naquit un jour de l'uniformité[1]. Pourquoi s'obstiner à présenter, sur des gondoles conçues pour l'épicerie ou les conserves des marchandises générales, voire du textile ? Il faut dire qu'alors les fabricants de mobilier – comme les distributeurs – manquaient d'imagination. Ce n'est plus le cas aujourd'hui, beaucoup de mobiliers spécifiques ont été crées, la difficulté venant de l'arbitrage entre le désir de standardisation, amenant une grande souplesse pour modifier les implantations, et le désir de personnalisation, plus efficace commercialement, mais plus onéreux en investissement.

Un très bon exemple en est donné avec le linéaire des vins. Au début, même les vins haut de gamme étaient présentés dans les gondoles standard. Puis on a réalisé des gondoles en bois, puis des meubles spécifiques inclinés, puis des ambiances de cave – jusqu'au summum : le rayon vins du Casino de Chenôve, conçu en trois parties :

- le linéaire vins courants, soit *vins de table* litres et packs cartons, en gondoles ;
- le linéaire *vins fins AOC,* en mobilier spécifique bois, tablettes inclinées, bouteilles couchées, classé par régions avec cartes géographiques, plafond résille et éclairage limité ;
- le *rayon cave des grands vins,* séparé, dans une véritable cave reconstituée, avec température et hygrométrie contrôlée.

1. Ce n'est ni de La Fontaine, ni de Boileau, mais d'un certain La Motte-Houdar.

Ce rayon exceptionnel à tous points de vue (récompensé par un linéaire d'or Vinexpo) s'explique par une situation exceptionnelle (en pleine Bourgogne) et un afflux important de touristes (Benelux et Allemagne). Mais le jeu en valait la chandelle, la zone de chalandise du rayon vins s'étendant désormais jusqu'en Europe du Nord...

Les mobiliers standard peuvent se classer en cinq grands groupes :

– les comptoirs classiques ;

– les bergeries et back-to-backs ;

– les gondoles libre-service ;

– les portants pour textile ;

– les mobiliers spécifiques.

➤ Comptoir classique

C'est le mobilier courant utilisé dans le commerce traditionnel, et parfois dans le commerce moderne, dès lors qu'il s'agit de présenter des produits chers, ou devant être protégés par une vitrine (bijouterie). Destiné en général à de petits objets, à forte valeur ajoutée ou à forte valeur unitaire, et nécessitant une vente assistée. Le comptoir peut être disposé soit en situation centrale, soit murale : dans ce cas il y a toujours une vitrine murale pour en accroître l'impact, et améliorer la visualisation d'ensemble. Il y a toujours présence de personnel de vente pour permettre l'accès aux produits, les vitrines étant fermées à clé pour des raisons de sécurité évidentes.

Ces comptoirs sont indispensables pour des produits tels appareils photographiques, et plus généralement *ciné-photo-vidéo-son- informatique,* même si les nécessités de visualisation et de manipulation en libre choix obligent aujourd'hui les magasins à mettre à la disposition des clients potentiels des échantillons de chaque produit en exposition/démonstration. On les avait crus remisés au magasin des vieux accessoires, les comptoirs ont repris du service actif dans tous les circuits de commercialisation !

➤ Bergeries et back-to-back

Historiquement, le commerce moderne, représenté d'abord par les grands magasins, était équipé des seuls comptoirs, sur lesquels étaient présentées, à portée directe des chalands, les marchandises proposées, qu'il fallait *débiter* (en mètres, en kilos, en litres...).

La simplification et la standardisation apportées par le magasin populaire, avec un assortiment réduit, des prix et des services limités, ont fait naître la *bergerie.* C'est un ensemble de comptoirs, fermé, en rectangle plus ou moins allongé, avec la vendeuse au milieu, enfermée comme un mouton dans sa bergerie (d'où le nom...) avec sa caisse enregistreuse.

La bergerie a fait les beaux jours de ces magasins, et a évolué ensuite, pour des raisons de libre choix, de gain de surface de vente, de gains de productivité, vers le *back-to-back* : on a gagné la place occupée par la vendeuse, mis dos à dos les comptoirs, rehaussés d'une ou deux étagères pour améliorer le *linéaire développé*[1].

Aujourd'hui, à part quelques rayons formant « boutique », il n'y a presque plus de bergeries, mais des *back-to-back,* dont la conception est peu éloignée d'une gondole sophistiquée. En effet, contrairement à la bergerie qui nécessite une vendeuse par rayon, le *back-to-back* est parfaitement adapté au libre-service, maintenant très généralisé (voir figure 13).

➤ Gondoles libre-service

Généralisée dans tous les libres-services de la planète, la gondole est un mobilier métallique, composé de montants à crémaillère, d'équerres et de tablettes de profondeur variable. Les montants sont séparés de 1 m, 1,20 m ou plus souvent de 1,33 m, pour pouvoir recevoir en partie basse des palettes (80 × 120 cm). Le fond (panneau ou board) de la gondole peut être lisse ou perforé (peg-board) : on peut alors l'équiper de piques ou crochets (peg) permettant se suspendre des produits (par exemple blisters[2]).

On peut jouer sur cinq critères, quant à l'utilisation des gondoles : la dimension des éléments ; la hauteur ; la profondeur ; la largeur des allées ; la longueur de meuble.

1. Linéaire développé : linéaire au sol multiplié par le nombre de niveaux de présentation. Par exemple 5 tablettes occupant 1 m de linéaire sol forment 5 m de linéaire développé.
2. Blister : carton recouvert d'une coque rigide transparente.

• *La dimension des éléments*

Certains rayons s'accommodent mieux d'éléments de 1 m de distance, d'autres nécessitent un écartement aux palettes de 1,33 m. Le module 1,20 m est très rare. Mais l'importance de la *longueur de la tablette,* soit la dimension entre montants, peut être importante, en particulier pour les rayons textile, bazar léger, petits articles ; leur présentation est trop monotone sur grandes longueurs de tablettes.

• *La hauteur*

Les gondoles ne doivent pas toutes être obligatoirement à la même hauteur, d'une zone à l'autre. S'il faut évidemment une certaine homogénéité à l'intérieur d'un groupe de rayons, rien n'interdit de moduler, selon les zones, les hauteurs des gondoles.

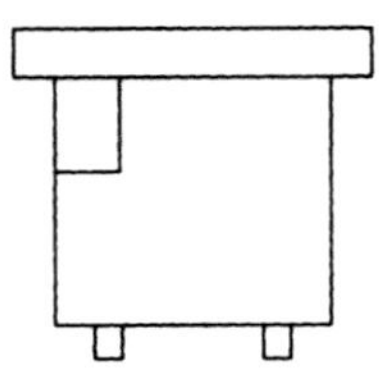

Comptoir classique (coupe) ;
profondeur 0,8 m ; hauteur environ 1 m

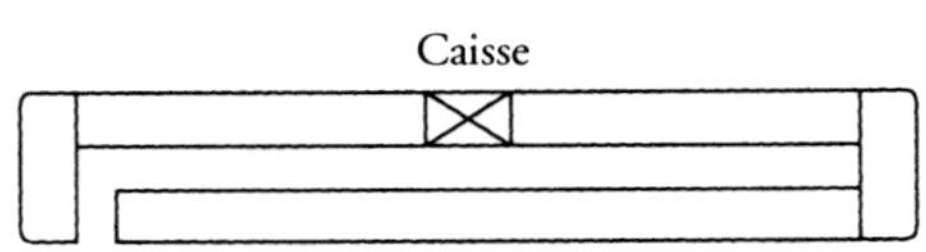

Bergerie (en plan)

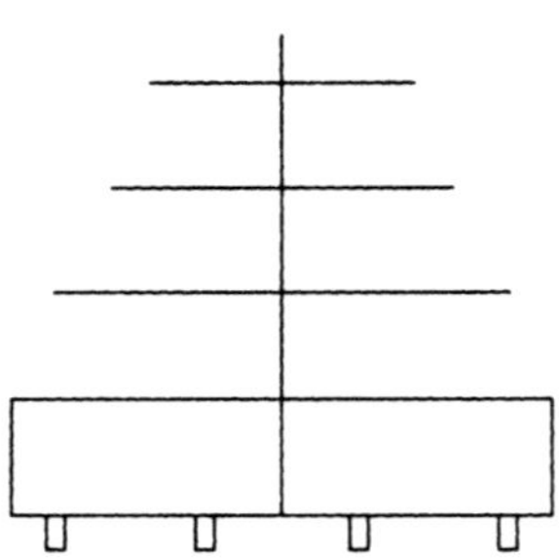

Mobilier back-to-back (coupe) ;
profondeur 2 × 0,8 m ;
hauteur 1,3 m environ

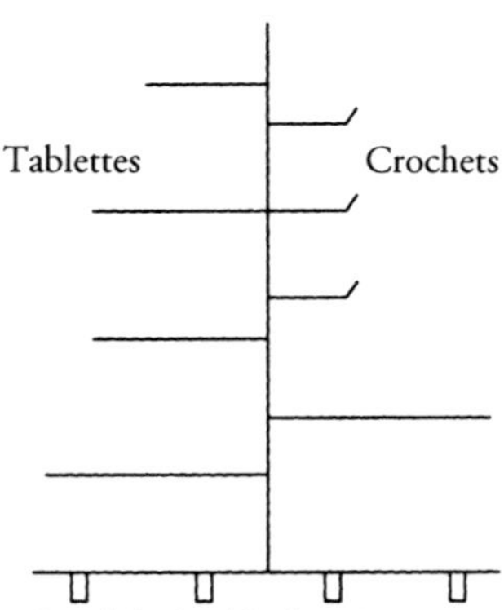

Gondole double-face (coupe) ;
profondeur 2 × 0,70 cm ; hauteur entre 1,4 m
et 1,8 m ; ce mobilier permet
une utilisation maximale du linéaire-sol

Figure 13 – Schémas des mobiliers

- *La profondeur*

Le matériel standard permet beaucoup de variations dans les profondeurs, qui ne sont que rarement utilisées. Nous avons vu, aux États-Unis, des gondoles (basses) de 40 cm de profondeur, ce qui permet d'en mettre plus dans une même surface, en perdant, naturellement, du volume de stockage au produit : aucun inconvénient pour certains rayons qui ne sont pas des PGC – et avantage *de facing*[1].

- *La largeur des allées*

En dehors des grandes *pénétrantes* (voir le sous-chapitre suivant, linéaires), grands boulevards très larges permettant les accès aux extrémités du magasin, les largeurs d'allées ont longtemps été standardisées, souvent au minimum de sécurité (trois largeurs de chariots). Aujourd'hui on arrive à moduler les largeurs en fonction des rayons, et des trafics afférents. C'est donc une question de *densité de clientèle,* mais aussi de *confort d'achat.* Le directeur d'un hypermarché de petite taille, à qui nous demandions, s'il avait 300 m^2 de plus, à quel rayon il l'attribuerait, nous a ainsi répondu : « aux allées, j'agrandirais les allées ! ».

- *La longueur de meuble*

Les gondoles longues permettent d'éviter de perdre de la place, mais créent la monotonie, voire l'angoisse. Trop courtes, elles donnent une impression de fouillis. Selon la surface totale de vente, il faut arriver à trouver, pour chaque zone, la longueur idoine ; plus courte dans le textile, plus longue dans l'épicerie. Chaque enseigne, après étude, met ainsi au point ses *modules* de mobilier, en fonction de son *format* de magasin.

➤ Portants pour textile

Généralement regroupés pour former une zone marchande textile, il y a des portants simples, et des portants modulables. Différentes formes existent (droits, ronds, en svastika...) selon les utilisations :

- robes, vestes, manteaux, blousons ;
- pantalons, jupes ;
- chemisiers, pulls.

1. *Facing* : largeur de présentation d'un produit sur une tablette, vu de face.

Certains de ces portants peuvent s'intégrer dans les gondoles ; ils sont plus généralement au sol, permettant, dans leur implantation, de tourner autour à l'instar des magasins de mode.

➤ Mobiliers spécifiques

Ils se composent de deux grands groupes : les mobiliers « froids » et les mobiliers adaptés aux différents rayons.

Les mobiliers « froids » sont les meubles réfrigérés souvent « à ponts » – c'est-à-dire avec deux ou trois niveaux de tablettes réfrigérées, quand ce n'est pas une véritable gondole – destinés à la crémerie, la charcuterie, la boucherie, le traiteur (et la poissonnerie) qui sont *à froid positif avec de nombreux modèles différents* ; et d'autre part les meubles à *froid négatif* évidemment destinés aux surgelés, depuis le cercueil bien connu, aux meubles vitrines fermés.

Ce que nous voulons bien souligner, c'est l'importance de l'adaptation du mobilier à l'assortiment - et non l'inverse, comme cela se voit parfois. La limite de cette adaptation, par ailleurs très bénéfique aux performances d'un rayon, se trouve dans son coût, et dans la limite de l'hétérogénéité de la présentation.

Là encore, c'est le propre de la politique d'enseigne, en fonction de l'image qu'elle veut donner, de définir les types de mobiliers retenus. Ce que l'on peut constater, c'est que le mobilier haut donne une impression de masse, donc de discount ; il est plus générateur de linéaire développé, mais donne un sentiment de « couloir », on n'y est pas très à l'aise ; le mobilier bas donne une impression d'ordre, de rangement, de mieux-être, bref de qualité. On ne peut tout avoir.

Linéaire

Implantation du mobilier dans le magasin, puis implantation des produits dans le mobilier sont les deux parties fondamentales nécessaires à l'exposition des produits dans un magasin. Nous avons vu les principaux types de mobilier ; il faut maintenant les placer dans la surface de vente, en fonction d'un certain nombre de critères, avant de placer à son tour la marchandise dans les rayons. Sous le nom de linéaire se trouve donc la notion plus générale *d'implantation commerciale,* notion quelque peu statique à laquelle nous préférons le terme plus dynamique de « linéaire » de vente.

Implantation d'une grande surface ou lay-out

La disposition des rayons résulte d'un compromis entre trois éléments :

- les contraintes de la surface de vente ;
- les objectifs commerciaux, consistant à faire circuler le client devant le maximum de rayons ;
- les objectifs de service, consistant à minimiser le temps de présence utile d'un client, dont la « rotation » doit être rapide certains jours, comme le samedi... afin de *fluidifier le trafic.*

➤ Contraintes techniques

La forme et la dimension de la surface de vente conditionnent l'implantation de l'entrée et des caisses de sortie, ainsi que l'orientation et la longueur des gondoles.

- L'emplacement des réserves influe bien évidemment sur la localisation des produits pondéreux et sur le temps de réassortiment.
- La localisation des chambres froides et des laboratoires de préparation : les rayons concernés doivent s'en trouver contigus.
- L'emplacement des services caisses et information.

L'entrée est généralement située à droite des caisses, en entrant ; l'objectif étant de séparer nettement les flux de clients entrant des files attendant aux caisses.

L'ossature de l'implantation générale est constituée par des allées *« pénétrantes »* et *« transversales »* qui permettent l'irrigation de toute la surface de vente.

➤ Allées

Les allées principales et les allées secondaires sont tracées en tenant compte de la détermination des grandes zones (c'est ce que l'on appelle le *zoning*, voir figure 14).

Allées	*Rôle*	*Largeur*
Principales	Ossature du magasin délimitant les zones	– Dépend de l'importance des flux clientèle
Secondaires	Assurent la circulation inter-rayons	– Moins larges que les années principales – Largeur proportionnelle aux flux

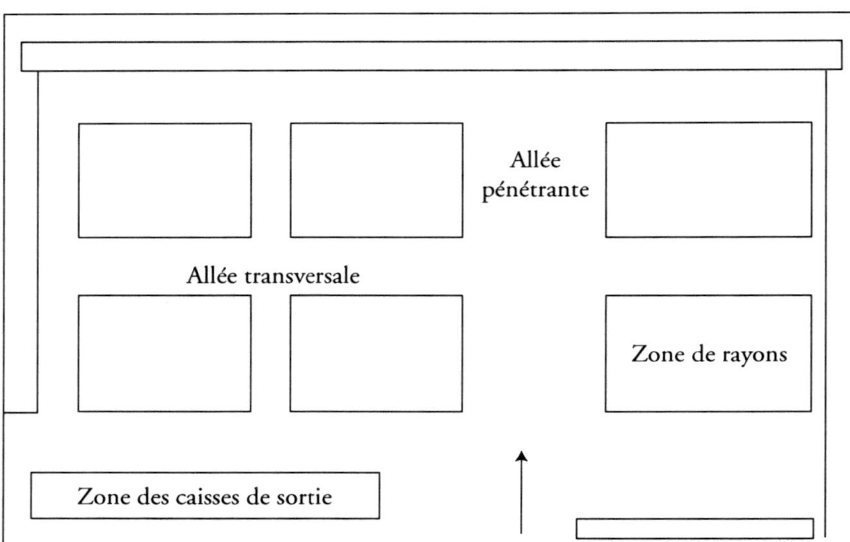

Les allées pénétrantes permettent d'aller directement au fond, les allées transversales, de traverser directement toute la largeur du magasin.

Figure 14 – Schéma de zoning

Dans une allée très large, le client ne regarde qu'un seul côté (quand il ne fonce pas tête baissée !) ; une allée trop étroite est dissuasive, car souvent trop encombrée : le client doit pouvoir circuler à l'aise, mais il y a toujours la difficulté due à l'écart entre le calme de la semaine et la foule du samedi.

➤ Zoning

Dans les grandes surfaces alimentaires le « périssable » (crémerie, boucherie, charcuterie, fruits et légumes, poissonnerie, boulangerie) est généralement placé au fond du magasin : ce sont des rayons d'appel, qui obligent à traverser tout le magasin, et les ateliers de préparation sont situés dans la réserve juste derrière le magasin.

L'alimentation non périssable (épicerie, liquides, conserves, biscuiterie) est bien entendu placée à côté du périssable, et le rayon liquide souvent placé en mural, ce qui facilite la présentation en palettes.

Le bazar lourd (achats raisonnés) peut être situé à l'écart du circuit principal, souvent situé à droite en entrant. Ce sont des achats d'équipement, souvent effectués en couple, avec un certain besoin de calme, donc une situation un peu en retrait.

Le bazar léger peut être placé soit entre le bazar lourd et le fond (produits périssables) soit au centre, entre le textile et l'alimentaire, sur le trajet de retour des produits frais vers les caisses : après avoir fait ses courses d'alimentation, le client aura l'esprit libre et disponible pour les achats d'impulsion (figure 15).

La motivation principale de fréquentation d'un hyper ou supermarché est l'alimentaire ; de ce fait on place les rayons à achat d'impulsion sur le circuit alimentaire, alors que les achats de réflexion, tel l'équipement de la maison, seront placés hors de ce circuit.

On note cependant des variantes dans ces schémas de principe : en effet l'alimentation périssable, de plus en plus porteuse d'image qualitative (traiteur, fruits et légumes), est souvent située au centre du magasin, voire à l'entrée pour certains supermarchés.

Dans les grandes surfaces non alimentaires, les zones seront toujours nettement délimitées ; par exemple une grande surface textile sépare l'habillement homme, femme, et enfant ; à l'intérieur de ces « départements » les vêtements de dessous et de dessus sont encore bien séparés. De plus en plus on cherche à créer des *univers homogènes.* Une grande surface de bricolage séparera les matériaux de gros œuvre du

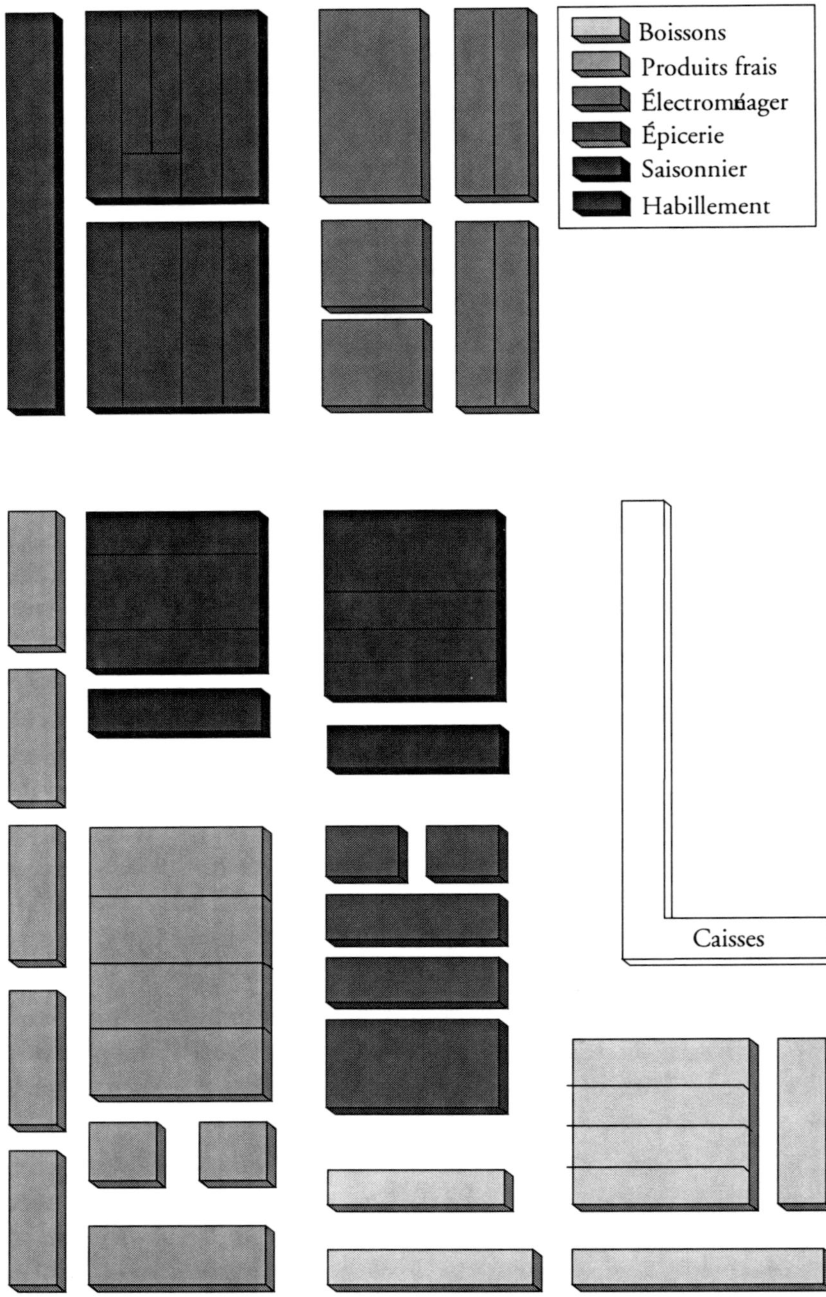

Figure 15 – Plan de magasin

second œuvre ; la quincaillerie ameublement de l'outillage, de l'équipement auto ou de l'électricité.

On recherche, dans tous les circuits, un *ordre logique* (par exemple du lourd au léger, des produits pour l'extérieur aux produits pour l'intérieur, des articles de plomberie à l'équipement électrique).

On utilise également les emplacements en dehors des circulations principales pour les achats de réflexion qui se font dans le calme, parfois à deux pour les articles pondéreux.

➤ Rayons

Pour implanter les rayons, on tiendra compte :
- des flux de clientèle ;
- des types d'achat (produits de première nécessité, de réflexion ou d'impulsion) ;
- de la complémentarité des rayons ;
- des besoins en linéaire, en fonction de l'assortiment retenu ; de la limitation souhaitable des coûts de manutention ;
- de la prévision d'évolution du marché (par exemple extension éventuelle).

Il y a quatre règles à respecter :
- Placer les rayons d'achats d'impulsion sur les axes principaux de circulation.
- Placer les articles d'appel (fortement publicités, très demandés) en premier afin de leur donner un emplacement stratégique très visuel, servant de *point d'ancrage, de reconnaissance* du rayon.
- Rapprocher les familles de produits complémentaires (chemises/cravates, pâtes alimentaires/sauces, apéritifs/biscuits salés...).
- Ménager les transitions d'un rayon à l'autre (éviter les chaussures en face de la poissonnerie, cela s'est vu...).

Une implantation vieillit vite, il faut la repenser régulièrement, en tenant compte des flux de circulation constatés (rayons ou allées mal situés), des résultats d'exploitation par rayon, de l'évolution de la politique commerciale du magasin, ou de l'évolution des motivations d'achat de la clientèle.

Implantation d'une petite surface

L'espace de vente constitue le moyen de communication le plus important avec la clientèle. Il se compose de trois parties :

– la vitrine ;

– l'espace clients/marchandises ;

– le comptoir caisse.

De l'extérieur du magasin jusqu'à la caisse, l'implantation doit privilégier la vision et l'accès aisé à la marchandise.

➤ Vitrine

C'est le premier contact du client (ou plus exactement du prospect) avec le magasin.

On dit souvent que c'est la « carte de visite » du commerçant, c'est dire si l'on doit y porter attention.

Son rôle est de *traduire la vocation* du commerçant, c'est-à-dire de mettre en avant la spécificité du magasin et ses offres commerciales. Son objectif est *d'attirer l'attention* du passant par son aspect esthétique, informatif, attractif ; on recherchera la présentation valorisante d'un segment de l'assortiment, et des panneaux informatifs s'il y a lieu. La vitrine doit laisser voir l'intérieur du magasin, et donner envie au prospect de voir de près ce qu'il aperçoit de loin.

La règle est de ne pas surcharger la vitrine, de la construire sur un thème, afin qu'elle serve le mieux possible son objectif d'accroche pour susciter l'intérêt ou l'envie.

Une exception notable : les vitrines classiques de chaussures, qui servent plus à présenter un « catalogue » de l'offre, pour *faciliter la présélection,* lorsque les chaussures ne sont pas présentées en libre choix dans le magasin.

En général la règle pour les vitrines est :

une vitrine = un thème = une semaine.

C'est une contrainte, certes, mais elle est fondamentale pour le succès commercial dans un quartier, la clientèle potentielle prenant alors l'habitude de regarder régulièrement *ce qu'il y a de nouveau dans le magasin.*

➤ Espace clients/marchandises

C'est toute la surface accessible aux clients, hors la zone comptoir caisse, destinée à la présentation des produits et à la circulation de la clientèle. L'implantation du mobilier de vente va orienter le flux de clients : on veillera à éviter les étranglements, barrages, et autres culs-de-sac. Bien entendu, on devra adapter la disposition des linéaires à la configuration du magasin, tout en cherchant à rentabiliser au maximum l'espace, généralement très limité.

Pour organiser le flux de clientèle et éviter les coins morts :

- à l'avant du magasin on va placer les produits valorisants, à forte image, à marge élevée (avec surveillance ou protection pour éviter les risques de vol), mais on peut aussi y placer une offre spéciale ;
- à proximité de la caisse les achats d'impulsion, ou ceux qui nécessitent une explication ou une argumentation de vente ;
- au fond du magasin, les produits « prévendus », à faible marge.

Le centre du linéaire est l'emplacement le plus attractif, par rapport au sens de circulation c'est ensuite le dernier tiers qui est plus vendeur que le premier :

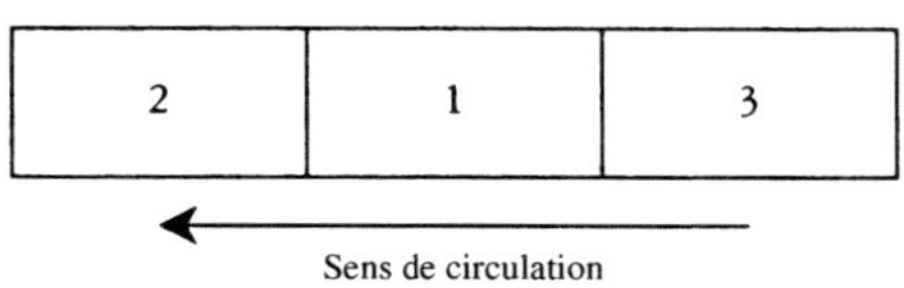

Suivons un client dans un magasin : en entrant, il jette un coup d'œil circulaire, puis porte son regard vers le centre. En s'avançant encore, il visualise généralement la partie droite, d'abord le centre, le tiers suivant, puis le premier tiers. En continuant sa progression, il aperçoit le fond du magasin, avec le même processus de visualisation.

Ceci est une règle générale, dont l'application dépend essentiellement du type de produits proposés ; on placera plutôt au centre du linéaire les produits répondant aux attentes essentielles, à gauche de préférence les produits complémentaires, à droite les produits de marque très connus ou dont le prix est attractif.

On cherche à associer les produits par familles ou par types d'utilisation (toujours *les univers homogènes)* : par exemple, pour un magasin de produits de beauté et parfums, on groupe :

– les produits capillaires ;
– le maquillage ;
– les soins du visage ;
– les accessoires de toilette ;
– les soins du corps ;
– l'hygiène ;
– les parfums et eaux de toilette ;
– les produits pour homme.

Ces derniers généralement bien à part, près de l'entrée (les hommes sont timides, paraît-il...).

Prendre un article en main est le premier stade de l'appropriation, donc de l'achat ; dans toute la mesure du possible, l'accès à la marchandise doit être privilégié : l'adage merchandising le plus connu et le plus important est « Pas vu, pas pris ; pas pris, pas vendu ».

Tout doit être mis en œuvre pour mettre la marchandise en valeur ; la forme et la couleur du mobilier et l'éclairage doivent servir de soutien visuel.

➤ Emplacement du comptoir caisse

C'est un emplacement stratégique : le contact le plus fréquent avec la clientèle, que l'on peut renseigner, qui permet d'argumenter, d'encaisser... et de surveiller la surface de vente.

L'emplacement doit répondre à des critères souvent contradictoires.

– pas trop près de la sortie pour éviter qu'un bouchon à la caisse ne gêne l'entrée des clients ;
– pas trop loin de la sortie pour pouvoir à la fois surveiller les clients sortant, et accueillir les « entrant ».

Donc l'emplacement idéal doit être visible de l'entrée, permettre une vue globale du magasin facile d'accès.

Type de commerce, forme et surface du magasin, emplacement de l'entrée, sens de circulation de la clientèle sont autant d'éléments dont on tiendra compte pour l'implantation du comptoir caisse.

Valeur merchandising

De la bonne répartition des espaces, de leur bonne gestion, dépend la performance du magasin, de petite comme de grande surface.

Nous avons fréquemment observé, étudié, analysé les comportements de clientèle dans tous types de surfaces de vente, aussi bien de commerce traditionnel que d'hypermarchés.

Nous avons recensé un certain nombre de « filtres », d'étapes distinctes, entre le moment ou un passant est accroché par un magasin en se promenant dans la rue, est intéressé par une vitrine, incité à entrer, à se promener, à toucher la marchandise, et enfin à acheter.

Que de risques de perdre le prospect avant qu'il ne devienne client ! Le tableau 3 montre comment, sur 100 habitants qui passent dans la rue (ou, pour une grande surface, qui passent à proximité du rayon) il y a des étapes successives qui sont *autant d'occasions pour le prospect de ne pas se décider,* et combien l'analyse de la localisation des déperditions peut permettre, en y portant remède, de développer le potentiel d'un point de vente.

Cette analyse est valable aussi bien pour un magasin traditionnel que pour une grande surface.

Un magasin est plus ou moins bien situé dans une zone de chalandise ; il est bien évident qu'il aura d'autant plus de chances d'être vu qu'un flux important de personnes passe devant le magasin. Ceci est moins vrai pour une grande surface, vers laquelle on se déplace la plupart du temps en voiture.

Dans le cas de ce tableau, on envisage que 65 % des clients potentiels passent devant le magasin considéré.

- 1er changement de statut, *d'habitant* de la zone on devient alors un *passant.* Mais le passant doit au moins *percevoir* le magasin, avoir son œil attiré dans cette direction. Dans un hypermarché, le passant déambule dans l'allée (la rue) ; son regard doit être attiré vers le rayon considéré. Dans un cas comme dans l'autre, ce premier filtre est la *valeur de perception.* Si le regard n'accroche pas le linéaire, le rayon n'est même pas perçu : il y a déperdition d'efficacité.
- 2e changement de statut : le *passant* devient alors un *chaland.* Dans le cas illustré, la déperdition passe de 65 à 42 – ce qui signifie que 35 %

Tableau 3 – Analyse de la valeur merchandising

Changement de statut du consommateur

Habitant
100

Valeur d'**environnement** (zone)
(je passe devant)

↓

Passant
65

Valeur de **perception** vitrine (rayon)
(mon regard est attiré)

↓

Chaland
42

Valeur d'**attractivité** magasin (linéaire)
(je décide d'entrer/de m'arrêter)

↓

- -

Vente traditionnelle ↓ Libre-choix

Prospect
23

Valeur d'**intérêt** (besoin/désir)
(je manipule)

Rôle du vendeur ↓

Acheteur
17

Valeur de **comparaison**
(je décide)

Rôle du vendeur ↓

Client
4

Valeur de **motivation**
(j'achète)

© Alain Wellhoff

des passants ne prêtent pas attention au magasin (rayon). Peut-on faire quelque chose ? Le magasin ou rayon perçu, il faut être attiré, s'approcher, regarder vitrine ou linéaire : ce deuxième filtre est la *valeur d'attractivité.* Si l'attractivité ne joue pas, nouvelle déperdition. Si elle joue son rôle d'aimant, le chaland entre dans le magasin, et dans une grande surface s'arrête devant le linéaire.

- 3e changement de statut : le *chaland* devient un *prospect,* quelqu'un à qui on est susceptible de vendre quelque chose. Dans notre cas, la déperdition passe de 42 à 23, *soit* 45 %. Tiens, tiens, que se passe-t-il ? Comment améliorer l'attractivité ? En traditionnel, le prospect sera accueilli par un vendeur ; en libre choix, le prospect va directement prendre en main, manipuler les produits, lire les informations. Dans un cas comme dans l'autre il faut que soit le *besoin,* soit le *désir* se manifeste : ce troisième filtre est la *valeur d'intérêt.* Pas d'intérêt, on s'en va. L'intérêt est stimulé ? Il grandit, l'envie d'acheter se produit.
- 4e changement de statut : le *prospect* devient un *acheteur.* Mais la déperdition a joué, notre population est tombée de 23 à 17, soit 26 % de chute. Bon, cela peut être admissible. Mais avant de se décider définitivement, notre acheteur va chercher à se rassurer, à se donner raison, donc va comparer les produits similaires pour se conforter dans sa décision. Il y a souvent un frein important lorsque le futur client se perd en conjectures devant les avantages des uns et des autres produits. Le rôle du vendeur est ici prédominant.

C'est le quatrième filtre : la *valeur de comparaison.* L'acheteur cherche souvent à rationaliser son achat : « j'achète ce produit parce que c'est le meilleur, le moins cher, le plus beau, etc. » Mais avec une perte, dans le cas évoqué, de 17 à 4 : nouvelle chute, de 76 % ! Il faut changer de vendeur, ou revoir l'information sur le linéaire : il y a un gros problème, le client est perplexe et n'achète pas ! Quand la comparaison est *positive,* la décision d'achat prise, le cinquième filtre est passé : c'est la *valeur de motivation.* C'est le moment fatidique de la décision finale : on transfère le produit dans son caddie[1] (on va à la caisse) bref on *achète.*

1. Chariot libre-service, de marque Caddie, marque déposée des Ateliers Réunis. Passé dans le langage, comme Frigidaire !

- 5e et dernier changement de statut : *l'acheteur* s'est alors transformé en *client.*

Ceci est un exemple de l'extrême complexité de l'acte d'achat, qu'un bon professionnel doit être capable d'analyser en détail.

Il faut retenir qu'il y a cinq filtres à l'achat :

– la perception ;

– l'attractivité ;

– l'intérêt ;

– la comparaison ;

– la motivation ;

autant d'occasions de perdre un futur client...

Séquence de rangement

L'assortiment s'établit, normalement, par la segmentation des besoins des consommateurs :

– en familles de produits ;

– en sous-familles.

Cette segmentation est utilisée aussi bien pour la gestion marchandise que pour la séquence de rangement (sauf exceptions justifiées).

➤ Segmentation d'un assortiment

L'assortiment d'un magasin est segmenté en catégories de produits.

- *1re segmentation : **les départements***

Pour un hypermarché, selon les enseignes, les départements peuvent être :

– Épicerie-liquides ;

– Produits frais (avec souvent une segmentation « frais libre-service ») ;

puis

– Non alimentaire ;

ou bien

– Bazar (lourd et léger) ;

– Textile.

• *2e segmentation : les rayons*

Exemple, pour un magasin (ou un département) textile :

- Confection femme ;
- Confection hommes ;
- Confection enfants;
- Bonneterie ;
- Sous-vêtements ;
- Linge de maison.

• *3e segmentation : les sous-rayons*

Correspondant à une unité de besoin – par exemple, pour un magasin (département) de liquides :

- Vins ;
- Alcools et spiritueux ;
- Eaux ;
- Bières cidres ;
- Boissons sans alcool.

• *4e segmentation : les familles*

Les familles regroupent des séries d'articles correspondant à un même besoin, mais légèrement différents. Exemple, pour le sous-rayon « boissons sans alcool » :

- Jus de fruits ;
- Boissons aux fruits ;
- Sodas ;
- Colas ;
- Tonics ;
- Limonades ;
- Sirops.

• *5e segmentation : les sous-familles*

Par exemple, dans la famille « jus de fruits » :

- Pur jus ;
- Jus à base de concentré ;
- Nectars.

- *6e segmentation : les articles*

Exemple, pour la famille des « jus à base de concentré » par type de fruit ou par marque :

– Orange	– Fruits exotiques	– Marque A
– Pomme	– Cocktails de fruits	– Marque B
– Raisin	– Tomate	– Marque C
– Pamplemousse	– Légumes	– Marque D
– Ananas		– ......

- *7e segmentation : les références*

Dans le cas des « jus de bruit à base de concentré » elles peuvent être définies par types de conditionnement :

– Flacons (petites contenances) ;

– Boîtes ;

– Brick 20 cl ;

– Brick 1 L ;

– Bocaux 1 L ;

– PET 1,5 L.

- *8e segmentation : les marques*

Ou bien, si on considère les marques en 6e segmentation, les variétés ou fruits.

Il faut bien voir que la terminologie des différentes segmentations varie selon le distributeur – sauf lorsqu'il y a consensus sur la classification proposée par l'IFLS[1]. Tout dépend de la politique de marques nationales ou de marques propres des différentes chaînes, et de leur approche marketing des besoins consommateurs.

La classification des produits en familles et sous-familles, réalisée pour construire l'assortiment d'un rayon, ne doit pas être aveuglément suivie pour composer une présentation marchande, une offre claire.

Le consommateur doit percevoir une *logique* de présentation des produits les uns par rapport aux autres ; on doit lire un rayon comme le sommaire d'un livre.

1. Institut Français du Libre Service.

Avec une réflexion acquise par l'expérience : attention à la *logique féminine,* souvent différente de la masculine, lorsque ce sont des hommes qui construisent les rayons pour des femmes qui achètent. Les femmes sont souvent plus aptes, par intuition, à faire du merchandising...

➤ Séquence de rangement familles/sous-familles

C'est la logique du consommateur qui doit guider le choix, donc l'observation de son comportement ; on peut réaliser des études spécifiques, lors desquelles on fait « construire » un rayon modèle par des consommateurs, avec des cartons représentant les familles et les sous-familles (voir la classification ci-dessous du rayon entretien).

Prenons un exemple, la séquence de rangement des vins.

- On peut classer *par couleur* :

Blancs	Rosés	Rouges

——— Sens de circulation ———➤

- On peut classer *par origine* :

Bordeaux	Sud-ouest	Provence	Côtes du Rhône	Bourgogne	Loire	etc.

———————————➤

- On peut classer *par ordre du repas* :

Blancs secs	Rosés	Rouges	Blancs liquoreux	Champagnes et mousseux

———————————➤

Autre exemple, pour les produits d'entretien.

- Classement selon leur *action* :
  - Nettoyant ;
  - Lustrant ;
  - Vitrifiant ;
  - Dépoussiérant...

- Classement selon leur *utilisation* :

– Cuir	– Imperméabilisant, cirant, teintant/rénovant
– Sols	– Parquets, sols modernes, moquette
– Meubles	– Nourrissant, dépoussiérant, nettoyant
– Vitres	– Aérosols, vaporisateurs, liquides
– Sanitaire	– Détartrant, additifs, déboucheurs
– Fours	– Nettoyant
– Métaux	– Nettoyant, brillant
– Insecticides	– Volant, rampant, antimites.

Des ventes insuffisantes sont souvent le signe d'une mauvaise implantation : le client ne trouve pas la famille à l'endroit où il la cherche, l'offre est brouillonne, le rayon n'est pas « marchand ». Ce problème permanent de la bonne classification, de la bonne séquence de rangement n'est jamais terminé, car les produits évoluent, de nouvelles familles naissent, les besoins des consommateurs changent.

Il faut faire preuve de modestie, seul le client a raison. Au lieu de dire « les clients sont abrutis, ils ne comprennent pas l'implantation » (ce que nous avons entendu !) il faut faire *comme le client le comprend*, même s'il y a un certain manque de logique technique :

pas vu, pas pris ; pas pris, pas vendu…

Facing

Le facing est l'unité de visualisation d'un produit, vu de face, sur une tablette de présentation. C'est donc aussi l'emprise en centimètres sur le mobilier de vente : plus le facing est grand, plus le produit sera vu. On peut parler de facing en *unités* (de produit) ou en centimètres (longueur de tablette). Le mètre de linéaire de présentation représente, en terme de facing, le loyer que le produit doit générer pour « payer sa place ». Comme le produit a besoin du support de la tablette, qu'il soit présenté empilé sur deux ou trois hauteurs importe peu puisque c'est toujours l'emprise en centimètres sur la tablette qui nous intéresse.

Qu'en est-il, alors, pour les produits qui ne sont pas présentés sur tablettes (appelées aussi, anciennement, rayonnages) ?

– Peg-board : ce sont les articles sous blister (sous coque) enfilés sur des crochets. Pour pouvoir comparer les facings des *produits accrochés* aux facings des *produits posés,* on considère la présence d'une *tablette virtuelle* aux emplacements habituels pour le rayon.

  Bien sûr un calcul en *surface* de présentation, comme pour une affiche, peut se faire, mais la plupart du temps l'approche *linéaire* est suffisante.

– Piles de produits (en linéaire ou en têtes de gondoles) : même approche.

– Palettes : même processus (en général une palette = 3 × 1,20 m).

Enfin, cas particulier, lorsqu'un rayon est entièrement sur palette, on peut prendre en compte la surface au sol. Les portants textiles, lorsqu'ils ne sont pas intégrés en linéaire, sont comptés, comme les linéaires d'habillement textile, en *linéaire/sol.*

- L'appellation *linéaire* recouvre donc la longueur de présentation horizontale :
  - *linéaire sol (LS)* la longueur, mesurée au sol, du mobilier de présentation ;
  - *linéaire développé (LD) le* linéaire au sol multiplié par le nombre de niveaux de présentation : une gondole à 5 niveaux donnera ainsi, par élément, 5 × 1,33 m soit 6,65 m de linéaire développé.
- *La capacité du facing* est la quantité d'articles stockée en rayon pour un seul facing, compte tenu de la profondeur de la tablette et de la hauteur entre les tablettes : un produit dont le facing représente 6 articles en profondeur et 2 articles superposés a une *capacité de facing* de 12. Ainsi, s'il bénéficie de 4 facing, la capacité du linéaire qui lui est attribuée est-elle de 48.

> « Cette quantité doit correspondre au moins aux ventes d'un samedi, plus un petit stock de sécurité, afin d'éviter les ruptures, sachant qu'il est quasi impossible de réassortir le rayon un jour de « presse ».

Élasticité du linéaire

Peut-on déterminer le facing idéal ? Oui, de plus en plus, en optimisant la capacité du linéaire en fonction des ventes prévues. Encore faut-il qu'elles soient à peu près régulières, sachant que les nouveaux produits doivent trouver leur place, qu'aucune situation n'est figée, et surtout que *le linéaire a une action directe sur le consommateur.*

Vis-à-vis de ce dernier, il est intéressant d'observer l'effet du facing sur son comportement d'achat. On conçoit aisément que, en gros, plus le facing est important, plus le produit est vu, donc plus il est vendu. En fonction de l'augmentation du linéaire, quelle sera la variation des ventes (dires souvent « écoulement ») ? C'est ce que l'on appelle *l'élasticité du linéaire.*

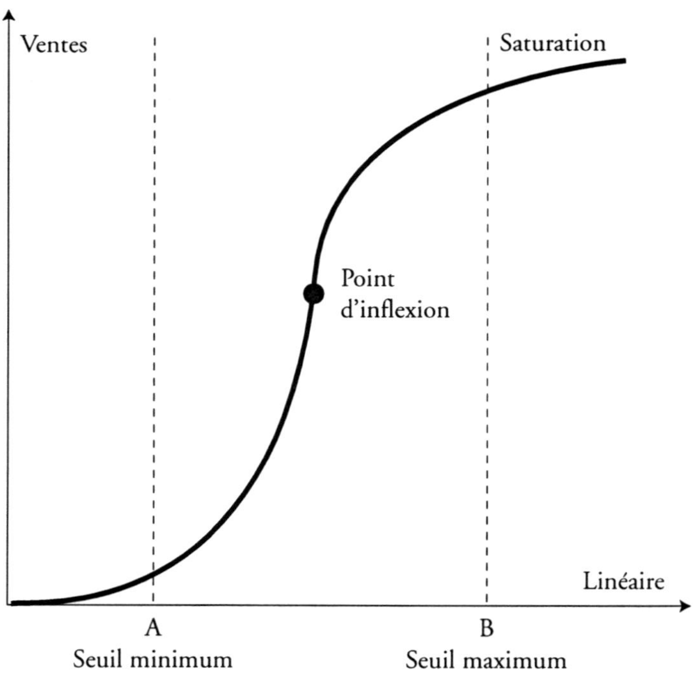

Figure 16 – Courbe d'élasticité linéaire

Celle-ci peut être représentée par une courbe, qui a toujours la même allure, quels que soient les produits observés (voir figure 16).

On remarque que :

- les ventes augmentent avec l'accroissement du linéaire : *forte élasticité ;*
- le produit ne se vend qu'à partir d'un *linéaire minimum (A) ;*
- au-delà d'un certain seuil, une augmentation du linéaire n'exerce pratiquement plus d'effet sur les ventes : *élasticité faible* (B) ;

– le linéaire optimum se trouvera compris entre le seuil minimum A et le seuil maximum B ;
– plus le linéaire est grand, plus l'élasticité diminue ; *la courbe est asymptotique* et arrive vite à la saturation (on l'appelle aussi parfois *courbe de saturation linéaire)* ;
– la courbe change d'allure *au point d'inflexion,* théoriquement le linéaire optimum.

➤ Linéaire minimum

Pas vu, pas pris, pas vendu : si le facing est trop faible, le produit ne sera pas perçu. D'autre part on doit éviter les ruptures de stock en rayon et réduire le travail de réapprovisionnement.

La perception d'un produit et son identification dépendent de sa dimension, de son volume, de son conditionnement (couleur, forme, graphisme) et de son voisinage. Son facing doit être en rapport avec le linéaire accordé au rayon, et les surfaces de magasin (20 cm dans 900 m^2 n'ont pas la même valeur que dans un 10 000 m^2).

On considère généralement qu'un facing de 20 cm est un minimum pour une petite surface, alors qu'il faut compter 40 à 50 cm minimum pour une grande surface.

Les produits d'achat d'impulsion, comme les nouveaux produits, nécessitent un facing minimum plus important pour retenir l'attention des consommateurs.

La rupture de stock en rayon doit être évitée : le facing est alors déterminé par les quantités vendues entre deux réassorts - *le facing étant alors déterminé par la capacité du linéaire.*

➤ Linéaire maximum

C'est le nombre de facings au-delà duquel il n'y a plus d'augmentation significative des ventes : c'est le seuil de saturation. Il n'est bien sûr jamais atteint autrement qu'en étude ponctuelle de merchandising, car il surstockerait à coup sûr, sans utilité, le magasin.

➤ Rentabilité

Le maximum de facing à accorder à un produit est atteint *lorsque la rentabilité au mètre linéaire de ce produit devient inférieure à la rentabilité de la famille auquel il appartient.* En effet, à chaque mètre de linéaire

Tableau 4 – Correctifs quantitatifs du facing

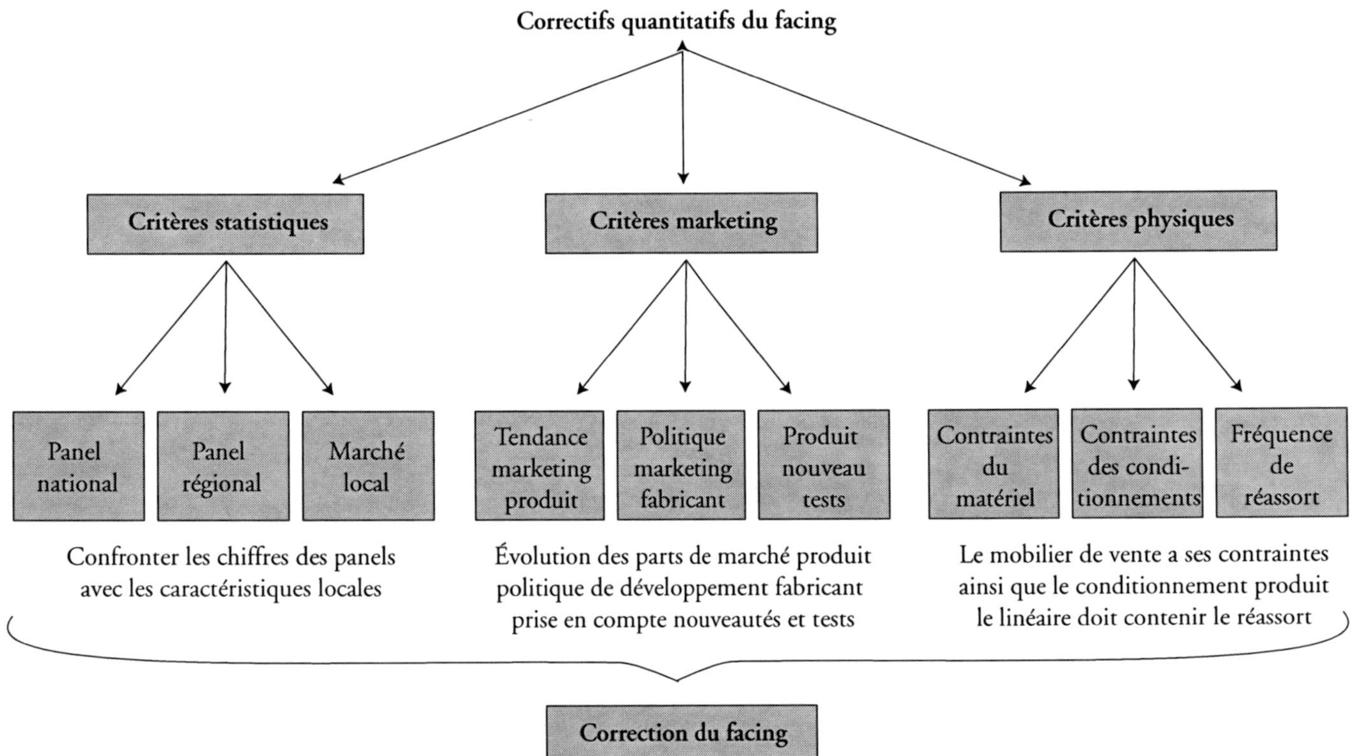

Tableau 5 – Correctifs quantitatifs du facing

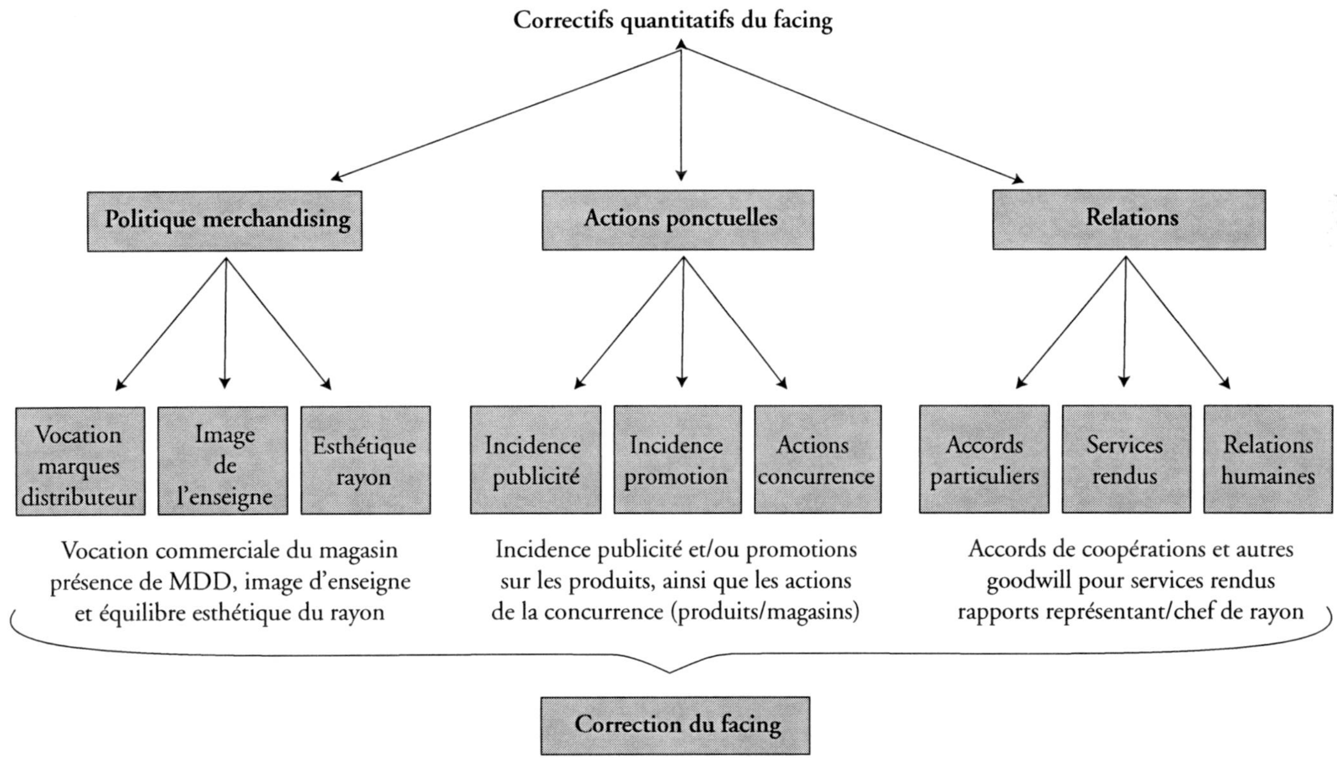

correspond un investissement : c'est l'investissement total du magasin, et de ses frais fixes d'exploitation, divisé par le nombre total de mètres de linéaire développé. On rapporte alors le bénéfice brut généré par le produit au coût d'investissement au mètre : le produit « paie-t-il son loyer » ? Nous approchons ici les problèmes de calcul de rentabilité (au mètre, par rapport aux stocks) qui sont abordés dans la troisième partie.

Les logiciels de gestion spécialisés permettent de calculer l'incidence d'une modification du facing sur la rentabilité d'une famille ou d'un rayon, et d'optimiser ainsi, pendant une période donnée, l'implantation du linéaire.

On notera cependant que toute optimisation centralisée, nationale se heurte vite, lors de son application locale, aux habitudes de consommation diversifiées, aux zones de chalandises propres au magasin, et qu'une adaptation régionale ou locale est toujours nécessaire.

Le nombre de facings idéal est donc celui qui permet la perception du produit et sa mise en valeur pour qu'il attire l'attention, soit identifié, suscite l'achat. Mais c'est également celui qui permet au produit d'obtenir une *rentabilité du linéaire* supérieure à la moyenne du rayon, *sans perdre de ventes* :

$$\frac{\text{Bénéfice brut produit}}{\text{Linéaire développé produit}} > \frac{\text{Bénéfice brut famille}}{\text{Linéaire développé famille}}$$

Nous verrons dans la troisième partie, ce qu'il faut penser de la seule notion de bénéfice brut (ou marge brute cumulée). D'autres types de bénéfices sont également à prendre en compte, tels le *bénéfice différé ou* le *bénéfice financier.*

Si la rentabilité linéaire du produit est *inférieure* à celle de la famille, il ne « paie pas son loyer », il faut réduire le linéaire, donc diminuer le nombre de facings. À l'inverse, si cette rentabilité est *supérieure,* on peut augmenter le linéaire progressivement, le but étant d'améliorer la rentabilité globale de la famille, puis du rayon.

Correctifs quantitatifs et qualitatifs du facing

Un certain nombre de facteurs viennent jouer sur la répartition du facing – nous venons d'en voir quelques uns. Au total, dix-huit « correctifs » viennent ainsi, à des degrés divers, influer sur le linéaire : neuf correctifs quantitatifs et neuf correctifs qualitatifs (voir tableaux 4 et 5).

Mais chaque correction de facing doit être pensée en termes de performances, vis-à-vis de l'amélioration de la rentabilité, c'est-à-dire de la productivité du linéaire et de la satisfaction du consommateur.

Il est donc nécessaire de remettre en cause régulièrement l'implantation, en effectuant l'analyse merchandising de chaque famille : *chaque analyse permet l'amélioration des performances.*

Le double placement[1]

Pour accroître les ventes, il arrive qu'un produit soit implanté à la fois : dans sa famille logique et dans une autre famille, par affinité de consommation.

Nous ne visons pas ici les produits en promotion, par exemple en têtes de gondole, qui bénéficient de leur emplacement naturel dans le rayon et d'un emplacement promotionnel complémentaire, mais provisoire.

De nombreux produits peuvent être placés à deux endroits différents, dans le but d'accroître les ventes (voir tableau 6). Selon la nature du produit, ce double placement peut être permanent ou temporaire (par exemple saisonnier). Le principe est de jouer les deux motivations d'achat : achat réfléchi, achat spontané. L'achat réfléchi concerne *l'emplacement logique* du produit, au sein de sa famille naturelle ; l'achat spontané concerne les emplacements favorables à une *vente complémentaire.*

➤ Emplacements réservés

Les espaces consacrés au double placement (voir tableau 7) varient selon les types de produits mentionnés au tableau 6.

➤ Avantages :

- Bien sûr, accélérer les ventes ;
- éviter les ventes manquées ;
- améliorer la rentabilité de la famille ;
- contribuer à affirmer une image de rayon ou de magasin ;
- apporter une animation dans le rayon, vaincre la monotonie de présentations immuables.

1. Encore appelé *cross-merchandising.*

Tableau 6 – Types de produits concernés par le double placement

Type de produits	Résultats escomptés	Exemples
Produit nouveau	– augmenter la perception – favoriser son démarrage	– tous produits nouveaux
Produit saisonnier (ou à pointe saisonnière)	– augmenter la perception – renforcer l'aspect actualité – accélérer l'écoulement	– chocolats Pâques et Noël en alimentation et zone saisonnière – bonnets, gants, écharpes – pain de seigle/huîtres/ saumon…
Produit associé pouvant être classé dans 2 familles	– associer le produit à deux besoins différents ou complémentaires – susciter le besoin – multiplier les occasions	– biscuits salés (biscuits/apéritifs) – citrons (fruits et poissonnerie) – piler (électricité/jouets/ photo…) – filtres papier (cuisine/café) – sauces tomate (sauces/pâtes) – bonbons épicerie = besoin caisses = impulsion vrac = impulsion
Produit d'image haut de gamme, exotique	– conférer ou accentuer l'image recherchée – cibler une clientèle spécifique	– produits alimentaires exotiques – whiskies haut de gamme
Produit à forte rentabilité	– améliorer la marge de la famille	– lames de rasoir (rayon/caisses) – petite confiserie (rayon/caisses)
Produit de substitution remplaçant momentanément un produit manquant	– éviter de laisser un emplacement vide jusqu'à livraison du manquant	

Tableau 7 – Emplacements réservés

Emplacements	Types de produits
Dans le linéaire de la famille naturelle ou de la famille associé	Tous types de produits banals
Tablette supérieure	Produits de qualité
Présentoirs de caisse	Produits nouveaux, à pointe saisonnière ou à forte rentabilité
Présentoirs d'allée ou milieux d'allées	Produits nouveaux ou saisonniers

L'exemple le plus évident de l'intérêt du double placement est *le filtre à café* : les consommateurs vont le chercher (réflexion) dans le rayon accessoires de cuisine, près des casseroles ; mais le double placement dans le rayon café multiplie les ventes (impulsion).

➤ Inconvénients

– le double placement dans le même rayon est impossible : il induirait une confusion dans l'esprit du consommateur ;

– dans tous les cas, le double placement entraîne un alourdissement des stocks ;

– il complique la tâche du « réassortisseur », entraînant de sa part un risque d'oubli ;

– les chefs de rayon ne sont pas souvent d'accord pour laisser quelques centimètres au produit d'un autre rayon… sauf en cas d'échange de bons procédés.

Selon la formule consacrée, les linéaires n'étant pas extensibles, le choix d'effectuer une double présentation implique une sélection judicieuse, raisonnée, et doit pouvoir se justifier par une augmentation de la rentabilité.

Présentation

Les règles d'implantation sont propres à chaque enseigne, voire chaque typologie de magasin. Elles dépendent de la politique d'enseigne, de la politique de prix, de l'importance de l'assortiment, du type de mobilier, de la lisibilité de l'offre, de l'aspect de masse recherché... et de la rentabilité. Seuls l'expérience, les tests, l'analyse et la remise en cause périodique permettent de trouver, pour un magasin donné, la meilleure allocation de linéaire, pendant une période donnée quand il s'agit de produits plus ou moins saisonniers.

Chaque enseigne, pour chaque format de magasin, a ainsi ses clés de répartition, en valeur absolue et en pourcentage, afin d'affecter à chaque zone, chaque rayon, une quote-part de linéaire, ou de surface de vente. Il n'y a donc pas de répartition type, chaque enseigne garde jalousement la sienne, format par format, construite au fur et à mesure des expériences accumulées. Encore ces données doivent-elles être adaptées au cas local, en fonction des contraintes architecturales, de la zone de chalandise, de la clientèle.

Implantation des produits

Pour implanter les produits en linéaire, plusieurs questions se posent :

– méthode de présentation : horizontale ou verticale ;
– choix des niveaux en linéaire ;
– cas spécifiques : bouts et têtes de gondole.

➤ Présentation horizontale on verticale ?

Nous parlons ici, en premier lieu, de la famille ou de la sous-famille considérée. On peut envisager une présentation verticale, sur toute la hauteur du meuble, ou horizontale, sur un ou deux niveaux (voir figure 17).

En général, la méthode de classification verticale est préférée, car elle apporte un certain nombre d'avantages que nous allons détailler ci-dessous, mais dans un certain nombre de cas spécifiques, on envisagera des classifications horizontales, notamment pour les niveaux du bas (présence de panières de vrac) ou du haut (produits en exposition).

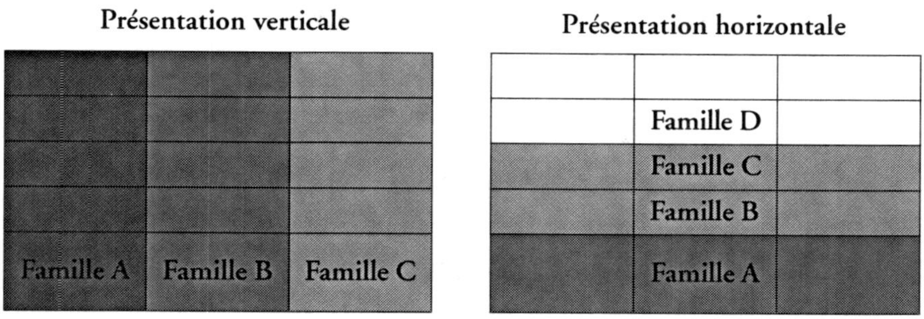

Figure 17 – Les deux types de présentation

Il y a sept raisons pour préférer la classification verticale.

- Mouvement horizontal de la tête naturel. Le regard balaie horizontalement le linéaire à une hauteur moyenne de 1,50 m du sol. On visualise les familles en panoramique, ce qui permet de repérer la famille recherchée du premier coup d'œil.
- Flux de circulation. Le client n'aime pas revenir en arrière (et la manœuvre est difficile avec le chariot). On défile devant les familles, ce qui permet de ne rien oublier.
- Recherche verticale. *Une fois arrêté,* le client déplace son regard verticalement pour trouver le produit recherché dans la famille qui l'intéresse.
- Équilibre de la rentabilité entre les familles (pas d'emplacement préférentiel) ; facilité ensuite pour faire tourner, à l'intérieur de la famille, les différentes références, et les placer à hauteur des yeux.
- Lisibilité. Chaque famille est clairement séparée de l'autre, la lecture du linéaire est facilitée (on lit de gauche à droite). Impression d'une suite de boutiques spécialisées.
- Rythme. Possibilité de casser la monotonie en modifiant le niveau des tablettes, sans gêner la cohérence de la famille.
- Mise en valeur. Facilitée pour la famille considérée (étiquetage informatif, PLV, décor personnalisé…) ; facilité de présentation de produits complémentaires à la famille.

➤ Niveaux de présentation

Il est bien évident qu'une gondole, par définition élément de présentation vertical, permet la présentation des tablettes à différents niveaux. Il y a eu, depuis que ce type de mobilier est né, beaucoup d'études de toutes sortes, surtout aux États-Unis ; mais, selon les natures de produits, les résultats peuvent être très différents.

Nous partons de données matérielles claires :

- un mobilier permettant la présentation jusqu'à 1,80 m environ ;
- des clients dont la taille est comprise majoritairement entre 1,60 m et 1,80 m ;
- des allées permettant un recul entre 1 m et 3 m environ.

(En effet la visualisation ne sera pas la même selon que l'on est devant le rayon ou à distance.)

On distingue quatre niveaux de présentation (voir figure 18) :

- le niveau du *chapeau* (plus de 1,70 m) ;
- le niveau des *yeux* (1,10 à 1,70 m) ;
- le niveau des *mains* (0,60 à 1,10m) ;
- le niveau des *pieds* (0,20 à 0,60 m).

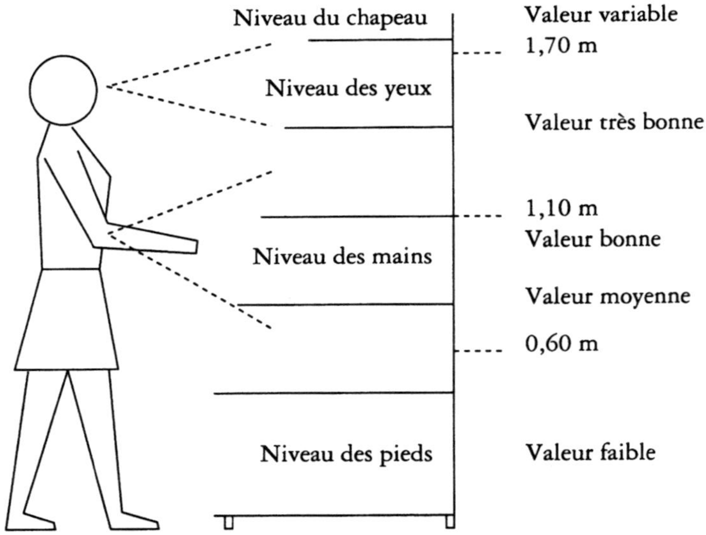

Figure 18 – Les niveaux de présentation

Dans le cas de la présentation sur peg-board[1], le niveau est moins important car moins perçu ; pour le textile il n'y a qu'un niveau (portants) : robes, manteaux, pantalons ; parfois deux (chemisiers). Les niveaux de présentation seront déterminés en fonction de la facilité d'accès et des caractéristiques physiques des produits :

- nature du packaging ;
- lisibilité ;
- volume ;
- poids ;
- achat prémédité ou achat d'impulsion ;
- fréquence d'achat ;
- possibilité de présentation en vrac.

- Le « niveau des pieds » sera privilégié pour les articles pondéreux, les gros conditionnements, le vrac (panières) et les produits à lisibilité verticale (par exemple les tapis-brosses !). C'est le niveau le moins favorable en principe, sauf pour les :
  - articles d'appel ;
  - produits volumineux, aisément repérables ;
  - produits se lisant mieux du dessus ;
  - achats utilitaires ;
  - articles présentables en vrac ou box palettes.
- Le niveau des mains bas :
  - tous produits indispensables ;
  - produits complémentaires ;
  - accessoires difficiles à ranger.
- Le niveau des mains haut :
  - plus le niveau est proche des yeux et facilement accessible, meilleur il est ;
  - produits dont la demande spontanée est élevée (par exemple produits saisonniers, régionaux, publicités).

1. Fonds de gondole à crochets, voir p. 75.

- Le niveau des yeux :
  - produits les plus susceptibles de déclencher un achat d'impulsion (nouveaux, à forte image de marque, forte notoriété) et les plus rentables ;
  - *ou, a contrario,* des produits dont le prix est particulièrement intéressant pour le consommateur.
- Le niveau du chapeau obtient des résultats variables selon la hauteur de la tablette. Au niveau des cheveux, les résultats sont encore bons, plus haut, donc difficile à atteindre, les résultats sont faibles :
  - produits dont le packaging est suffisamment évocateur pour être repéré de loin ;
  - ou présentation doublée de la tablette en dessous (stock de sécurité).

➤ Bouts et têtes de gondole

On appelle bouts de gondole le début et la fin de la longueur de gondole. La *tête de gondole* est l'emplacement promotionnel à angle droit avec la gondole (voir figure 19).

Le bout de gondole est normalement une *mauvaise place,* quelque peu cachée par la tête de gondole. On y placera des articles d'appel, qui signalent également la teneur du rayon.

Les têtes de gondole sont réservées à la présentation de masse, généralement à prix promotionnel. C'est une *place excellente,* particulièrement recherchée, et qui donne souvent lieu à une *location d'espace* au fournisseur.

Il s'agit donc d'emplacements provisoires, dont les produits en promotion tournent tous les dix ou quinze jours pour en conserver tout l'impact publicitaire et promotionnel.

Certains consommateurs sont des habitués des têtes de gondole, et font systématiquement leurs courses d'une tête à l'autre, pour profiter des bonnes affaires.

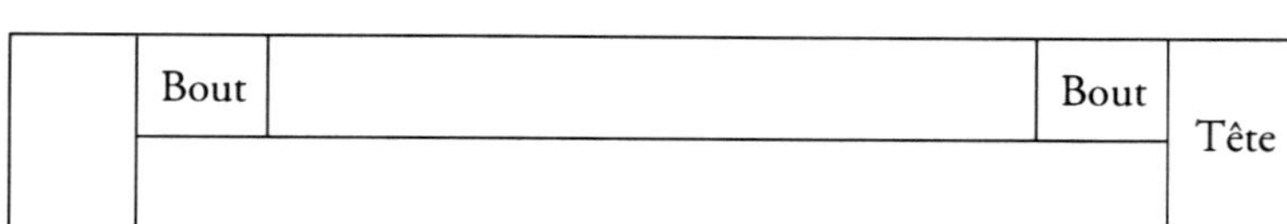

Figure 19 – Gondole

Le prix de la location d'espace varie en fonction des produits, du résultat attendu de la promotion, de la surface du magasin, de l'enseigne... et de la tête du représentant. De plus en plus de magasins planifient rigoureusement les têtes de gondole, et il faut les retenir souvent longtemps à l'avance.

Le fournisseur consent des conditions exceptionnelles pour la promotion ; de surcroît il doit payer l'emplacement... mais c'est toujours le distributeur qui encaisse. Est-ce bien moral ? En tous cas, tout le monde a l'air content comme cela ! Les têtes de gondole apportent le renouvellement, la variété qui manque au rayon de base.

Nous verrons l'utilisation des têtes de gondole dans la *promotion* (voir page 117).

Comportement d'achat

Pour élaborer la présentation, nous devons prendre en compte, bien entendu, le comportement d'achat des consommateurs. Achats de réflexion, d'impulsion, de besoins, de plaisir... après de nombreuses études. sur le comportement du consommateur, nous en avons fait la classification suivante (voir tableau 8).

On parle souvent *d'achats de réflexion et d'achats d'impulsion.* En réalité, on s'aperçoit, à l'analyse des comportements des consommateurs, qu'il y a des *achats automatiques* mais aussi des achats d'opportunité. C'est la raison pour laquelle nous avons cherché, peu à peu, à cerner le plus exactement possible les différents types de comportement en magasin.

Nous devons, pour construire le linéaire et répartir le facing, prendre en compte ces différents comportements, dans toute la mesure du possible, en observant les façons d'acheter des consommateurs.

Le tableau 8 est classé dans l'ordre de graduation du plaisir au besoin (ou vice-versa), et demande quelques précisions.

- **L'achat d'impulsion.** Envie soudaine, sans raison, d'acheter un produit. C'est le « *coup de cœur* », valable surtout pour des produits peu chers, nouveaux, séduisants : il faut les placer à un endroit où on ne les attend pas, aux caisses, par exemple.

Tableau 8 – Les types d'achat

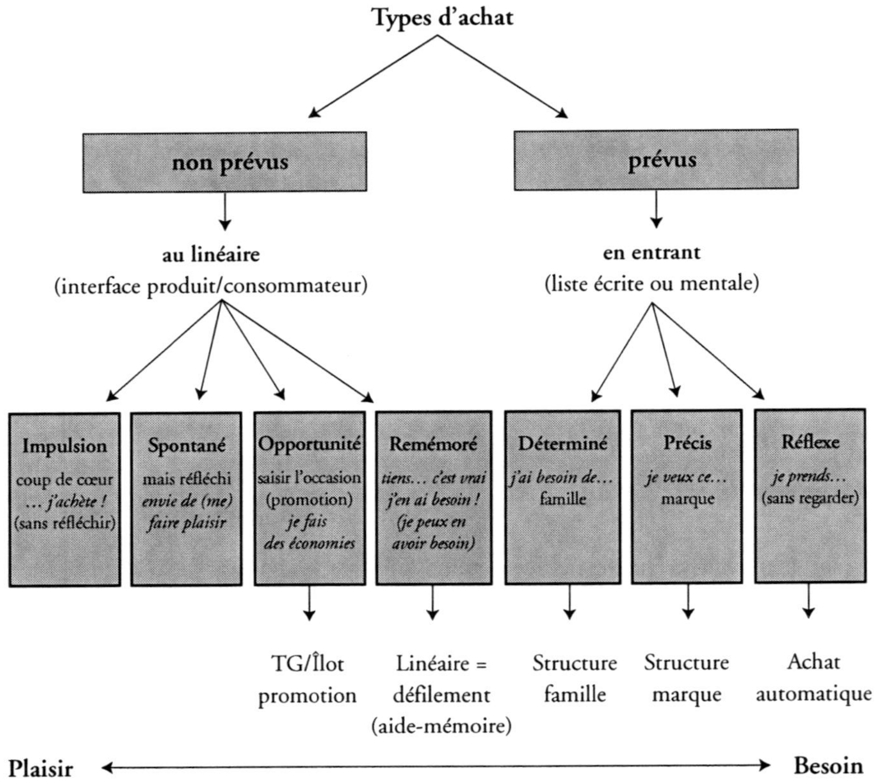

© Alain Wellhoff

- **L'achat spontané.** C'est toujours un achat d'impulsion, mais raisonné. Une *envie subite et consciente* de se faire (ou de faire) un petit plaisir. Même chose, emplacement passant, présentation spéciale...
- **L'achat d'opportunité.** C'est l'achat type des « branchés » des promotions, des têtes de gondole : on saisit l'occasion pour ne pas la laisser passer, pour faire une bonne affaire. Il y a encore de l'impulsion, mais tempérée par la sagesse du bon rapport qualité/prix, du « *savoir acheter futé* ».
- **L'achat remémoré.** Très masculin, mais aussi féminin pour une bonne part : pour ne rien oublier, on défile devant tous les linéai-

res, qui jouent alors le rôle de « *pense-bête* ». Et cela, en ai-je besoin ?[1]

Ce n'est pas très économique, mais très efficace et rationnel. On fait beaucoup d'achats non prévus au départ, car on achète aussi des produits « *pour le cas où...* ».

Il faut noter que dans tous ces cas de figure, le linéaire joue un rôle fondamental d'interface entre le produit et le consommateur.

Mais il y aussi les comportements quasi « professionnels » de consommateurs, ceux qui savent parfaitement ce qu'ils veulent, soit qu'ils aient rédigé une liste, soit qu'ils l'aient mémorisée.

Le terme *achat de réflexion* est très large, nous l'avons réparti en trois comportements :

- **L'achat déterminé.** Il est déterminé (besoin clair) *au niveau de la famille* mais pas très nettement au niveau marque. C'est l'offre produits qui va faire se décider *in fine* le consommateur, qui jette un coup d'œil sur l'ensemble de l'offre, avant de prendre un produit. Il y a réflexion, jugement, décision : c'est le comportement conscient et responsable de la nouvelle consommatrice que nous appelons « professionnelle ». La classification famille est pour lui la meilleure.
- **L'achat précis.** Le consommateur est parfaitement décidé sur le produit qu'il veut acheter – celui-là et pas un autre. La rupture de stock entraîne un mécontentement, et une évasion vers un magasin concurrent. La classification marque a sa préférence, car c'est un inconditionnel d'une marque.
- **L'achat réflexe.** C'est l'achat des habitués, pour les produits quotidiens et peu impliquant (lait, eau, beurre...) à telle enseigne que l'on peut créer des mécontentements en changeant de place des produits[2].

La présentation, c'est la conséquence de tout l'ensemble *des paramètres d'implantation,* c'est-à-dire qu'elle est fonction du mobilier de vente, des linéaires, de la répartition des facings, et surtout du comportement d'achat des consommateurs.

1. On considére qu'un client sur deux a préparé ses achats, mais que les trois quarts ont prémédité la famille de produits dont ils ont besoin.
2. Histoire vraie du jus d'orange en brick qui avait été placé dans le linéaire où se trouvaient précédemment les bricks de lait : plusieurs consommateurs s'en sont aperçus chez eux, au moment de le faire bouillir !

En général les distributeurs, qui sont des *discounters,* travaillent avec des marges extrêmement réduites (à 1 % près, on gagne ou on perd de l'argent, bien souvent !) ; c'est une des raisons, en dehors de leur propre culture d'entreprise, plus commerciale que marketing, pour *ne pas* faire d'études de comportement d'achat.

C'est dommage, car chaque fois que nous en avons vu se faire, généralement à l'instigation de fournisseurs intéressés par le merchandising d'un rayon tout entier, d'importantes améliorations ont été constatées. Il n'en est pour preuve que les « oscars du merchandising », mètres d'or, d'argent et de bronze décernés chaque année depuis 1974 par l'Institut Français du Merchandising, qui, pour la plupart, ont fait appel à ce type d'étude pour optimiser un rayon, ou une famille.

La présentation ne s'apprend pas de façon technocratique, mathématique, voire logique. Le don, le sens du commerce, la volonté de changer y sont pour beaucoup.

Par exemple, la présentation des vêtements, de la mode, de l'habillement en général ne répond pas du tout aux critères de présentation de l'alimentaire, ou même de la bonneterie.

Le « textile » dans le sens « mode » doit varier sans cesse, les portants ou les familles de produit bouger souvent chaque semaine, pour renouveler l'offre, la tentation, l'impression de variété et de nouveauté.

En revanche les produits techniques, bricolage, électricité peuvent rester longtemps sans être modifiés. Encore qu'il soit avéré que toute remise en cause du linéaire entraîne une amélioration des résultats, par le simple fait d'en profiter pour « nettoyer » l'assortiment, retirer les « nanars[1] », restructurer l'offre marchande.

À propos de « *linéaires non extensibles* »*:* si, il y a toujours la place pour un nouveau produit. Dès que l'on veut le placer, une analyse rapide de la répartition des facings montre généralement que des centimètres en trop peuvent être gagnés, ici ou là, relativement facilement.

L'art de la présentation c'est avant tout le « coup d'œil », l'allure marchande, sympathique, ouverte d'une offre produits.

L'ambiance de vente, le décor, peut considérablement y aider, nous le verrons dans l'animation (voir page 138).

1. Nanars : pas d'autre appellation pour désigner les produits de mauvaise vente !

CHAPITRE 7

Moyens d'action

C'EST l'ensemble des moyens que l'on doit mettre en œuvre pour animer le linéaire, le magasin, pour apporter l'« animation », troisième axe des « points cardinaux du merchandising » (voir figure 1, page 25).

En effet, une fois l'implantation du mobilier effectuée, la répartition du linéaire faite, les facings attribués, la présentation construite en fonction des comportements consommateurs, le magasin ne va certes pas resté « figé », aussi performante que soit l'implantation de départ.

Tout d'abord parce que l'implantation permanente des linéaires ne comprend pas encore les « mise en avant » spéciales et surtout les promotions ; mais aussi parce que nous n'avons pas abordé la PLV, l'ILV, et les autres moyens d'animation que l'on peut mettre en œuvre dans une grande surface comme dans un magasin traditionnel. Rappelons que le quadrant sud-ouest des « points cardinaux » comprend :

- la mise en avant ;
- la promotion ;
- l'ILV-PLV ;
- et l'animation proprement dite.

Ces différents points n'ont pas tous la même importance, il s'en faut de beaucoup ; mais ils doivent tous être abordés, les uns après les autres, pour l'élaboration d'un bon merchandising.

Mise en avant

Ce sous-chapitre aurait pu être intégré dans les promotions : mais s'il y a souvent promotion en même temps que « mise en avant », il y a aussi de nombreuses « mise en avant » qui se font hors de toute promotion.

Comme son nom l'indique, il s'agit de l'action de mettre « *en avant* » du linéaire normal, un produit ou une gamme de produits.

Au début du libre-service, on a utilisé des *extenders*, c'est-à-dire des petites tablettes s'intégrant aux linéaires, mettant effectivement « en avant » un produit donné.

Si le système existe encore aux États-Unis, il a complètement disparu en France, eu égard à la densité de consommateurs au mètre carré, sans aucune mesure avec le désert relatif américain. La foule les envoyait vite promener…

Nous parlons donc ici de la mise en avant en dehors de la promotion. On peut vouloir faire une mise en avant pour :

- écouler un sur-stock ;
- valoriser l'ensemble d'une famille ;
- mettre en valeur un nouveau produit ;
- signaler une bonne affaire ;
- rompre la monotonie d'un linéaire ;
- proposer un produit complémentaire.

Une mise en avant peut être *intra-linéaire ou extra-linéaire.*

➤ Mise en avant intra-linéaire

Nous avons vu que la mise en avant peut être horizontale, en débordement de la gondole. L'inconvénient de la tablette susceptible d'être déplacée, est contourné par une présentation massive, *en pile,* comme une tête de gondole à l'intérieur du linéaire, sur toute la hauteur. C'est ce qu'on appelle *la cheminée* (voir figure 20).

On peut également réaliser des demi-cheminées, en partant d'une tablette.

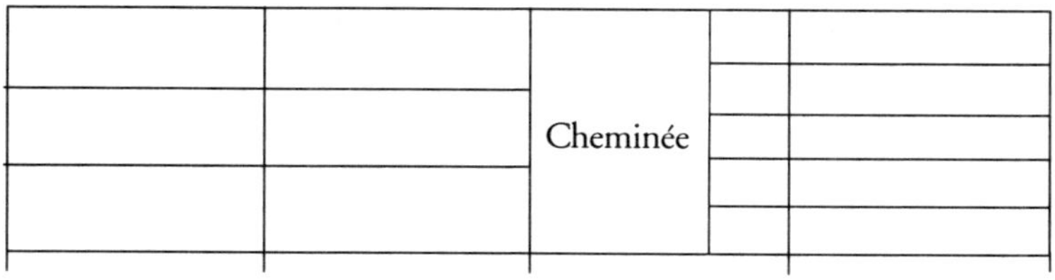

Figure 20 – La cheminée

La cheminée peut être construite à la place des tablettes, sur un élément ou en incorporant une partie de celles-ci, avec une pile construite sur la tablette du bas, plus large.

C'est un bon moyen pour créer des ruptures de linéaire, et limiter *l'effet rail.*

On appelle *effet-rail* (malheureusement trop fréquent) l'impression de monotonie dégagée par des gondoles face à face, dont les tablettes sont toujours au même niveau. *Le regard n'est accroché par rien,* et il faut absolument créer des ruptures.

C'est pour cela qu'une autre façon de mettre en avant un produit, ou une famille, c'est le *simple décalage* de la tablette ou des tablettes de présentation affectées aux produits que l'on veut signaler à l'attention des consommateurs (voir figure 21).

C'est une façon très efficace (et qui ne dilapide pas de linéaire) de faire une mise en valeur.

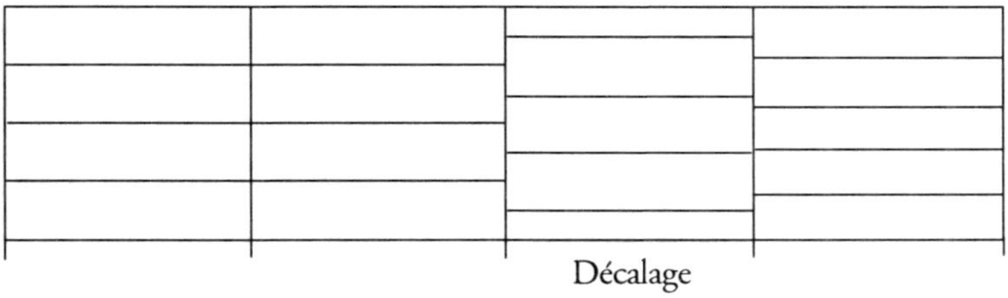

Figure 21 – Le décalage des tablettes

Évoquons enfin les autres moyens de mise en avant d'un produit en linéaire : ce sont essentiellement les PLV et ILV *ad hoc*, depuis les signalétiques perpendiculaires ou parallèles, par exemple « encadrant » un produit ou une famille, jusqu'aux présentoirs spécifiques incorporés au linéaire.

Exemples de présentoirs spécifiques : la coloration ; les présentoirs permettent de tenir les boîtes, relativement légères, bien alignées, et surtout de présenter les échantillons de cheveux colorés. Ou encore les présentoirs à épices, nécessaires pour retenir les flacons, et présenter une gamme dans une organisation de facings bien définie avec une signalétique complète.

La mise en avant est d'autant plus réelle que ces présentoirs sont souvent conçus de manière à repositionner en facing le stock soit par gravité, soit par un système à ressort. Ainsi, s'il ne reste que deux ou trois articles sur la profondeur de la tablette, sont-ils au moins toujours présentés en facing avant.

Ces présentoirs sont à demi-PLV (publicité ou promotion sur le lieu de vente), et à demi-ILV (information sur le lieu de vente), moyens d'animation décrits page 132.

On arrive ainsi à avoir, dans les linéaires, des véritables meubles de présentation offerts (ou parfois vendus) par des fournisseurs, de moins en moins publicitaires (ils sont réfutés par les distributeurs) et de *plus en plus fonctionnels et informatifs*.

Ce n'est plus à proprement parler une « mise en avant », mais plutôt un *shop-in-shop*[1].

➤ Mise en avant extra-linéaire

Il s'agit avant tout des *têtes de gondole,* lorsqu'elles ne sont pas uniquement consacrées aux promotions. Ce sont des présentations d'opportunité, très efficaces, car elles induisent souvent, pour les consommateurs, non seulement la notion d'exceptionnel mais celle de bonne affaire, par analogie avec l'utilisation habituelle de ces emplacements.

1. *Shop-in-shop* : petite boutique dans un magasin.

Ces présentations sont particulièrement intéressantes pour le saisonnier, et pour déstocker.

Les îlots sont des présentations massives, généralement au milieu d'une allée (large), réalisées soit sur podium, soit directement sur palettes ou box palettes (voir figure 22). C'est la version grande surface des tables spéciales chères aux grands magasins et magasins populaires.

Les mobiliers spéciaux, qui peuvent se mettre soit à la place d'une tête de gondole, soit n'importe où dans une allée, sont des mise en avant très efficaces, qui ressortent, elles aussi du concept « shop-in-shop ».

Citons par exemple un meuble spécial pour les bières de luxe importées *(cave à bière)* et autres « *corners* » (mot générique pour distinguer ces présentoirs bien distincts du mobilier standard). Les autres mise en avant ressortent plus d'un concept de valorisation par la décoration.

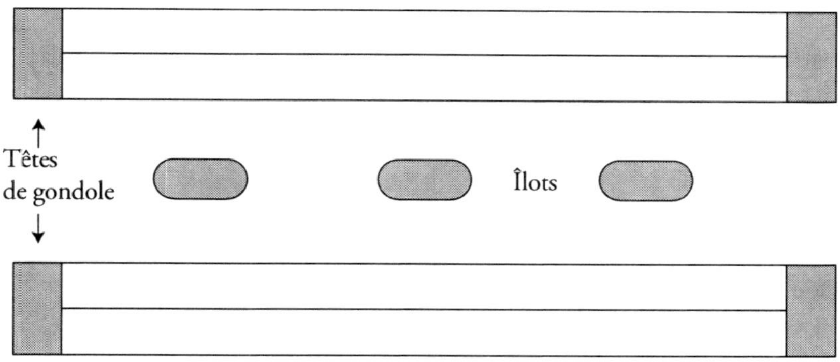

Figure 22 – Implantation d'îlots

Promotion

On distingue deux types de promotion : la promotion produit et la promotion magasin.

Naturellement, c'est le fabricant, le fournisseur, qui *conçoit* la promotion sur ses produits (et en propose la mise en œuvre) ; c'est le commerçant qui *met en œuvre* la promotion sur les produits des fournisseurs ; mais il conçoit et réalise celles de son magasin.

La promotion est toujours une *action très forte et très courte.* Voyons son application la plus fréquente, la promotion sur les produits vendus en magasin.

Promotion produit

C est l'ensemble des opérations destinées à faire connaître et utiliser le produit par la clientèle.

L'objectif peut être :

- d'attirer de nouveaux clients, vers une famille, un produit, une marque ;
- de fidéliser les acheteurs d'une marque;
- de lancer un nouveau produit ;
- une politique, pour assurer les distributeurs de la dynamique de la marque ;
- de réagir à des actions de la concurrence.

La promotion des ventes (« promo » en abrégé) se caractérise par une augmentation exceptionnelle, ponctuelle, des écoulements pendant une courte période.

Selon la nature des produits, l'importance de l'effort consenti, la promotion peut générer des augmentations moyennes (25 à 50 %), fortes (50 à 100 %), très fortes (200 %, 300 %, ou plus).

Le but est *de faire acheter plus.* Mais le consommateur va-t-il *consommer plus ?* Non, la plupart du temps. Il ne va pas manger deux fois plus, utiliser deux fois plus de casseroles, mettre deux vêtements au lieu d'un ! Il y a donc, en retour, *deux effets induits.*

1. Si la marque A est en promotion, et écoule deux fois plus que d'habitude, c'est d'abord *au détriment* des marques B et C, concurrentes : celles-ci vont moins se vendre, dans des proportions variables.

2. Les acheteurs vont profiter de la promotion, dans une certaine mesure, pour *se stocker :* ils ne vont plus acheter du produit A (voire des produits B et C) pendant un certain temps.

Après la phase *d'augmentation,* c'est la phase de *saturation.* Pendant cette période, dont la longueur est directement fonction du succès de la promotion, les parts de marché des produits concernés, directement ou indirectement, sont non significatives.

Lorsque cette période est terminée, les choses se remettent en ordre, chaque produit reprenant *grosso modo* sa place naturelle. Mais le produit promu a *gagné des parts de marché,* ayant conquis de nouveaux consommateurs dont certains lui sont restés fidèles : c'est l'effet de *rémanence,* troisième phase, et la plus importante, car c'est le but de la promotion (voir figure 23).

L'opération promotionnelle, dont le coût est souvent très élevé (baisse sur les prix, achat d'espace, tête de gondole) ne serait pas rentable si elle devait s'amortir sur les seules augmentations de volume pendant la période courte (en général dix jours) de l'emplacement promotionnel spécifique.

C'est donc sur *l'augmentation ultérieure des ventes,* due à la rémanence, que peut s'amortir l'opération. C'est dire son importance, dans la stratégie marketing d'un produit.

La promotion est donc conçue généralement par le marketing, et mise en œuvre côté fabricant par la force de vente, puis, côté magasin, par le chef de rayon.

Dès lors que la « promo » entre en magasin, *d'opération marketing* elle devient *action merchandising.*

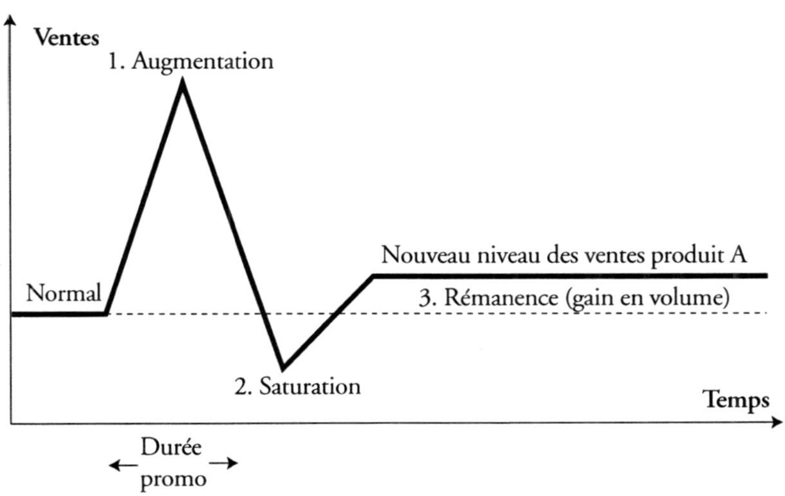

Figure 23 – Les trois phases de la promotion-produit

La promotion est la dernière des cinq variables du *marketing-mix :*

- produit ;
- prix ;
- distribution ;
- publicité ;
- promotion.

Le marketing détermine *l'objectif* de la promotion (par exemple la marque, la gamme, le conditionnement).

Il faut rappeler à ce sujet les quatre phases de vie du produit (voir figure 24), auxquelles correspondent quatre objectifs d'action promotionnelle :

Vie du produit	Action promotionnelle
Lancement	Attaque
Croissance	Décollage
Maturité	Soutien
Déclin	Défense

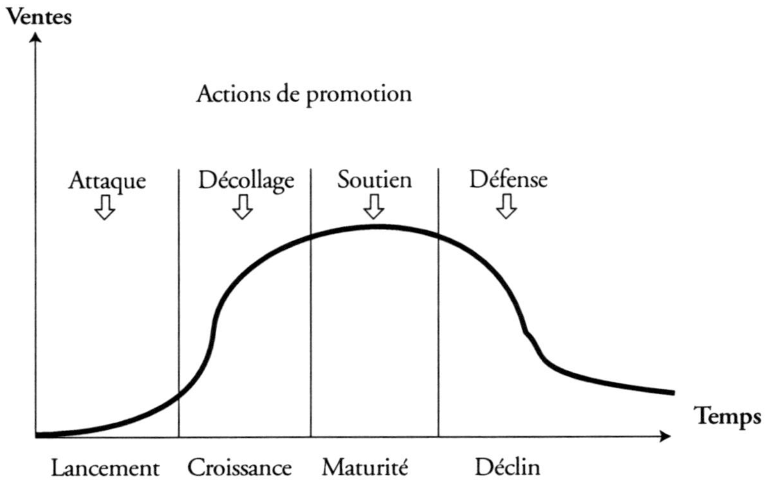

À chaque phase de la vie d'un produit correspond un type d'action promotionnelle

Figure 24 – Courbe de vie d'un produit et actions promotionnelles

Organisation de la promotion

Nous avons voulu rappeler ces données de marketing pour souligner l'importance du phénomène promotionnel dans la distribution, et plus particulièrement en grandes surfaces.
La promotion-produit exige de la rigueur dans son organisation en magasin.
On distingue trois phases pour bien suivre l'efficacité d'une promotion, auxquelles correspondent des actions spécifiques et concrètes :

3 phases	*10 actions*
1. Préparation	– Planning – Information – Approvisionnemenr – Valorisation
2. Réalisation	– Présentation – PLV – Animation
3. Suivi	– Contrôle – Analyse – Rémanence

➤ Phase de préparation

Elle conditionne le succès de l'opération : plus elle est prise tôt, mieux cela vaut au point de vue de l'emplacement, que l'on peut plus facilement définir. Mais on dévoile ses batteries de bonne heure, et il existe un risque de fuites auprès de la concurrence.

Une bonne solution est de « réserver » tôt une promotion, dont on ne dévoilera les caractéristiques que le plus tard possible, dans un délai compatible avec les accords de distribution.

- **Planning.** Tout d'abord il faut choisir la date, conforme aux *impératifs du fournisseur* (quand il s'agit d'une promotion nationale) et *aux possibilités du distributeur* ; mais en observant également les promotions de la concurrence (pas facile de réussir une promotion une ou deux semaines après celle d'un concurrent...).

- **Information** préalable du chef de rayon quant aux quantités prévues, durée, prix, primes éventuelles, toutes indications qui donnent généralement lieu à un accord entre les parties concernées. Ces accords peuvent être négociés au siège, ou au magasin, selon les cas, les politiques d'enseignes, et surtout en fonction du *type de promotion, nationale ou locale.* Les promotions nationales, généralement soutenues par la publicité, sont négociées, naturellement, au siège.
- **Approvisionnement.** Beaucoup de soin doit être apporté à cette donnée délicate : prévoir les bonnes quantités. Les deux dangers bien connus sont la *sous-évaluation* et la *surévaluation.*

Le distributeur peut être prudent, le fournisseur être limité dans ses quantités : il y a danger de rupture prématurée des stocks, avec de surcroît l'inconvénient, s'il y a eu publicité, d'être *obligé de fournir* ultérieurement le produit aux conditions indiquées.

Mais un autre danger existe, surtout pour les PGC (produits de grande consommation) : la promotion utilisée comme *dumping ultérieur.* Le magasin se surstocke (quand ce n'est pas l'entrepôt) volontairement, pour pouvoir continuer très longtemps à vendre moins cher que les autres (en faisant généralement l'impasse sur les frais financiers).

C'est un gros souci, car certaines enseignes en ont fait un système d'achat dévoyé, n'achetant certains produits qu'en promotion. Les industriels ont dû mettre en place des quotas maxima, afin d'éviter les débordements manifestement conjoncturels. Certains marchés, sur le plan local, ont été ainsi longtemps perturbés, les enseignes non concernées s'indignant évidemment auprès du fournisseur qui s'était laissé manipuler.

- **Valorisation.** Toujours dans la phase de préparation, et peu avant la promotion, il faut prévoir tous les problèmes d'organisation de la mise en place, confirmer les choix d'emplacement dans le magasin, sensibiliser les différentes personnes concernées.

➤ Phase de réalisation

- **Présentation.** Dans la réalisation matérielle de la promotion, qui est l'affaire du chef de rayon, le représentant du fournisseur est fréquemment impliqué, c'est d'ailleurs une des actions communes les plus fréquentes.

Une seule préoccupation : la *dramatisation par effet de masse.* La masse fait vendre, on sait cela depuis toujours – et depuis que Zola l'a si bien décrit. De grandes piles, de grands prix, les consommateurs adorent ça, ils font des affaires. Le fournisseur et le distributeur sont contents, ils font des affaires. Le magasin vit, le produit vit : tout va bien.

- **PLV.** N'oublions surtout pas la publicité sur le lieu de vente, panneaux publicitaires, décors promotionnels, bons de réduction, décoration de la tête de gondole, bref tout ce qui peut *augmenter la dramatisation, magnifier la mise en scène.*

Aux États-Unis la plupart des têtes de gondole sont décorées, souvent à l'excès, mais donnent une impression de fête que, malheureusement certains magasins français sont loin d'apporter. L'achat, s'il n'est plus ludique comme au début des grandes surfaces, ne doit pas non plus être une corvée, il faut garder le sens de la fête.

- **Animation.** Ceci nous amène à envisager les cas où la présence d'un animateur, d'une démonstratrice, vient renforcer cet effort d'animation du point de vente. Il faut souligner l'intérêt de la présence humaine, dans une grande surface, par exemple des animatrices en costumes folkloriques, plutôt que de « bateleurs » devenus d'ailleurs bien rares.

Certes nous sommes dans l'univers du libre-service, et le consommateur est habitué à se servir tout seul ; cependant certains produits, qui se prêtent soit à la dégustation, soit à la démonstration bénéficient, malgré le coût supplémentaire d'une personne, de très belles performances promotionnelles.

➤ Phase de suivi

C'est une phase très importante, mais souvent oubliée ou insuffisamment faite.

- **Contrôle.** Il va de soi, vu le coût d'une promotion pour le fournisseur, qu'un contrôle sur le terrain est une nécessité. Le représentant concerné doit, s'il n'a pas participé à la mise en place de la présentation, vérifier que la promotion est faite à la bonne date, en bonnes quantités, au bon prix, dans la bonne présentation.

Nous avons vu des fournisseurs payer des têtes de gondole *jamais mises en place,* la promotion n'ayant servi qu'à diminuer les prix de vente, ou, pire, à augmenter les marges, sans avoir valorisé du tout le produit.

Ce sont certes des exceptions, il faut savoir que cela peut arriver : il est donc *toujours nécessaire* d'effectuer un *contrôle quantitatif* et *qualitatif.*

- **Analyse.** Cette action est très rarement réalisée, et c'est bien dommage. Après la promotion, il faut procéder à l'analyse des résultats : ventes, stocks, ruptures éventuelles, et si possible mini-compte d'exploitation.

Cette analyse est intéressante pour toutes les parties concernées, afin d'en dégager des leçons de productivité pour les prochaines actions. C'est une analyse qui est faite « *à chaud* », pour noter toutes les données annexes (autres actions pendant la période, impressions du chef de rayon, corrections à apporter, etc.).

Le responsable merchandising de l'entreprise veillera à la remontée de ces informations, en effectuera le collationnement et la synthèse, pour les directions marketing et commerciales.

- **Rémanence.** Si tout s'est bien passé, le but de la promotion sera atteint : le produit concerné, mieux connu, se vendra plus. Or, si son linéaire avait été construit en fonction de son écoulement, *on court mathématiquement à la rupture chronique.*

C'est ici que l'on doit déterminer *la rémanence,* afin de *faire rectifier le linéaire* pour qu'il soit adapté aux nouveaux volumes de vente. *Ceci est la plupart du temps, oublié.*

➤ Modes de promotion

Nous ne voulons pas ici empiéter sur le domaine spécifique de la promotion, en ce qui concerne sa conception et son mode de mise en œuvre ; mais simplement indiquer les grandes lignes que tout merchandiser doit connaître. La promotion n'a pas, à priori, de règles définies quant au choix d'une procédure.

Le tableau 9 donne un exemple d'actions et de supports possibles en fonction de la cible concernée, et des objectifs spécifiques.

Tableau 9 – Choix des types de promotions

Cible	Objectif	Actions possibles
Consommateur	Faire essayer le produit	– Réduction de prix – Produit en plus – Échantillons – Démonstration – Essais gratuits – …
	Susciter l'achat	– Primes – Réduction prix – Ventes jumelées – PLV/ILV
	Faire connaître la gamme	– Ventes jumelées – PLV/ILV
	Fidéliser	– Primes – Concours – Jeux – Loteries
Distributeur	Essayer la gamme	– Primes – Ventes jumelées – Réduction de prix – …
	Fidéliser	– Primes – Ventes jumelées – Réduction de prix – Jeux, concours
	Développer la notoriété	– Jeux, concours – Animation réseau – Promotions prestige
	Améliorer la rotation des stocks	– Concours – PLV – Réduction de prix – …

Ce tableau ne prétend pas à l'exhaustivité, il est destiné à démontrer la grande variété de promotions possibles, selon les objectifs recherchés ; sachant que, si la cible est généralement le *consommateur*, elle peut aussi être le *distributeur*, voire *la force de* vente elle-même : nous arrivons ici à ce que l'on appelle les *opérations de stimulation*, qui n'ont plus rien à voir avec le merchandising.

Promotion magasin

Le terme est quelque peu ambigu, car il recouvre les promotions produits, sur l'initiative du distributeur, et la promotion du produit magasin, en tant que tel.

Nous avons vu que, pour le producteur, la promotion est un élément de son marketing-mix qui concerne tout ou partie de sa gamme, qui peut être nationale, régionale ou locale, avec des budgets décentralisés.

Le commerçant, lui, peut utiliser la promotion produit pour animer l'ensemble de son magasin, pour conforter une image de prix bas ou de « bonnes affaires ».

Les objectifs sont différents (voir tableau 10).

Tableau 10 – Les objectifs de l'industriel et du commerçant

Industriel	Commerçant
• Recherche la meilleure présence possible de sa marque en magasin. • Opérations souvent nationales	• Recherche des promotions spécifiques tenant compte de sa clientèle, pour se différencier de ses concurrents.
• Veut promouvoir sa marque, et elle seule.	• Veut parfois animer ou relancer une famille ou un rayon entier. D'où intérêt pour les promos de produits d'appel à rotation rapide.
• Difficultés : se heurte à certaines pratiques du distributeur.	• Les avantages prix ne sont pas toujours intégralement répercutés dans le prix de vente.
• Crainte de « fuites » de ses plans promos, lance ses actions avec un trop court délai.	• Les plannings promos des fournisseurs s'intègrent parfois mal dans ses propres plans.

Conclusion : industriels et commerçants doivent se concerter pour tenter d'organiser leurs actions promotionnelles.

➤ Organisation de la promotion

Il existe, en fonction des objectifs du distributeur, différents types de promotion (voir tableau 11).

Tableau 11 – Choix des types de promotions

Catégorie	Objectif	Promotions
Qualitatif	Animer le magasin Conforter une image discount	– Jeux – Échantillons d'essai – Réduction de prix – Mise en avant
Quantitatif	Augmenter le CA Attirer de nouveaux clients Augmenter la marge	– Jeux – Réduction de prix – Mise en avant
Opportunité	Faire connaître un produit, une gamme Accélérer la rotation d'un stock	– Échantillons d'essai – Vente avec prime – Réduction de prix – Mise en avant – Réduction de prix – Jeux – Mise en avant

☞ **Attention à la promotion trop rapprochée d'articles similaires ce qui en annulerait les effets.**

Pour conforter leurs parts de marché, les leaders de PGC proposent des promotions quatre à six fois par an : grosses ventes sporadiques mais peu de marge. Avec le risque déjà signalé d'achats uniquement lors de ces périodes, et de la dégradation tarifaire induite.

Les dix actions nécessaires à la réussite d'une promotion-produit (voir page 118) s'appliquent aussi pour le cas de la promotion-magasin, mais il faut surtout insister sur quatre d'entre eux.

- **Planning.** Il faut constituer un programme équilibré de promotions, en choisissant parmi les offres promotionnelles des fournisseurs, et en sollicitant, au besoin, d'autres actions. Sans écarter, évidemment, une promotion fournisseur soutenue par une campagne de communication !

- **Approvisionnement.** La quantité à commander dépend des ventes habituellement réalisées. Si la promotion dure dix jours, on prend la cadence de vente mensuelle divisée par trois, et multipliée par le coefficient d'augmentation des ventes attendu (par exemple 300 %, auquel on ajoute un petit stock résiduel permettant de maintenir la présentation spéciale).
- **Présentation.** La tête de gondole ou l'îlot promotionnel constituent la meilleure mise en valeur *(dramatisation)* d'une promotion. Il y a dix règles de présentation à suivre :
  - un seul produit en promotion au même endroit, deux à la rigueur s'ils sont complémentaires ;
  - choisir un emplacement adéquat ;
  - réaliser un effet de masse ;
  - protéger la base de la tête de gondole ou de l'îlot des coups de chariots ;
  - veiller à la bonne accessibilité des produits ;
  - construire « solide » pour éviter l'écroulement ;
  - faciliter la préhension ;
  - constituer un stock suffisant pour la durée prévue ;
  - mettre en place une PLV adaptée, simple, claire ;
  - penser au changement de prix de l'article resté en rayon.
- **Analyse des résultats.** Calculer après chaque promotion les quantités vendues, le CA réalisé, la marge brute globale.

Pour la mise en avant d'une famille, faire les mêmes calculs pour toute la famille concernée.

Pour une manifestation importante, on peut calculer l'incidence sur la fréquentation du magasin :

- *augmentation de clients* ;
- *augmentation du panier moyen.*

Ces résultats serviront pour l'avenir à

- ajuster les commandes de promotion ;
- trouver le niveau de dégradation du PVC[1] le plus efficace ;

1. PVC : Prix de vente consommateur.

– la bonne période ;

– le bon emplacement ;

– la meilleure technique de promotion.

Une bonne promotion, c'est aussi *le bon produit, au bon endroit, en bonnes quantités, au bon moment… et surtout au bon prix.* La promotion est un important élément de l'image du magasin.

➤ Promotion du produit magasin

Est-ce du merchandising, est-ce du marketing, *proprio sensu ?* Est-ce de la promotion par la communication ou de la publicité traditionnelle ? Nous avons voulu aborder, en tout état de cause, cette étape importante de la « mise en marché » d'un magasin.

Il s'agit de l'ensemble des actions ayant pour but d'attirer le consommateur vers le magasin, autrement dit de *créer du trafic,* et :

– pour *faire connaître* le magasin (créer la notoriété) ;

– pour créer ou modifier *l'image du magasin, ou* l'image d'enseigne ;

– pour créer et entretenir un *courant de sympathie.*

La communication, pour un magasin, passe par six types de médias.

• *La presse*

C'est le média le plus utilisé par la distribution. Selon la cible visée, le choix du support varie.

– *Presse nationale quotidienne :* pour une communication d'enseigne à rayonnement national. Elle est utilisée pour annoncer un événement ponctuel (anniversaire, promotion spéciale, soldes), le choix du support étant fait en fonction du type de consommateur visé.

  Par exemple une chaîne d'articles de sport choisira *L'Équipe* ; une chaîne de librairie plutôt *Le Monde, Le Figaro* ou *Le Nouvel Observateur* ; une chaîne d'agences de voyages *Le Figaro Magazine, Le Monde, Gault-Millau…*

– *Presse nationale périodique* (hebdomadaire ou mensuelle) : pour la communication d'entretien, de notoriété, voire un événement à durée assez longue (nouvelle collection textile, offre de fin d'année…). Le distributeur recherchera une adéquation entre l'image de l'enseigne, la nature du message, et la clientèle du support retenu.

– *Presse quotidienne régionale* (PQR) : essentiellement média événementiel, se prêtant bien aux actions promotionnelles de la distribution, elle touche rapidement la population visée, à des tarifs nettement moins élevés que la presse nationale (pas toujours lue en province !).
– *Journaux gratuits* (« Gratannonces ») : c'est le média favori de la majorité des responsables de la distribution moderne en communication locale. Très bien diffusé, peu cher, mais souffrant d'un certain déficit d'image.

• *Les prospectus, catalogues, mailings*

Le prospectus est un support de communication événementielle particulièrement bien adapté à une action de promotion ciblée géographiquement.

Il s'utilise habituellement :
– pour asseoir une image d'enseigne d'un magasin dans sa zone de chalandise potentielle ;
– pour promouvoir une campagne sur un ou plusieurs rayons ;
– pour des actions promotionnelles ponctuelles.

L'intérêt du prospectus est quadruple :
– communication potentiellement *massive :* tous les foyers peuvent être atteints, puisqu'ils sont tous dotés d'une boîte aux lettres ; même si certaines personnes sont excédées du « débordement » de prospectus, ceux-ci sont lus (ne pas laisser passer une bonne affaire) ;
– communication *sélective :* on touche une zone précise, ou tel type de consommateur ;
– elle est *rapide :* décideur et imprimeur sont proches, les délais de réalisation très courts ;
– enfin elle est *économique :* son coût est modéré par rapport aux cibles atteintes.

Les prospectus, distribués dans les boîtes aux lettres, ont le même avantage que la communication dans la presse gratuite, avec une meilleure perception.

Les catalogues sont plutôt des supports de publicité pour faire connaître et mettre en valeur une partie de la collection du magasin. Nous ne parlons pas ici de la VPC[1], qui est un circuit de distribution bien particulier (il y a d'ailleurs un merchandising du catalogue !) pour laquelle catalogue = magasin.

Le mailing, très proche du prospectus, est envoyé directement par la poste ; il nécessite la constitution d'un important fichier client (c'est à cela que servent beaucoup de concours !).

• *L'affichage*

Représente une part importante (25 à 30 %) des investissements en communication dans la distribution moderne, il est surtout utilisé à l'échelon local, plus rarement en campagne nationale.

Il existe quatre sortes d'affichage :

- panneaux fixes (4 × 3 mètres) ;
- bus urbains (flancs et « culs de bus ») ;
- abribus, “sucettes” ;
- véhicules de livraison (pub gratuite).

Par nature, l'affichage mobile touche plus de clients que l'affichage fixe.

• *La radio*

Représente en gros 10 % des investissements en communication dans la distribution moderne. Avec son *effet immédiat,* c'est un formidable accélérateur des ventes, générant du trafic, soutenant les promotions.

Nous n'avons pas évoqué la télévision, car la pub de distribution est interdite. Seul moyen d'y figurer, le « parrainage » d'une émission (exemple : Darty/météo).

• *Le cinéma*

Seul média audiovisuel autorisé, on peut, comme pour la radio, choisir un rayonnement national ou régional. C'est un support relativement cher, peu souple, et sélectif (il touche surtout les jeunes).

• *Internet*

Informations diverses, promotions en cours, catalogue et commandes par internet téléphone, c'est devenu un instrument des relations commerciales commerçant/consommateur.

1. VPC : Vente par correspondance.

En résumé, on ne peut dire qu'un média est *meilleur* qu'un autre ; c'est la cohérence, l'adéquation du support choisi avec la cible recherchée qui permet de déterminer le bon choix.

➤ Relations publiques

N'oublions pas, enfin, les RP (relations publiques, relations presse), qui permettent d'instaurer un dialogue avec tout ou partie du public. C'est, si l'on a mis en place une structure de communication, un moyen peu onéreux de véhiculer une image qualitative du magasin, surtout si on y ajoute le sponsoring.

Il permet de crédibiliser, de faire parler de soi, de surprendre, de fidéliser, de médiatiser un événement. Attention, c'est un vrai travail, qui demande de la persévérance et du suivi.

PLV-ILV

Trop souvent les magasins de grande surface, « usines à vendre », sont froids, rigides, standardisés, aseptisés – quelque peu « cliniques ». Le matériel de publicité ou d'information sur le lieu de vente, PLV-ILV, peut en partie réchauffer, animer l'uniformité des présentations de masse.

Il est possible, bien sûr, dans un assortiment, de jouer avec les volumes et les couleurs des conditionnements ; mais on peut aussi utiliser un matériel PLV adapté, proposé par les fournisseurs, ou commandé par le distributeur dans un but précis : informer et guider.

La PLV est très mal connue, et diversement appréciée à priori par les distributeurs : ils s'en méfient comme de la peste, pas loin de penser *qu'ils polluent leurs magasins* avec des affiches ou des cartonnages publicitaires, qui dévalorisent, pensent-ils, leurs linéaires.

À notre avis, cela s'apparente carrément au « racisme » : on n'en veut pas parce que c'est de la PLV. Sans, souvent, se donner la peine de la regarder, la comprendre, au moins l'essayer : en général, les ventes, qui sont le thermomètre de la réalité, en décident tout autrement.

Le terme même de PLV est ambigu, qui recouvre indifféremment les affichettes publicitaires, le mobilier spécialisé, les aides électroniques ou informatiques à la vente, l'information, la promotion, la communication sur le lieu de vente. Or il s'agit d'un *média à part entière,* comme la presse, la radio, l'affichage... On l'appelle parfois le sixième média.

On a dit aussi que la PLV c'est la *communication à l'intérieur* des quatre murs – y compris la vitrine – du point de vente. Son but est de *signaler,* mettre en valeur, expliquer les produits. C'est aussi le complément naturel, sur le lieu de vente, des autres média, quand le produit et l'acheteur potentiel sont en présence.

L'ignorer, la bannir systématiquement et sans réflexion objective préalable, c'est se priver d'un moyen de motivation d'achat et d'animation du magasin. Elle a donc un triple rôle :

- Rappeler sur le lieu de vente tous les *éléments du message* et de communication véhiculés par les autres média. Rien que ce point suffirait à en justifier la présence.
- Informer sur les *spécificités des produits* (nouveautés, améliorations, utilisation) alors qu'il n'y a pas de vendeur dans l'univers du libre choix. Elle permet de guider le choix du consommateur.
- Impulser les achats pour des produits dont l'acquisition n'était pas prévue. C'est donc un bon support des *achats d'impulsion,* souvent à meilleure marge.

Les différentes PLV

➤ PLV de vitrine

Son rôle est de faire entrer le consommateur par une *mise en valeur* de produits : présentoirs de vitrine, présentoirs de factices, enseignes ou publicité néon spécifiques à une marque, éléments de vitrine...

➤ PLV du magasin

Son rôle est *de faire acheter :*

– PLV légère, tels que stickers adhésifs, banderoles, affichettes, pancarte, fanions...

– PLV d'emballage, tels boîte présentoir, fronton avec message fixé sur la boîte...
– PLV d'image, tels les géants factices, présentoirs lumineux, vidéo-disque...
– PLV de praticité, tels les nuanciers, testeurs, présentoir de comptoir, matériel en gondole, stockeur, ou shop-in-shop...
– PLV d'information et d'animation, tels la vidéo, la télématique, l'informatique, la pub sonore, les displays (présentoirs spécifiques).

Exemples de PLV

– Pour un magasin d'automobiles : banderoles, oriflammes, fanions, guirlandes...

– Pour une parfumerie : présentoirs de vitrine, de comptoirs, testeurs, nuanciers, factices, mobiliers spécifiques, enseignes d'intérieur, de vitrine...

– Pour un supermarché : stickers, affichettes, pancartes, présentoirs/stockeurs, présentoirs de promotion, matériel pour têtes de gondole...

En dehors des matériels d'information ou des mobiliers spécifiques, considérés comme permanents, la PLV a une *durée limitée*. Le maping de la figure 25 est un exemple ; on peut le compléter à l'infini, et le spécialiser par types de commerce, ou par circuit de distribution.

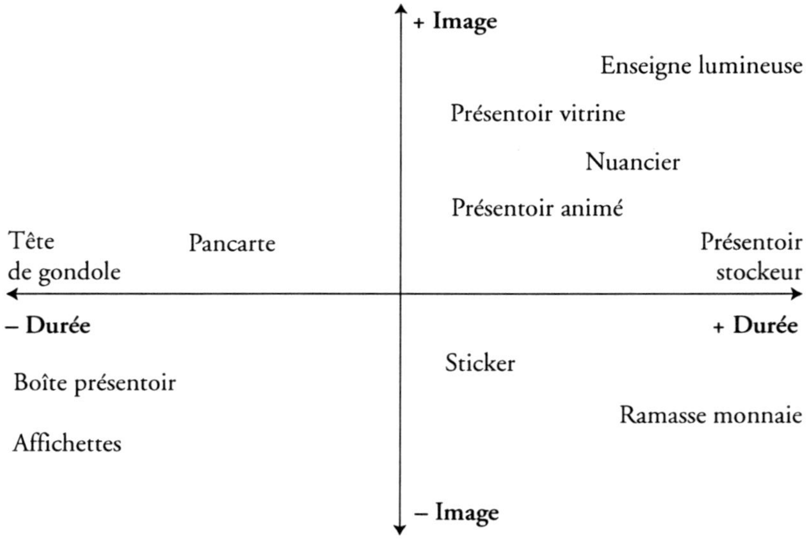

Figure 25 – Maping PLV/durée

Mise en place de la PLV

C'est normalement le commerçant lui-même, ou le chef de rayon, qui met en place la PLV ou l'ILV, sauf dans les cas demandant une assistance technique. Mais c'est très souvent la force de vente du fournisseur qui se charge de la livraison et de la mise en place, pour être sûre de sa présence au bon endroit.

Plus rarement, et surtout pour les magasins traditionnels, cela peut être fait par des spécialistes (fabricant, chaîne d'étalage).

Mais attention, les éléments de PLV doivent être parfaitement *adaptés* à la taille du magasin, voire à son style. C'est là que le bât blesse – ou plutôt qu'il a blessé : longtemps les fournisseurs (et leurs agences de publicité) ont voulu imposer des PLV totalement inadaptées aux grandes surfaces.

Que faire d'une affichette 30 × 40, conçue à l'origine pour le commerce traditionnel, dans 15 000 m^2 ? Cette mauvaise approche, il y a des années de cela, a braqué la distribution (à juste titre) et est à l'origine de la « ségrégation » dans laquelle les distributeurs tiennent encore la PLV.

Heureusement, maintenant, les spécialistes de PLV ont pris le relais des agences souvent non impliquées dans un média qu'elles maîtrisent mal, et conçoivent des matériels parfaitement adaptés à l'univers du libre-service et des grandes surfaces. Alors, pourquoi bouder son plaisir, celui du consommateur… et les bonnes performances ?

PLV et mobilier

Normalement, la PLV implique une durée de vie limitée, sauf pour celles qui sont proches du mobilier, et de ce fait sont solides, durables.

En réalité, la frontière entre PLV « durable » et mobilier est un peu floue : c'est *l'affectation à une marque* qui transforme un mobilier ou un présentoir en PLV.

Signalétique

Informer et guider le client est un art difficile, car celui-ci doit néanmoins parcourir le maximum de chemin pour longer tous les rayons. Plus la surface du magasin est grande, plus indispensable est la signalétique.

Celle-ci a pour objectif l'identification des différentes zones, des différents rayons composant l'espace de vente, le repérage facile des différentes familles de produits.

Elle doit être simple, claire, lisible : son rôle est d'informer, guider le client, et de provoquer son arrêt devant le rayon.

Les *pictogrammes* – lorsqu'ils sont aisés à déchiffrer – sont utilisés souvent avec bonheur.

Principales signalétiques

– plan du magasin, à l'entrée ;
– indication claire des rayons dans les allées de circulation principales ;
– bandeaux au-dessus des linéaires, pour signaler les familles ;
– balisage de produits (et non de marques) ;
– information sur les prix des articles, et à l'unité de poids ou de volume.

Principaux supports de signalétique

– pancartes ;
– caissons lumineux ; réglettes de linéaire ;
– profilés porte-prix ;
– barquette de présentation.

Informer, mettre en valeur, guider… PLV, ILV, signalétique : tous concourent à animer, réchauffer l'uniformité des présentations standardisées ou massives.

Mais attention ! Le magasin ne doit pas être transformé en *« forêt d'agressions »*.

C'est d'ailleurs la grande crainte des distributeurs vis-à-vis de la PLV : si on la laisse entrer, jusqu'où n'ira-t-elle pas ?

Les enseignes qui se donnent beaucoup de mal pour avoir une personnalité, une image propre reconnaissable dans leur lay-out[1], leurs linéaires, craignent de *dépersonnaliser* leurs magasins, et de nuire à la lisibilité.

Ils ont bien raison ; mais en France, c'est souvent tout ou rien. Nous pensons qu'une bonne PLV n'est pas agressive, doit s'inscrire dans les linéaires, être éventuellement adaptable pour certaines enseignes, bref être la résultante d'une démarche merchandising professionnelle.

1. Lay-out : implantation générale.

Dans ce cas – *in medio stat virtus*[1] - on peut, on doit choisir le juste milieu !

Animation

Nous avons vu que la mise en avant, la promotion, la PLV sont les grands moyens d'animation d'un magasin. Les promotions produits sont indispensables, nécessaires mais pas suffisantes. Il faut agir périodiquement pour redonner un souffle nouveau à toute la surface de vente, accélérer les ventes, rendre le magasin vivant, développer la sympathie du public envers le magasin : ce sont les grandes périodes d'animation.

Ventes animation

Ce que nous avons décrit jusqu'ici pourrait s'appeler *animation statique ;* l'animation proprement dite requiert la présence d'un animateur, de démonstratrices ou de vendeurs, pour donner « une âme », de la vie au libre-service. C'est ce que l'on appelle généralement la vente/animation ; c'est *l'animation dynamique.*

➤ Périodes

Les opérations d'animation sont organisées à des périodes précises :

– au moment de l'ouverture d'un magasin ;

– lors des « anniversaires » (dont la période correspond par un heureux hasard aux périodes de faibles ventes) ;

– les périodes de forte activité commerciale (Rentrée, Noël, Pâques...).

Les saisons et certaines fêtes (comme la fête des mères) constituent aussi un bon déclencheur des ventes (voir calendrier, page suivante). Les animations ont généralement lieu dans le magasin, ce qui pose des difficultés de circulation ; elles peuvent aussi se dérouler dans la galerie marchande ou sur le parking.

1. La vérité est au milieu.

Calendrier type d'animation

Janvier	Soldes, blanc
Février	Chandeleur, bas, gants
Mars	Parfumerie, jardinage
Avril	Pâques, chocolats
Mai	Fête des mères, bijouterie, électroménager
Juin	Fête des pères, lingerie
Juillet	Soldes, vacances, plein air
Août	Maison, bricolage, rentrée des classes
Septembre	Rentrée des classes, vêtements enfant
Octobre	Jardinage, arts ménagers
Novembre	Jouets, décors fin d'année, foire aux vins
Décembre	Fêtes, petit électroménager, jouets, chocolats...

➤ Techniques d'animation

- Les techniques physiques sont essentiellement les techniques promotionnelles :
  - présentation de masse, en têtes de gondole ou îlots ; grands volumes, grandes piles, grand affichage, mais avec une bonne accessibilité des produits, sont de règle ;
  - présentations en vrac (panières, bacs, box palettes) ;
  - mise en avant (tous les modes déjà vus, page 114).
- Les techniques psychologiques principales sont:
  - le prix choc, le prix barré (dramatisation) ;
  - les offres groupées : soit le même article par lots (allotissement), soit deux articles complémentaires (2 vins blancs + 1 crème de cassis par exemple) ;
  - la présentation multiple (le même produit présenté en promotion en de multiples endroits) ;
  - la vente flash : « dans 5 minutes, au rayon entretien, vente flash de 3 saladiers à un prix incroyable... pendant 10 minutes seulement ! » la vente/opportunité : « nous venons de recevoir un

article extraordinaire, …, nous sommes en train de le mettre en rayon, il n'y en aura pas pour tout le monde ! ».

Il faut bien reconnaître qu'il y a parfois *manipulation* du public : en est-il vraiment dupe ? En tous cas, tout le monde s'amuse, et l'ambiance est aux bonnes affaires. On peut aussi créer tout un environnement de décors, personnages déguisés (par exemple, pour une quinzaine anglaise, drapeaux anglais, horse-guards…).

- Les techniques spectacles :
  - stand de démonstration ;
  - animations sonores ;
  - animations ludiques, présence d'une vedette ;
  - jeux, concours (notamment pour les associations de commerçants).

➤ Limites

L'animation, qui peut être réalisée par le magasin, par des fournisseurs, par des *merchandisers* ou des forces d'intervention professionnelles, ne doit pas gêner la circulation, et bloquer certaines allées, s'opposer aux achats habituels des consommateurs. Il faut intéresser le client disponible, ne jamais contrarier les autres.

Les abus d'animations sont dangereux : s'il y en a trop à la fois, les animations peuvent se contrarier, voire s'annuler si les consommateurs en ont « ras-le-bol » : dès lors, au lieu d'être attirés, ils fuient…

➤ Contrôle des résultats

Il faut analyser les résultats des animations, comme pour les promotions :

- contrôle quantitatif : augmentation de fréquentation, nombre de personnes participantes ;
- contrôle qualitatif : enquête pour apprécier la perception de l'animation.

Ambiance de vente

L'ambiance d'un magasin fait partie des raisons, plus ou moins inconscientes, qui incitent à choisir une enseigne, à privilégier un rayon.

Rappelons que le lay-out, c'est-à-dire l'implantation générale, contribue dès l'abord à l'ambiance : emplacement de l'entrée, des caisses, disposition de l'espace et des marchandises, propreté, éclairage, animation – tout l'ensemble concourt à une cohérence d'ambiance, à la première impression du consommateur.

L'impression de « service » (tout le magasin est à votre service) est aussi importante : information précise, opportune, personnel aimable et efficace, produits de qualité, services divers bien signalés.

Il faut également donner au client le « *plaisir d'acheter* » par un climat convivial, une atmosphère détendue, un magasin avenant : l'inverse de *l'achat-corvée.*

L'architecture y contribue : les proportions du magasin, le volume intérieur. Certes les données de base sont souvent imposées par les contraintes de construction, mais il faut penser à masquer, si nécessaire, certaines imperfections, par exemple par des faux plafonds, voire, pour certains magasins, des cloisonnements.

➤ Volume

Par exemple un plafond trop haut contrarie une ambiance chaude et douce, un plafond trop bas gêne la visibilité ; si le volume est trop grand, on a facilement une impression de musée, de cathédrale, intimidante.

Le volume perçu par le client s'inscrit généralement entre la zone d'éclairage et le haut des gondoles, et la zone d'exposition proprement dite, hauteur des gondoles et des pancartes.

La zone haute n'offre guère d'intérêt ; le plafond est souvent peint en foncé pour se faire oublier. La zone haute éclairée est réservée au pancartage, à la signalisation. Elle est utile pour donner une impression de clarté.

La zone basse, en revanche, est primordiale : facilité de circulation, largeur des allées, clarté de l'offre, PLV/ILV/signalétique des prix, mais elle doit aussi se faire oublier (par exemple le sol : pas de couleur agressive, confortable à la marche, peu sonore, d'aspect agréable).

➤ Matériaux

Les matériaux choisis participent aussi à l'ambiance : ils peuvent être naturels (style briques, charpente en lamellé-collé) ou nobles (cadre pour des produits de luxe).

Ainsi les *matériaux naturels* (bois, paille, brique, tomettes...) sont-ils privilégiés pour les produits agricoles (fromage, vin, boulangerie...) et *les matériaux « bruts » (béton,* parpaings, tôle) pour le discount.

Le carrelage apporte *hygiène et rigueur* aux rayons alimentaires, bazar ; la moquette apporte *confort et chaleur* aux rayons textiles.

➤ Couleurs

Les couleurs jouent également un grand rôle, selon qu'elles sont franches ou pastel, chaudes ou froides, claires ou foncées, toniques ou neutres. Les codes couleurs généralement employés sont rouge pour la boucherie et la charcuterie, bleu pour la crémerie et la poissonnerie, vert pour les fruits et légumes et les fleurs. Mais n'oublions pas que ce sont les produits qu'il faut mettre en valeur.

Les couleurs peuvent aider à délimiter les rayons ou les familles : par exemple une couleur tranchée permet de singulariser une famille sur laquelle on veut attirer l'attention. Les fonds sombres mettent en valeur les produits clairs, et vice-versa.

➤ Éclairage

L'éclairage est un facteur très important : l'éclairage général d'ambiance ne doit pas être trop fort, pour permettre des éclairages ponctuels intensifs, qui vont favoriser les mises en avant, éviter la monotonie, ou même personnaliser certains rayons (fruits et légumes, fleurs...).

On admet généralement un éclairage moyen de 500 à 600 lux/m^2, avec des endroits à 700 lux (et exceptionnellement pour les fleurs de 1 000 à 1 500 lux, à cause de la photosynthèse) ; nous n'entrerons pas ici dans les techniques d'éclairage avec les lampes fluo, halogènes, dichroïques ou à iodure métallique, les degrés Kelvin (températures des couleurs « chaudes » ou « froides ») ou l'IRC (indice de rendu des couleurs).

C'est un métier, et nous devons savoir qu'il est très important, dans un magasin voué à la tentation, de savoir maîtriser les paramètres d'une bonne vision, conforme à la mise en valeur des produits présentés.

Un éclairage « ordinaire » donnera à la viande des couleurs grises ; un éclairage adapté à la boucherie lui redonnera sa couleur naturelle.

Ce qui est fait depuis longtemps pour la viande, pour l'alimentation, devrait aussi – ce n'est pas souvent le cas – être étudié pour les rayons non alimentaires.

➤ Décoration

La décoration proprement dite a deux rôles :

- corriger les imperfections de l'architecture (plafonds, appareils techniques disgracieux, matériaux laids...) ;
- mettre en valeur une ambiance particulière (prix, saisonnalité...).

La décoration ne doit pas être gratuite, c'est-à-dire ajoutée, mais faire partie intégrante du magasin ou du rayon. Elle intervient comme un élément important de la présentation et de la mise en valeur des produits.

➤ Sonorisation

Elle a deux rôles : couvrir l'ensemble des bruits de fonctionnement liés au point de vente et créer une ambiance agréable et détendue, soutenir les ventes (annonces).

Selon le type de musique diffusée, la sonorisation donne déjà une certaine idée de l'atmosphère du magasin.

Les besoins liés à l'activité sont différents selon les lieux à sonoriser (magasin de mode, supermarché, restaurant...) : la sélection des programmes sera différente.

La musique d'ambiance doit être *écrêtée* des basses et des aigus, renouvelée fréquemment pour éviter la lassitude, et diffusée selon des normes techniques très précises (des sociétés sont spécialisées dans l'installation et la location de musique d'ambiance).

Normalement douce, sans excès, très peu entendue (elle doit se faire presque oublier), la musique d'ambiance peut changer du tout au tout lors de promotions, fêtes, anniversaires.

➤ Température

La température participe à l'ambiance, avec un casse-tête, surtout en hiver : le personnel, en blouse, souvent statique (caissières), a des besoins de chaleur différents des clients... qui se déplacent en manteau.

Le niveau de la température est un élément de confort particulièrement important dans les périodes extrêmes :

– fortes chaleurs : un magasin four est un repoussoir ;
– grands froids : si le magasin tombe en dessous de 15 °C les clients sont pressés de partir… et le personnel tombe malade !

➤ Personnel

L'ambiance dépend aussi – surtout – du personnel : amabilité, disponibilité, sourire, style de contact, au revoir. S'il est vrai que l'importance n'est pas la même en commerce traditionnel et en grandes surfaces, ces qualités n'en sont pas moins *fondamentales* en libre choix.

De grands efforts ont d'ailleurs été déployés en ce sens par certaines enseignes, qui en ont vite retrouvé les dividendes dans la satisfaction de la clientèle[1].

➤ Ambiances spécifiques

Les ambiances spécifiques permettent de se démarquer de la concurrence, *apporter une image de spécialiste,* attirer, séduire et conserver la clientèle, tout en évitant la monotonie.

Exemple d'ambiances spécialisées en grandes surfaces (décor, mobilier) :

– îlot fromage à la coupe ;
– poissonnerie ;
– vins fins ;
– hygiène beauté ;
– mode ;
– photo-ciné-son ; etc.

La mise en valeur générale d'un rayon par une ambiance appropriée peut lui donner un *leadership régional* ; c'est le cas de certains rayons vins, où l'ambiance a été poussée à l'extrême pour les vins fins : plafond

1. Le Français est toujours frappé de voir la grande amabilité, réelle, des vendeurs ou vendeuses dans d'autres pays, en particulier en Grande-Bretagne et aux États-Unis, où le personnel est heureux de vous rendre service, sans arrière-pensée… et de retrouver au retour la mauvaise humeur congénitale et hélas constante de la plupart du personnel dans les magasins, restaurants, et autres lieux…

cave, casiers de caviste, comptoir dégustation, tonneaux, température et hygrométrie contrôlée, etc.

L'imagination, le talent, la créativité, l'initiative ont de beaux jours devant eux, à valoriser les rayons, jusqu'à en faire une suite de magasins spécialisés à l'intérieur de la grande surface, pour le plus grand plaisir des clients, une ambiance plus chaude et conviviale, du personnel plus compétent, et une meilleure productivité commerciale. Dans un univers concurrentiel de plus en plus dur, l'ambiance est l'élément qui permet aux magasins de se différencier les uns par rapport aux autres !

Chapitre 8

Objectifs de gestion

Il s'agit maintenant du dernier quadrant qui comporte la rotation (gestion des stocks), la rentabilité et la maintenance pour arriver à l'objectif final : l'évaluation de la gestion.

Rotation

Gestion marchandise

Gérer, c'est organiser et contrôler la rentabilité d'un magasin, d'un rayon, pour réaliser le maximum de profit. Mais l'objectif du commerçant, c'est aussi, comme pour toute entreprise, *rentabiliser son investissement* : immobilier et mobilier certes, mais aussi investissement en marchandises (curieusement, c'est une notion qui a longtemps été étrangère au commerce traditionnel).

D'où l'importance fondamentale de la gestion des stocks, qui représente, nous allons le voir, *le facteur primordial* de la rentabilité. Le stock est un investissement qui coûte cher en argent immobilisé[1] et place de stockage.

1. Quand il a été payé...

Il importe alors de bien le gérer, à tel point que l'on s'achemine de plus en plus vers ce que l'on appelle le flux *tendu* autrement dit le *stock zéro.*

Mais ce qui est possible (et difficile) dans l'industrie est beaucoup plus acrobatique dans l'industrie de la distribution, car les clients n'achètent pas avec la régularité d'une chaîne de production industrielle.

Plus le stock tourne vite plus l'investissement rapporte ; d'où l'intérêt de réduire le plus possible le stock.

Mais attention aux ruptures de stock, et aux frais de livraison.

➤ Notion de profit

Il est nécessaire de prendre un exemple, pour bien faire comprendre l'intérêt de la rotation rapide des stocks, principe qui n'a pas toujours été bien assimilé par les commerçants en France, et totalement inscrit dans la culture commerciale aux États-Unis.

Le raisonnement est le suivant : si on place de l'argent chez un notaire ou en bourse, le capital immobilisé rapportera une somme variable, entre 5 et 10 %, par exemple. Que se passe-t-il dans le cas d'un commerçant ?

La marge prise sur le produit acheté (capital immobilisé) représente *l'intérêt* apporté par ce produit capital ; pour un même produit acheté, puis vendu, racheté, revendu, etc., ce produit rapportera autant de fois la marge qu'il aura été racheté, toujours pour une même valeur immobilisée. C'est ce que l'on appelle *le profit produit.*

Un produit *P*, acheté 10 €, sur lequel on veut gagner 33 % (taux de marque), par exemple, aura un prix de vente hors taxe de 15 €, le taux de marque étant toujours calculé sur le prix de vente, et non sur le prix d'achat (on ajoute ensuite la TVA pour avoir le prix de vente consommateur, voir la rentabilité, page 157).

La marge brute est donc de 15 – 10 = 5 €.

Chaque fois que le produit sera vendu, cette marge *entrera en caisse.*

Si le stock est, par exemple de 2 mois, on dit qu'il *tourne* 6 fois dans l'année : il a *un coefficient de rotation* (CR) de 6. Dans ce cas, les 10 € investis dans l'achat du produit *P* vont rapporter 6 fois 5 € soit 30 € = 300 %.

Bien entendu ce profit est *une valeur brute* dont il faut défalquer les coûts d'exploitation pour pouvoir le comparer avec le rendement d'un capital placé en bourse ou chez un notaire.

Mais si ce stock, au lieu de tourner 6 fois, tourne 8 fois, nous obtenons 400 % ; 10 fois, 500 % ; 20 fois, 1 000 % etc. *C'est la preuve de cette assertion : plus le stock tourne vite, plus le capital stock rapporte.*

Ainsi peut-on comparer des produits entre eux, de même valeur d'achat, dont taux de marque et rotations sont très différents :

Produit	PA	TM	PVHT	MB	Stock	CR	Profit
X	10	33 %	15 €	5 €	2 mois	6	300 %
Y	10	20 %	12,5 €	2,5 €	1 mois	12	300 %
Z	10	20 %	12,5 €	2,5 €	15 jours	24	600 %

- **Le produit Y, pour un même prix d'achat, bénéficiant d'un stock bien géré (ou de livraisons fréquentes) peut dégager le même profit en étant vendu 12,5 € au lieu de 15 € – ce qui signifie, étant moins cher, plus de quantités vendues (à égalité de qualité).**

Plus le coefficient de rotation augmente, plus il est possible de baisser le taux de marque.

- **Le produit Z, géré encore plus finement, livré par exemple chaque semaine, tourne encore plus vite que le produit Y : le profit dégagé double !**

Plus le coefficient de rotation augmente, plus le profit produit augmente.

Corollaire : Le taux de marque n'a aucune signification s'il n'est pas corrigé par le coefficient de rotation.

C'est un point fondamental de la rencontre producteurs-distributeurs : l'intérêt pour les deux parties *d'augmenter le profit en diminuant le plus possible les stocks.*

Trop souvent le distributeur raisonne en terme de taux de marque : il faut raisonner en terme de profit, comme le fait le financier.

D'ailleurs l'importance des investissements nécessaires à l'implantation et à l'exploitation des grandes surfaces rend absolument nécessaire le raisonnement en terme de *retour sur investissement.* Les grands groupes de distribution l'ont fort bien compris ; ces impératifs financiers, obligatoires au niveau du magasin, le deviennent également, par contrecoup, au niveau du produit.

Pour le producteur, agir sur le niveau de ses stocks au point de vente signifie s'intéresser à la rentabilité de son produit en linéaire, de telle sorte que, *même bradé,* il se retrouve à un niveau suffisant de rentabilité.

Cela diminue les risques de *cœrcition* envers un produit *à faible marge,* et donne un nouvel argument à développer auprès de l'acheteur – à la place de la sempiternelle et peu productive discussion sur les ristournes.

Le rôle du producteur est de plus en plus *d'aider le distributeur,* dans sa recherche de la performance, par des livraisons standardisées, fréquentes, rapides, programmées le plus possible, préparées en palettes ou containers éventuellement utilisables en magasin.

Mais il faut pondérer ces bonnes intentions par l'augmentation éventuelle des coûts de livraison, de gestion des commandes, et trouver le bon équilibre.

Ce préliminaire nous semble indispensable, quoique empiétant quelque peu sur la rentabilité, pour bien situer l'importance fondamentale de la *bonne gestion des stocks.* Cette méthode de raisonnement n'est certes pas nouvelle, mais n'a pas toujours, c'est le moins que l'on puisse dire, été appliquée.

Nous pouvons assurer, pour avoir formé des grandes quantités de commerciaux, que ces notions sont rarement intégrées, ou, si elles sont comprises, ne sont presque jamais calculées sur le terrain.

Les techniques de merchandising agissent directement ou indirectement sur la rentabilité des produits. Incontestablement c'est l'objectif final du merchandising : *vendre plus et mieux.*

Stock

C'est l'ensemble des marchandises se trouvant en rayon et en réserve (à ce propos, les réserves sont de plus en plus limitées pour diminuer encore les stocks).

Quel est donc le rôle du stock ?

- **Stock de présentation** : permet de présenter en rayon une quantité suffisante.
- **Stock d'écoulement** : permet de couvrir la demande entre deux livraisons.
- **Stock de sécurité** : permet d'éviter les ruptures éventuelles, les pointes de vente.
- **Stock de roulement** : couvre la durée de livraison.

On se trouve, en fait, devant deux types de stock :

- le stock invariable ;
- le stock variable.

➤ Stock invariable

On considère que le *stock invariable* est le *stock de présentation,* en dessous duquel il ne faut pas descendre, c'est-à-dire le nombre total d'unités en rayon – invariable, sauf en cas de modification du facing.

Le stock de présentation doit satisfaire à deux impératifs :

- être supérieur à la vente entre deux réassortiments du linéaire (dits réassorts) ;
- assurer l'impact visuel du produit (nombre *de facings* minimal).

➤ Stock variable

Ce sont les trois autres :

- *Le stock d'écoulement* varie en fonction des fluctuations des ventes, de la saisonnalité des produits.
- *Le stock de sécurité* varie également en fonction des écoulements et des réassorts.
- *Le stock de roulement* varie en fonction du délai de livraison : par exemple, pour un délai de livraison de 15 jours, ce stock représentera 15 jours de vente.

On appelle stock de base tout cet ensemble de stocks spécifiques. Le stock de base permet de calculer la quantité à commander, soit :

Stock de base – Stock existant = Quantité à commander

Prenons un exemple :

Stock de présentation :	150
Stock d'écoulement :	500
Stock de sécurité :	100
Stock de roulement :	250
Stock de base :	1 000
Stock au dernier comptage :	400
Quantité à commander (1 000 – 400) :	600

Le stock de base est le stock maximum qu'une bonne gestion essaiera en permanence de diminuer tout en évitant la rupture (par exemple en diminuant les délais de livraison). Normalement il ne doit pas dépasser deux périodes de comptage ; idéalement une seule.

➤ Stock moyen

C'est la quantité d'unités présentes, *en moyenne,* au point de vente, *magasin + réserve.*

C'est une notion très importante en merchandising pour calculer la rentabilité. Une méthode facile pour l'évaluer est de faire la moyenne des stocks relevés, sur une dizaine de comptages par exemple.

Ceci est valable pour les produits permanents ; dans le cas de produits saisonniers, on prendra la moyenne pendant toute la saison.

Il s'agit d'apprécier, le plus exactement possible, le stock immobilisé *en moyenne.* Ce stock nous servira à calculer la *rotation,* la valeur immobilisée en euros, et d'effectuer différents calculs de ratios de rentabilité.

Rotation

Attention, *la rotation n'est pas l'écoulement,* comme on pourrait parfois le penser, à la suite d'utilisations erronées de ce terme (un produit peut avoir de bonnes ventes, et une mauvaise rotation).

Il s'agit de la rotation du stock, c'est à dire le *nombre de renouvellement du stock* pour assurer les ventes pendant une période donnée (généralement un an).

Cette rotation se traduit généralement par le *coefficient de rotation,* soit CR :

$$Coefficient\ de\ rotation = \frac{Quantités\ vendues}{Stock\ moyen} \text{ ou } CR = \frac{QV}{SM}$$

Exemple :

Pour une vente de 15 000 unités par an, et un stock moyen de 500, le CR est de : 15 000/500 = 30 ; ce qui signifie que le stock sera *renouvelé 30 fois* pendant l'année. La même valeur de stock (500) va donc *tourner 30 fois* pour une vente de 15 000 unités.

L'investissement unique pour 500 va donc rapporter 15 000 fois la marge unitaire.

Cette notion de « *retour sur investissement* » est fondamentale pour les calculs de rentabilité que nous devons faire en termes de merchandising.

La rotation, nous allons le voir, est la *clé fondamentale* d'une bonne gestion marchandise, tout au moins dans le commerce moderne, qui travaille avec des *marges réduites.*

Il en serait tout autrement pour un commerce de luxe (bijouterie, parfumerie...), obligé d'immobiliser un stock important.

Dans ces cas, le coefficient de rotation pourrait n'être que de 2 ou 3 – alors qu'il peut monter à 100 et plus pour certains produits de grande consommation en grandes surfaces.

Gestion des stocks

Il s'agit d'assurer la permanence d'un stock minimum, compte tenu des contraintes de présentation, d'écoulement, de livraison, de coûts - sans ruptures, et sans surstocks.

La gestion des stocks consiste à :

1. Prévoir les ventes pour passer une commande ;

2. Adapter la périodicité de réassort et la méthode de comptage aux conditions commerciales et logistiques (par exemple délai de livraison) ;

3. Déterminer le stock de base et le modifier lorsque la demande varie ou que les conditions de livraison sont changées ;

4. Optimiser les approvisionnements.

➤ Prévision des ventes

Comment prévoir les ventes ? On procède en huit phases.

1. Calculer la moyenne des ventes, produit par produit, à partir des informations disponibles (statistiques, cadencier[1]).

2. Déterminer le coefficient de pondération pour l'unité de temps considérés : jour, semaine, mois.

Exemple pour la semaine :

Lundi	8 %
Mardi	6 %
Mercredi	7 %
Jeudi	6 %
Vendredi	25 %
Samedi	38 %
	100 %

3. Comparer les chiffres obtenus avec les résultats de la période précédente (éventuellement de la même période l'année précédente).

4. Évaluer l'incidence des facteurs de variation tels que : fêtes, météo, événements locaux.

5. Intégrer les objectifs des actions publi-promotionnelles.

6. Prendre en compte les actions de la concurrence.

7. Penser aux effets induits après les opérations promotionnelles (exemple : saturation).

8. Prévoir les ventes, en prenant la moyenne des ventes sur une période, corrigée des différents facteurs, multipliée par le nombre de périodes considérées.

1. Cadencier : cahier de comptage des stocks pour calculer la commande.

Exemple :

Moyenne hebdomadaire des ventes :	56
Période considérée :	13 semaines
Prévision des ventes (56 × 13) :	748 unités

➤ Prévision du stock

La périodicité des comptages correspond à un nombre de jours de vente, donc à une quantité de marchandises vendues. Il faut donc prévoir un stock capable d'assurer cet écoulement.

Plus la période entre deux comptages est longue, plus il faut avoir de stock : à chaque jour de vente correspond un jour de stock. D'où l'intérêt de réduire le plus possible la période entre deux comptages.

Si on réduit cette période, il y a :

– baisse des quantités commandées ;
– augmentation du nombre des livraisons ;
– augmentation des coûts de livraison/réception ;
– augmentation des coûts de comptage ;
– risque de moins bonnes conditions tarifaires ;
– éventuellement risque du « franco ».

Mais d'autre part, il y a :

– bien meilleure rentabilité du stock investi ;
– peu ou pas de réserve.

Exemple :

Comptage	Vente	Stock	Commande
Tous les mois	100	150	100
Tous les 15 jours	50	75	50

La période optimale de comptage doit tenir compte :

– des impératifs de fraîcheur éventuels ;
– de la valeur commerciale des produits ;
– de la moyenne des ventes ;

– de la politique de stock du magasin ;
– de la capacité de stockage ;
– du délai de livraison ;
– des conditions de vente.

Pour simplifier la gestion, surtout pour les produits de grande consommation, il faut éliminer le plus possible les *commandes « restant à livrer »*. L'idéal étant que le délai de livraison soit inférieur au délai entre deux comptages. Mais si ce n'est pas possible, il faut alors tenir compte de la *« commande en cours »* avant de passer une nouvelle commande.

Exemple :

Date	Vente	Stock	En cours	Commande
14 mars	90	200	0	120
13 avril	100	100	120	120

On prend alors en considération *l'ensemble stock + en cours (ou «* reste à livrer ») ; on appelle *couverture* le total de l'engagement, soit *stock + en cours + commande.*

➤ Optimisation des approvisionnements

La quantité à commander est la quantité permettant de *couvrir les ventes à venir* en fonction d'un stock ou d'une couverture existante. On mesure le stock existant par le comptage physique des produits en réserve et en présentation, que l'on reporte sur un cadencier : grille ou fiche de comptage des stocks, avec ou sans calcul de la commande optimale.

Le cadencier est conçu en fonction de la politique de stock et d'approvisionnement propre à chaque société.

Toute gestion des stocks, pour être valable doit absolument être *régulière* et permettre de déterminer la *commande idéale,* qui permettra une rentabilité maximum, avec toujours le problème d'arbitrage entre les conditions de vente et les nécessités d'un stock minimum.

En pratique, on constate deux écueils majeurs :

- *l'erreur de comptage :* elle est fréquente (surtout si les produits sont mal rangés en réserve) et peut fausser les résultats sur plusieurs mois, occasionner ruptures et surstocks ;
- *l'irrégularité des ventes :* souvent constatée, n'est pas plus explicable (en dehors des effets définis plus haut) que l'irrégularité de fréquentation d'un magasin, en dehors des heures de pointe.

C'est un des mystères du commerce... et la preuve que ce n'est pas une science exacte !

➤ Cadencier et informatique

Le principe de cadencier bien établi, il faut maintenant revenir aux réalités actuelles, car l'informatique a tout modifié très rapidement. D'abord les produits sont dotés, dans leur grande majorité d'un *code à barres*[1]. Lu par les scanners des caisses de sortie, ils permettent d'enregistrer en temps réel toutes les ventes, référence par référence.

Donc, plus besoin de comptage, puisque l'on peut *défalquer au fur et à mesure* les ventes du stock, et déclencher la commande quand besoin est, *sur la notion de stock de base* vue plus haut.

Pour baisser encore le niveau des stocks, beaucoup de distributeurs jouent la carte de l'entrepôt (à condition de savoir le gérer parfaitement) ce qui permet la quasi-disparition des réserves dans les magasins, les livraisons se faisant quotidiennement.

Les entrepôts eux-mêmes fonctionnent parfois en *flux tendu :* d'un côté les camions des fournisseurs livrent, de l'autre les camions du distributeur enlèvent pour les différents magasins : sitôt livré, sitôt enlevé. Difficile de faire plus rapide.

Informatique ou pas, la maîtrise du stock, du roulement de ce stock par rapport aux ventes, du calcul de la juste commande, prenant en compte tous les paramètres de logistique, rentabilité du produit, tarification fournisseur, sont des points fondamentaux du métier de commerçant.

1. Codes attribués par Gencod, sur la base EAN de codification européenne.

N'oublions pas que l'informatique permet de se débarrasser de tâches ingrates, multiples, répétitives ; elle ne permet pas d'adopter un système magique valable pour tous les produits, pour tous les types de distribution.

Chaque enseigne élabore sa politique de logistique ; c'est un des points sur lesquels il y a bon nombre d'économies à faire ; c'est aussi là que s'exerce l'ECR *(Efficient consumer response),* que nous aborderons à la fin de cet ouvrage, page 220. L'ECR est un système d'origine américaine destiné justement à améliorer le plus possible l'efficacité de la chaîne d'approvisionnement.

Approche de la rentabilité

Dans ce préalable nous n'abordons que les grandes lignes, pour être clairs et bien faire comprendre les différentes acceptions du terme rentabilité. Compte tenu de l'importance des calculs, et des détails à expliciter, ceux-ci font l'objet de la troisième partie de cet ouvrage.

Si le merchandising s'est tellement développé depuis vingt ans, c'est parce qu'il apporte, incontestablement, une amélioration, une optimisation des performances des produits, que ce soit en terme de vente (écoulement) ou de marge.

On fait du merchandising pour optimiser l'un et l'autre. Mais il n'y a pas que la marge, ou bénéfice brut.

Il y a aussi *l'optimisation du linéaire,* qui consiste à mieux le répartir, en analysant les performances de chaque produit, famille ou sous-famille.

Les chapitres 9 et 10 sont consacrés à l'analyse de la rentabilité ; nous voulons ici préciser *quelle rentabilité, sur quels critères, sur quels produits.*

➤ Rentabilité apparente

C'est celle que tout le monde maîtrise habituellement, la marge du magasin, ou *bénéfice brut,* calculée sur la différence entre le prix de vente et le prix d'achat. Elle s'exprime la plupart du temps sous forme de *taux de marque* ou de *coefficient multiplicateur.*

Nous verrons la différence, et l'utilisation que l'on en fait. Mais c'est souvent l'arbre qui cache la forêt ; il y a d'autres modes de rémunération, en premier lieu ce qu'on appelle la « *marge arrière* ».

➤ Rentabilité cachée

Elle ne l'est plus du tout, car la bataille des prix qui fait rage en permanence ne permet pas de la « mettre dans la poche » comme dans le passé : il s'agit des *accords particuliers* entre un fournisseur et une centrale d'achats, des ristournes diverses et variées, primes de référencement et autres inventions sans cesse renouvelées, qui ont fait pendant des années le bonheur des centrales d'achat qui ne répercutaient pas ou peu ces avantages aux magasins.

Sous l'impulsion des hypermarchés les plus dynamiques, la quasi-totalité des ces marges dites « arrière » est maintenant répercutée aux magasins, responsables de leur gestion individuelle[1].

À tel point que ces avantages divers sont *défalqués du prix d'achat facture,* pour permettre ainsi de vendre le moins cher possible sans être attaquable pour vente à perte.

On appelle cette marge arrière, ristournes de fin d'année et autres avantages différés, bénéfice différé. Ajouté au bénéfice brut, il donne ce qu'on appelle le *bénéfice commercial.*

➤ Rentabilité inconnue

Nous voulons parler ainsi d'un système qui a fait la fortune du commerce moderne, et dont nous détaillerons le fonctionnement avec l'analyse de rentabilité totale (voir chapitre 10).

Ce système a donné à la grande distribution un essor fantastique et rapide ; il a permis à des milliers d'individus, sans formation spécifique de départ, mais avec du courage, du travail, et un bon sens du commerce, de s'improviser commerçants indépendants, et partant de rien, faire fortune en vingt ans.

1. Mais la loi Galland interdit de répercuter les marges arrières sur le prix de vente. Jusqu'à quand ?

Nous voulons parler du *crédit fournisseur,* dont la justification morale reste à prouver, mais qui est ancré dans les mœurs économiques françaises et les rapports fournisseurs distributeurs.

Certes on pourrait considérer que ce rôle de *banquier* joué par les fournisseurs est bien rémunéré quelque part dans les prix facturés ; on peut aussi s'interroger sur le non-rôle – ou la pusillanimité – des banquiers français auprès de qui tout entrepreneur trouve a priori porte close.

Toujours est-il que le simple fait d'admettre comme légitime que les marchandises soient vendues *plusieurs fois* avant d'être payées peut paraître contestable, en morale comme en économie.

Mais comme le système existe, qu'il génère des profits très importants – *représentant parfois la valeur d'un bénéfice net* – toute analyse de rentabilité doit évidemment en tenir compte. C'est ce que nous allons démontrer.

Ainsi, le vieux gag « *je perds sur chaque, mais je me rattrape sur la quantité* » devient-il réel, aussi invraisemblable que cela puisse paraître.

➤ Rentabilité produit

Le produit, base de l'assortiment, bénéficiant d'une tarification et de conditions de vente qui lui sont propres, est la source privilégiée de toute étude de rentabilité : vaut-il mieux référencer ce produit-ci ou ce produit-là ?

Quel est celui qui va, *in fine,* rapporter le plus ? Les calculs de rentabilité sont à la base de toute action merchandising, puisque l'objectif de cette action est l'optimisation des résultats. On ne peut optimiser que ce que l'on connaît.

L'industriel, aussi bien que le commerçant, est concerné par cette connaissance. Il doit savoir si son produit est plus ou moins rentable que les produits concurrents, et *pourquoi,* afin de maîtriser tous les paramètres permettant d'améliorer les conditions de performances de ses produits en magasin.

C'est rarement le cas, par manque de culture merchandising dans les entreprises, ou par occultation de la partie rentabilité du merchandising, cantonné, pour beaucoup, aux seules techniques de présentation.

Dommage… au moins cet ouvrage devrait-il permettre aux responsables de tous niveaux, des deux côtés de la barrière, d'effectuer les calculs objectifs des performances produits.

➤ Rentabilité famille

Bien souvent l'approche *produit* est plus difficile que l'approche *famille.* Ou bien l'approche famille permet une mesure de la performance entre les fournisseurs. Si l'on considère par exemple un ensemble (les épices, les accessoires de coiffure, la visserie, la mercerie, etc.) la connaissance de la rentabilité de la famille ou de la sous-famille est préférable.

En général, tous les assortiments représentant un nombre important de références, géré directement ou non par le fournisseur, sont concernés par la rentabilité famille.

Les informations aisément collectables étant différentes de celles de la rentabilité produit, il faut donc une méthode spécifique d'analyse de performance.

➤ Rentabilité brute, semi-nette, nette

Tous les calculs utilisés normalement en merchandising sont des calculs sur les marges brutes.

Dès lors que l'on veut faire intervenir le *calcul semi-net,* c'est-à-dire incorporant les coûts directement affectables aux produits, on entre soit dans le compte d'exploitation, soit dans le domaine de l'analyse sophistiquée style PDP *(Profit direct produit)* et des logiciels de comptabilité analytique, incorporant les calculs de linéaire avec le détail des coûts de main-d'œuvre et de logistique.

Compte tenu de la lourdeur du processus, et de la spécificité des professionnels qui doivent faire fonctionner ces outils, nous pensons qu'il s'agit plus, effectivement, de comptabilité analytique que de merchandising.

D'autre part ces programmes évoluent sans cesse, aussi nous laissons aux professionnels de Spaceman (Nielsen) ou Apollo (Iri Sécodip) et autres le soin d'expliquer eux-mêmes les arcanes de ces programmes.

Les méthodes d'analyses de rentabilité exposées en troisième partie sont *très simples, faciles à mettre en œuvre avec une simple calculette, ou un tableur* ; elles permettent à n'importe quel commerçant, de petite ou grande surface, à n'importe quel collaborateur, siège ou terrain, d'une entreprise de production d'effectuer instantanément une approche de la rentabilité réelle, des performances des différents produits. Et c'est cela l'essentiel.

Pour notre part nous souhaitons bien expliquer le fonctionnement du merchandising, qui, à notre sens doit rester *simple dans son concept.*

Toute sophistication analytique est certes intéressante, mais ne doit pas nous faire quitter notre ligne : le merchandising est *logique, simple, naturel.*

S'il devient trop complexe, style usine à gaz, il devient souvent impraticable. Or le merchandising est *concret.* Nous ne le répéterons jamais assez :

Le merchandising est la théorie de la pratique et non la pratique d'une théorie.

Maintenance

Ce point, dernière étape des « points cardinaux » (voir figure 1, page 25), est simple mais d'une *nécessité absolue* pour pouvoir suivre l'évolution merchandising d'un produit ou d'une famille.

Le merchandising, on l'a vu, consiste à analyser les performances d'un produit, d'une famille ou d'un rayon pour les optimiser.

Pour les analyser à un instant donné, il suffit de relever les paramètres : prix, écoulements, stock, linéaire etc. ; la plupart du temps, c'est *le linéaire* que l'on va modifier, pour tenter d'améliorer les résultats.

L'expérience montre qu'il est difficile de *conserver en l'état* une présentation pendant une durée de plusieurs mois, sachant qu'il y a toujours une rupture de stock ici ou là qui risque de détruire la présentation.

En effet, pour ne pas conserver un « trou » dans le linéaire, les employés libre-service (voire le chef de rayon) vont le *boucher* en agrandissant les facings des produits voisins.

C'est la plupart du temps une mauvaise solution, destinée à éviter les foudres du directeur, repérant la rupture comme on voit la dent manquante dans le sourire d'une jolie fille.

Il vaut mieux *assumer la rupture,* quitte à mettre une étiquette d'excuse pour les consommateurs, que de la *camoufler avec des bouche-trous.*

Toujours est-il que le linéaire s'étant refermé « *tout seul* » ne permet plus au produit manquant, bien souvent, de retrouver sa place normale, lorsqu'il est de nouveau disponible.

D'où, involontairement, une *dégradation lente mais continue* des linéaires de présentation, qui gêne considérablement les observations, et influe sur les ventes.

C'est pour cette raison que nous donnons à la *maintenance des linéaires,* c'est-à-dire à la rigueur de la continuité de présentation, une place privilégiée en merchandising.

Dès lors que l'on a modifié une présentation, il ne faut plus bouger pendant le temps nécessaire à la nouvelle analyse des performances. Sinon, il devient impossible de procéder aux analyses, et de prendre à bon escient les bonnes décisions.

De même faut-il donner au personnel chargé de maintenir la présentation, les instructions de ne pas modifier le facing sans accord préalable, pour les mêmes raisons.

Dans ce concept de maintenance, nous incluons également la *rigueur de la gestion* marchandises, c'est-à-dire essentiellement la bonne tenue des cadenciers, qui seuls permettent (en dehors des réassorts programmés automatiquement par enregistrement électronique des ventes aux caisses par lecture optique) de gérer sainement le linéaire avec des stocks calculés au plus juste pour éviter ruptures et surstocks.

Rappelons la signification militaire du terme « maintenance » : actions destinées à maintenir en condition et en nombre suffisant les effectifs et le matériel d'une armée en opération. C'est bien de cela qu'il s'agit : du front de vente, de l'analyse des effectifs, du déplacement des troupes…

La comparaison guerrière ne s'arrête pas là ; il y a, aux États-Unis, des programmes de formation pour les managers de la distribution qui font appel aux méthodes de stratégie militaire ; nous connaissons tel grand patron d'une chaîne de magasins, en France, qui a suivi, dans ce but, une formation réservée aux officiers d'état-major.

Gestion

Voici donc le dernier axe du merchandising. Revenons une dernière fois sur les quatre axes :

- **l'assortiment** qui, à lui seul, justifie d'actions spécifiques, appelées *merchandising d'assortiment* ;
- **la présentation** qui justifie également, sur chacun de ses points, un *merchandising de présentation* ;
- **l'animation** dont les différents points évoqués forment le *merchandising d'animation* ;
- **la gestion** qui comporte les actions sur la rentabilité et les résultats : le *merchandising de gestion.*

En dehors de l'analyse des rentabilités produits ou familles, qui jouent sur la *marge brute,* sans tenir compte *des frais d'exploitation directs,* certains rayons nécessitent l'établissement d'un compte d'exploitation, semblable à celui que la comptabilité réalise pour l'ensemble du magasin, afin de déterminer la *marge semi-nette.*

Selon la nature des rayons, ce compte d'exploitation est réalisé avec des périodicités différenciées : les rayons frais *tous les mois* au moins, parfois *toutes les semaines* (fruits et légumes, coupe, boucherie…) ; les autres rayons *au moins une fois par an,* afin de suivre les résultats en phase avec le compte d'exploitation global. Ces périodicités peuvent être augmentées si les résultats ne sont pas satisfaisants, afin d'en isoler le plus vite possible les causes exactes.

Les produits frais présentent des *risques particuliers :* les prix d'achat varient fréquemment, d'où la nécessité d'ajuster immédiatement des prix de vente ; l'incidence des pertes, produits défraîchis jetés, dates de péremption dépassées, doit être suivie de très près – sachant que les surstocks en ce domaine entraînent souvent des pertes importantes.

Par conséquent les rayons « *fragiles* » sont inventoriés *chaque semaine,* afin de déterminer le stock exact, calculer la marge et le taux de marge hebdomadaire, et surtout prendre les mesures correctrices nécessaires.

Les frais de personnel n'étant jamais calculés à la semaine, le compte d'exploitation hebdomadaire des rayons frais est en réalité un « tableau de bord ». Seul le compte d'exploitation mensuel des rayons frais intègre les frais de personnel.

➤ **Contenu du compte d'exploitation**

Il comprend les éléments suivants :
- chiffre d'affaires réalisé (relevé aux caisses) ;
- marge brute ;
- démarques[1], surmarques[2] enregistrées ;
- démarque inconnue[3] ;
- bénéfice commercial (et taux de marge) ;
- ristournes ;
- frais de personnel ;
- stock et rotation.

Pour être efficace, il doit indiquer :
- la réalisation de l'exercice en cours ;
- la réalisation de l'exercice précédent ;
- l'indice réalisation en cours/réalisation précédente ;
- l'objectif de l'exercice en cours ;
- l'indice réalisation en cours/objectif ;
- ainsi que le pourcentage de chaque rubrique par rapport au CA.

On établit, en dehors du compte d'exploitation hebdomadaire ou mensuel, un compte d'exploitation cumulé depuis le début de l'exercice (voir tableau 12).

☞ **Il est important de situer le résultat obtenu par rapport à l'exercice précédent. Il est essentiel de comparer la réalisation à l'objectif pour détecter les anomalies et les retards, afin de prendre les mesures correctives.**

Rayons frais : le compte d'exploitation hebdomadaire n'indique pas de comparaison avec l'objectif : on ne fait pas d'objectif à la semaine.

Les comparaisons avec l'objectif et avec l'exercice précédent sont exprimées, soit en *indices* (exemple : 115,96...), soit en *pourcentage d'écart* (exemple : + 15 %, – 4%).

1. Démarque : diminution volontaire de prix de vente, pour liquider un surstock.
2. Surmarque : augmentation du prix de vente, sans modification du prix d'achat.
3. Démarque inconnue : euphémisme pour « vol » ou erreurs de gestion involontaires.

Tableau 12 – Exemple de compte d'exploitation

CA	Juin 2000	%	Objectif	R/O	Juin 1999	%	00/99
CA HT	10 000		9 800	102	9 000		111
Marge brute	3 200	32	3 000	107	2 900	32,2	110
Dém./surm.	– 715	7,15	700	102	650	7,22	110
Dém. inconnue[1]	– 55	0,55	50	110	45	0,5	122
Marge réelle	2 430	24,3	2 250	108	2 205	24,5	110
Ristournes	850	8,5	800	106	750	8,3	113
Marge d'exploit.	3 280	32,8	3 050	107,5	2 955	32,8	111
Frais personnel	1 550	15,5	1 500	103	1 450	16,1	107
Résultats/net	1 730	17,3	1 550	112	1 505	16,7	115
Stock (PVC)	2 800		3 000	93	3 100		90
Rotation (en mois)	0,28		0,31	90	0,34		82

Ceci est un modèle parmi beaucoup d'autres, mais les principes restent les mêmes.[1]

1. On calcule la démarque inconnue par différence entre le CA théorique et le CA réel (voir page suivante).

➤ Chiffre d'affaires

Le CA doit bien sûr être normalement ramené hors taxe.

Cependant certaines entreprises, par commodité, raisonnent TVA incluse (lorsque tous les produits sont vendus au même taux de TVA).

➤ Marge

La marge commerciale brute est calculée de différentes façons, selon que l'on a ou non procédé à un inventaire :

Stock début de semaine à PA	
+ Achats hebdomadaires à PA	ou Stock inventaire
– Stock fin de semaine à PA	
Coûtant des ventes à PA	CA hebdomadaire à PV HT

Δ = Marge brute hebdomadaire

On effectue le même calcul pour la marge mensuelle. Un autre mode de calcul de la marge permet de connaître la démarque inconnue :

	Prix d'achat	Prix de vente
Stock initial	×	×
Entrées	×	×
Stock à fin (inventaire)	×	×
	Coûtant des ventes	CA théorique

CA réel - Coûtant des ventes = Marge brute

CA réel - CA théorique = Démarque inconnue

En l'absence d'inventaire, le stock fin de mois et la marge brute sont calculés ainsi :

Stock initial	à PA et PV (HT)
+ Entrées cumulées	à PA et PV
= Stock disponible à la vente	à PA et PV

⇒ Taux de marque du disponible

⇒ CA du mois × TM du disponible = Marge du mois

Exemple de calcul de marge sans inventaire

Janvier	**PA**	**PV HT**
Stock au 1.1 :	50000	75 000
+ Entrées janv. :	15000	24 000
Disponible fin janv. :	65000	99 000

Marge du disponible : 34 000

TM du disponible $\left(\frac{34\ 000}{99\ 000} \times 100\right)$: 34,34 %

CA encaissé (HT) : 26 000

MB janv. $\left(\frac{26\ 000 \times 34{,}34}{100}\right)$ 8 928

Février	**PA**	**PV HT**
Stock au 1.1 :	50000	75 000
+ Entrées cumul. janv. + fév. :	28500	45 000
Disponible fin fév. :	78500	120000

Marge du disponible : 41 500

TM du disponible $\left(\frac{41\ 500}{12\ 000} \times 100\right)$: 34,58 %

CA encaissé fév. (HT) : 24 000

CA cumulé : 50 000

MB cum. $\left(\frac{50\ 000 \times 34{,}58}{100}\right)$: 17 290

MB fév. (17 292 – 8 929) : 8 362

➤ Démarque/surmarque

La marge des rayons frais étant calculée par différence entre les ventes et le coûtant des ventes inclut déjà des démarques et surmarques.

Donc Marge brute = Bénéfice d'exploitation.

En revanche, la marge des autres rayons est dite brute car elle est obtenue à partir d'un taux de marque des achats avant toute démarque/ surmarque. Dans ce cas il faut affecter celles-ci avant d'obtenir le bénéfice brut d'exploitation.

On peut *démarquer* un prix pour s'aligner sur la concurrence, accélérer l'écoulement d'un produit de vente lente, liquider un stock.

Inversement une *surmarque* est une augmentation de marge due à une augmentation du prix de vente. Par exemple, lors d'une augmentation du tarif fournisseur, le prix de vente du stock est aligné sur le nouveau prix (pratique fréquente, hélas), ou bien, après une promotion, le stock résiduel est remis au prix de vente courant.

Petite « compensation » à la *démarque inconnue.*

➤ Démarque inconnue

C'est la différence constatée, après un inventaire, entre le *stock théorique* et le *stock réel.*

Le stock théorique a été établi par la comptabilité à l'aide des mouvements de marchandises enregistrés.

L'écart peut être dû :

- à des erreurs comptables (chiffrage des entrées, valorisation de l'inventaire...) ;
- à des anomalies d'exploitation (erreurs de prix, erreurs de caisse, démarques ou surmarques non comptabilisées...) ;
- à des disparitions de produits (vols clientèle, vols du personnel).

La démarque inconnue ne peut être calculée qu'à l'occasion des inventaires ; elle s'exprime en pourcentage par rapport au CA ; elle est donc provisionnée pendant l'exercice, et régularisée lorsque les résultats d'inventaires sont connus.

Le taux habituellement « admis » (car inhérent au libre-service) est de 0,50 %. Malheureusement elle monte parfois à 1 % ou plus (dans certains rayons elle peut parfois atteindre 15 ou 20 % !) – ce qui déclenche évidemment recherches comptables et enquêtes approfondies.

➤ Ristournes obtenues

Il s'agit des ristournes différées, encaissées selon une périodicité variable (3, 6, 12 mois) et, de ce fait provisionnées – puis régularisées en fin d'exercice.

Les chèques de « *participation publicitaire* » rémunérant des TG (têtes de gondole) sont généralement comptabilisés en ristournes.

➤ Frais de personnel

Ce sont les salaires et charges correspondant aux heures effectuées pour le rayon concerné.

➤ Stock

Pour les rayons frais, il s'agit du stock inventorié chaque semaine ou chaque mois, valorisé au PA HT ; pour les autres rayons c'est le stock théorique calculé par la comptabilité, soit à PV HT soit à PA et PV.

La rotation est ici généralement calculée soit en jours (frais), soit en mois, par exemple :

Stock (fin de mois) au PVC [1] */CA du mois = Rotation.*

Le compte d'exploitation rayon est un véritable tableau de bord ; il permet de maîtriser régulièrement le fonctionnement du rayon, et de réagir immédiatement en cas de dérive sur :

- les taux de marque ;
- les démarques ;
- les prix de vente ;
- l'implantation, le facing ;
- les stocks ;
- les frais de personnel.

Les chefs de rayon sont responsables des performances ; ils doivent agir sur tous ces paramètres pour obtenir les objectifs fixés, en ayant l'œil à tout, ce qui suppose une bonne formation et une rigueur de gestion continuelle, tout en développant un bon sens commercial.

1. PVC : prix de vente consommateur.

PARTIE III

Ratios

CHAPITRE 9

Analyses de rentabilité commerciale

NOUS abordons enfin l'objectif du merchandising : *améliorer les performances* des produits en magasin, qu'il s'agisse des ventes, des marges, des ratios de rentabilité au linéaire ou de retour sur investissement stock. Il faut reprendre les notions de base, revoir la signification des différents termes utilisés en arithmétique commerciale : nos lecteurs avertis auront eux-mêmes intérêt à bien revoir toutes ces données, afin que le calcul ultérieur des ratios soit bien clair.

Pour ne pas rester abstraits, nous prendrons à chaque fois un exemple, pour mieux faire comprendre l'application que l'on peut faire des différentes formules. Ceci n'est pas, de notre part, une formulation gratuite : nous savons, pour avoir formé un nombre considérable de professionnels, tant chez les producteurs que chez les distributeurs, que beaucoup de termes sont souvent mal compris. D'où des difficultés dans les applications rapides et concrètes sur le terrain des ratios courants de merchandising, si l'on n'a pas sous la main un ordinateur tout programmé qui donne les réponses instantanées – ce qui est, il faut l'avouer, très rare. Nous procéderons en conséquence étape par étape, pour rester le plus clair possible, et devons donc reprendre à la base des données qui peuvent sembler simples, ou primaires. Elles le sont, certes, mais il importe que les mots aient bien, pour nos lecteurs, le sens qu'ils doivent avoir.

TVA

Nous n'avons pas l'intention de faire un cours sur la TVA, mais, dans la mesure où cette taxe est comprise dans tous les prix de vente public, il faut bien comprendre comment elle fonctionne, car nous allons devoir en tenir compte.

La TVA est un impôt indirect qui représente plus de la moitié des recettes de l'État et concerne toutes les entreprises de production, de distribution et de services.

TVA veut dire *taxe sur la valeur ajoutée :* chaque intervenant, industriel ou commerçant, paie à l'État en proportion de la *valeur* qu'il a lui-même *ajoutée* au produit ou service qu'il revend.

Concrètement, une entreprise encaisse la TVA sur les ventes qu'elle réalise, et la reverse à l'État, après avoir déduit la TVA qu'elle a elle-même payé sur ses achats de biens et de services.

La TVA est donc calculée sur la *marge bénéficiaire* prise par chaque intervenant dans le processus de fabrication et de commercialisation.

C'est le *consommateur final* qui paie *le total* des TVA successives ainsi affectées à un produit, inclu dans le prix de vente consommateur (PVC) :

$$PV\,HT + TVA = PVC$$

Il y a en France plusieurs taux de TVA, selon la nature des produits considérés, dont les valeurs peuvent varier selon les nécessités économiques : d'un taux super réduit pour la presse (2,10 %) à l'ancien taux majoré pour les produits de luxe (33,33 %), le champ est vaste, et nous ne voulons pas balayer tous les cas existants qui, d'ailleurs, varient souvent.

Ce que nous devons retenir pour l'instant, c'est que la TVA figure en bas de la facture du fournisseur, et que le distributeur ne la règle qu'avec la facture, un, deux, voire trois mois après avoir reçu la commande… et l'avoir vendue plusieurs fois.

Tout calcul de rentabilité ne peut bien entendu se faire qu'en considérant les chiffres hors taxe. La TVA ne fait que circuler et n'influe pas sur la marge commerciale.

Calculs de rentabilité produit

Données de base

Les calculs de rentabilité qui vont suivre partent de quelques informations indispensables :

– PVC ou Prix de vente consommateur ;

– TVA ou Taux de la TVA ;

– PA ou Prix d'achat net sur facture, remises déduites ;

– RFA ou Remise de fin d'année, de coopération, et autres ;

– QV ou Quantités vendues par an (en général) ;

– LD ou Linéaire développé (en général) ;

– SM ou Stock moyen en unités ;

– DP ou Délai de paiement en jours.

Ce sont *tous ces paramètres* qui vont nous permettre d'effectuer les différents calculs, et en particulier d'obtenir :

– le bénéfice brut commercial ;

– les ratios de rentabilité/linéaire et rentabilité/stock ;

– le bénéfice financier ;

– les trois marges et le bénéfice total ;

– les ratios réels de rentabilité totale.

En effet un produit peut générer trois types de bénéfices : *brut, différé et financier.* Certains, vendus sans marge, ne génèrent rien au niveau du bénéfice brut : on pourrait croire qu'ils ne sont pas du tout rentables. Mais en allant voir plus profondément, aux niveaux des bénéfices différés et des bénéfices financiers, il en est bien souvent tout autrement.

Cette arithmétique commerciale est donc *totalement liée au merchandising,* et seule sa maîtrise absolue peut permettre la véritable analyse de rentabilité, la découverte de petites « mines d'or », bien souvent ignorée de ceux-là mêmes qui les possèdent. Nous allons, progressivement, en découvrir les arcanes – d'ailleurs très simples, très claires, et faciles à mettre en œuvre.

Du prix de vente consommateur à la marge brute unitaire

- Partant du prix de vente consommateur, il faut tout d'abord retirer la TVA, car le seul prix de vente que nous devons considérer, dorénavant, sera *le prix de vente hors taxe* : PV. Pour éviter toute erreur d'interprétation, le *prix de vente consommateur* s'écrit PVC.

  Rappelons comment obtenir le PV HT d'après le PV TTC :

  $$PVC/1,\ TVA = PV\ HT$$

Exemple pour un produit *P* à 10 € PVC, avec un taux de TVA de 19,6 % :

$$\frac{10}{1{,}196} = 8{,}36\,.$$

ou pour un taux de TVA de 5,5 % :

$$\frac{10}{1{,}055} = 9{,}48\,.$$

- Puis nous avons besoin du *prix d'achat net,* calculé sur le prix facturé hors taxe, moins les remises sur factures ; la mention PA signifie donc toujours *prix d'achat net hors taxe.*
- Nous savons que la marge est égale à la différence entre le prix de vente et le prix d'achat. Comme il s'agit de *marge brute,* elle est appelée MB.

  Soit : $$PV - PA = MB$$

En reprenant notre exemple produit *P* :

$$8{,}36 - 7{,}00 = 1{,}36\ €.$$

➤ Taux de marque

Cette marge brute est donc une *valeur absolue.* Mais on peut aussi parler de marge brute en *valeur relative,* par rapport au prix de vente (toujours hors taxe) : c'est *le taux de marque* (TM), terme très souvent utilisé, par commodité, en magasin.

$$\frac{MB}{PV} \times 100 = TM$$

Exemple produit *P* :

$$\frac{1{,}36}{8{,}36} \times 100 = 16{,}27\ \%.$$

☞ Pendant longtemps, la distribution a été partagée entre ceux qui calculaient le taux de marque sur le « prix de vente hors taxe » et ceux qui calculaient le taux de marque sur le « prix de vente taxe comprise ». C'était la bataille des modernes contre les anciens (d'avant la TVA). Il y avait même des règles à calcul (avant les calculettes) de couleur bleue pour les uns, et rose pour les autres ! Bien sûr la logique a prévalu : on ne saurait comparer des taux de marque calculés sur des taux de TVA différents. La marge n'a jamais été mise en cause : différence entre le PV HT et le PA HT ; il n'y avait pas de raison de maintenir le taux de marque sur le PVC. Le consensus, maintenant, est général. Le calcul sur le PVC a presque totalement disparu.

Mais il faut savoir qu'ici ou là, on peut encore le rencontrer.

Il ne faut pas confondre taux de marque et taux de marge, ce qui est fréquemment le cas. L'origine du nom taux de marque vient de la « table de marque » qui suivait, après la réception des marchandises, dans les grands magasins : on marquait le prix de vente sur les produits.

Le taux de marque est donc le rapport de la marge théorique sur le prix de vente ; le taux de marge est le rapport entre la marge réelle – après exploitation – et le prix de vente. La différence joue sur la démarque éventuelle, connue ou inconnue.

➤ Coefficient multiplicateur

Il ne faut pas confondre le *taux de marque* avec le *coefficient multiplicateur,* qui ne représente qu'un *mode de calcul* simple pour définir un niveau de prix de vente consommateur à partir d'un prix d'achat hors taxe.

Comme son nom l'indique, il s'agit d'un coefficient, déterminé d'après le taux de marque que l'on désire prendre, et le taux de TVA concerné, qui vient en *multiplicateur* du prix d'achat.

Couramment utilisé, pratique, rapide, il permet une première approche du prix de vente consommateur probable, avant rectifications dues soit à la concurrence, soit à la politique de prix du point de vente (par exemple prix arrondis, ou minorés à la dizaine ou centaine inférieure : 9,9 € prix affiché au lieu de 10,4 € prix calculé).

Dans les calculs de rentabilité produit, nous ne faisons appel ni au taux de marque, ni au coefficient multiplicateur, qui sont des moyens de calculs simplifiés, mais non des paramètres précis utilisables.

De la marge brute unitaire à la marge brute cumulée ou calcul du bénéfice brut

L'étape suivante est la prise en compte des *quantités vendues (QV)*, afin de définir ce qu'on appelle *bénéfice brut* (BB), ou encore *marge brute cumulée.*

Comme déjà indiqué, les calculs de rentabilité les plus courants considèrent les *quantités vendues annuellement ;* il est bien évident que, dans le cas de produits saisonniers, on prend en compte les mois concernés, mais cela ne change rien au principe. Le calcul est tout simple : c'est la marge brute multipliée par les quantités vendues, soit :

$$MB \times QV = BB$$

> ***Exemple*** produit *P*, pour une vente de 1 000 unités :
>
> 1,36 × 1 000 = 1 360 €.

Nous pouvons également, à ce niveau, considérer le chiffre d'affaires (CA) du produit, valeur intéressante à connaître, mais rarement utilisée pour les calculs de rentabilité. Le chiffre d'affaires est évidemment considéré en *prix de vente consommateur,* puisqu'il s'agit des performances en magasin.

Il suffit de multiplier le prix de vente consommateur par les quantités vendues :

> ***Exemple*** produit *P* :
>
> $$PVC \times QV = CA$$
>
> 10 × 1 000 = 10 000 €

Le bénéfice brut est le premier ratio fondamental de la rentabilité.

Du bénéfice brut au bénéfice différé : le bénéfice commercial

Tout le monde sait bien que le *prix d'achat facturé* d'un produit n'a bien souvent que des rapports assez flous avec le *prix d'achat réel :* tout dépend des familles de produits, des habitudes acquises.

- Il y a les *remises de fin d'année* (RFA), quasi institutionnelles. Selon les produits, la RFA peut varier de 1 ou 2 % à... 30 %, cela s'est vu. Dans ce cas il est bien évident que le prix d'achat facture *n'a plus aucune signification,* c'est pour cela que ces abus manifestes disparaissent peu à peu.

Sans aller, ce qui serait carrément plus simple, jusqu'aux *prix nets* souhaités (un peu hypocritement) par les distributeurs, les RFA sont plus généralement comprises entre 2 et 10 %, mais ne nous faisons pas d'illusions : des exceptions subsistent encore, grâce à la loi Galland.

- Il y aussi tous les *accords particuliers :* primes de référencement, coopération commerciale, accords de linéaire, etc. L'imagination est grande lorsqu'il s'agit de « *tondre* » le fournisseur.

Ces conditions n'apparaissent jamais dans les tarifs ; elles ne viennent pas en moins dans la facturation – ou rarement ; elles sont généralement facturées par le distributeur au fournisseur sous forme de service (?) rendu (c'est parfois vrai, tout dépend *qui* vous en informe)[1].

Nous considérons, sous la dénomination *bénéfice différé* (BD), la *totalité de ces avantages* (généralement) différés, en valeur absolue.

Le bénéfice différé est le second ratio fondamental de la rentabilité.

On appelle *bénéfice commercial* (BC) le total *bénéfice brut + bénéfice différé :*

$$BB + BD = BC$$

Exemple produit *P*, pour une RFA de 5 % sur le CA facturé par le fournisseur :

1. Calcul de la RFA en valeur absolue :

$$5\ \% \times (7 \times 1\ 000) = 350\ €$$

2. Bénéfice commercial :

$$1\ 360 + 350 = 1\ 710\ €$$

De plus en plus, sous la pression de la bataille des prix, les distributeurs avaient tendance à *incorporer la RFA* (dès lors que son montant en est connu exactement) dans le calcul du prix de vente consommateur, afin d'être plus performant. Mais la loi Galland l'interdit (pour combien de temps ?).

1. Nous avons l'air de prendre parti pour le fournisseur, mais la vérité nous oblige à préciser que ce sont les fournisseurs eux-mêmes qui ont commencé le cycle infernal des remises, ristournes, accords particuliers, etc. !

C'est une des raisons pour lesquelles la RFA n'a plus guère de réelle signification : avec la législation sur les ventes à perte, il devient souhaitable de la prendre en compte.

On voit, dans l'exemple ci-dessus, l'importance d'une RFA, somme toute raisonnable, de 5 %. Le bénéfice brut de 1 360 €, générant un taux de marque de 11,96 %, devient un bénéfice commercial de, *1 710 €*, donnant alors un *taux de marque réel* de :

$$\frac{1\,710}{8\,360} \times 100 = 20{,}45\ \%$$

(Notons que le calcul du taux de marque peut également se faire en divisant le bénéfice commercial par le CA HT.)

On parle souvent de « marge arrière » : quelle en est la signification ?

Bénéfice brut = Marge avant

Bénéfice différé = Marge arrière

La notion de bénéfice commercial comprend la *marge avant* et la *marge arrière :*

Le bénéfice commercial est le total bénéfice brut + bénéfice différé.

➤ Exemple d'application

À ce niveau, il paraît intéressant de comparer deux produits de grande consommation concurrents (huile d'arachide) :

- A est une grande marque très publicitée, très « bagarrée », vendue pratiquement à perte ;
- B est une marque quasi inconnue, importée, sur laquelle on peut « faire de la marge ».

Le chef de rayon a donc tendance à avantager le produit *B* (jusqu'à envisager les ruptures le samedi sur le produit A). Au moins, se dit-il, je gagne de l'argent sur *B !* Histoire vécue.

Commençons déjà l'analyse de la rentabilité, au point où nous en sommes.

Paramètres	Calcul	Produit *A*	Produit *B*
PVC		2,56	1,86
TVA		5,50 %	5,50 %
PV HT	PVC/1,055	2,43	1,76
PA (tarif)		2,60	1,53
% s/facture		3 %	0
PA (net)	PA tarif – % s/fact	2,52	1,53
MB	PV – PA	– 0,10	0,23
TM	MB/PV × 100	– 3,93	13,22
QV	/ an	125 000	30 000
CA	PVC × QV	320 000	55 800
BB	**MB × QV**	**– 11 932**	**6 991**
BD		15 000	0
BC	**BB + BD**	**3 068**	**6 991**

☞ **Remarques du chef de rayon**

– Le produit *B*, importé, n'a ni remise sur facture ni RFA : il est vendu prix net.

– Le taux de marque de *B* est intéressant (pour l'épicerie) : 13,22 % alors qu'il est négatif pour *A*. Donc j'avantage *B* en linéaire. Je supporte *A* parce que je ne peux faire autrement.

– D'ailleurs, si le CA de *A* est bien plus élevé que celui de *B*, le bénéfice brut de *A* est négatif, heureusement un peu compensé par le bénéfice différé, qui permet de ne pas vendre à perte. Tandis que je gagne de l'argent sur *B*. J'ai raison de donner plus de linéaire à *B* !

– Je diminue le linéaire de *A*, produit beaucoup moins rentable.

Du bénéfice commercial aux ratios de rentabilité

Il y a deux ratios fondamentaux de rentabilité, en terme de merchandising :

– le rapport entre le bénéfice commercial et le linéaire occupé (qui représente une quote-part de l'investissement immobilier et mobilier) : c'est la *rentabilité du linéaire* (RL) ;

– le rapport entre le bénéfice commercial et le stock immobilisé (qui représente l'investissement en stock) c'est la rentabilité du stock (RS).

Rappelons que le linéaire est en général calculé en terme de *linéaire développé* (LD), c'est à dire en mètres de tablettes utilisées pour la présentation ; on peut tout aussi bien décider de calculer en *linéaire sol*

(LS), ou même en *mètres carrés* (m^2), en fonction du type de produits ou de familles analysées.

Le principal étant, bien sûr, d'utiliser les *mêmes paramètres* pour comparer les produits ou familles.

- Pour calculer la *rentabilité du linéaire* (RL)[1], il suffit donc de diviser le *bénéfice commercial* par le *linéaire développé* :

$$\frac{BC}{LD} = RL$$

> ***Exemple***, sur le produit *P* à 10 € (voir page 177), avec un linéaire développé de 2 mètres :
>
> $$\frac{1\,710\text{ €}}{2} = 855\text{ €/m}$$

- Pour calculer la *rentabilité du stock* (RS), on divise le *bénéfice commercial* par la *valeur du stock*.

Tout d'abord, il faut calculer cette valeur : sachant que nous possédons le nombre d'unités moyennes en stock immobilisé (SM^U), il suffit de multiplier cette quantité par le prix d'achat net HT (PA) :

$$SM^U \times PA = SM^{PA}$$

> ***Exemple*** pour le produit *P*, avec un stock de 100 unités :
>
> $$100 \times 7{,}00\text{ €} = 700\text{ €}$$

Maintenant nous pouvons calculer le ratio de *rentabilité du stock*, en % :

$$\frac{BC}{SM^{PA}} \times 100 = RS$$

> ***Exemple*** produit *P*
>
> $$\frac{1\,710}{700} \times 100 = 244\ \%$$

Si nous reprenons maintenant notre exemple d'application précédent, là où nous l'avons laissé, quels seront les ratios de rentabilité pour les produits *A* et *B* ?

1. Ne pas confondre avec le rendement du linéaire : CA/LD, qui offre peu d'intérêt.

Paramètres	Calcul	Produit *A*	Produit *B*
BC	BB + BD	3 068	6 991
*LD		3	6
RL	BC/LD	1 023	1 165
*SM^u SM^{PA}	 $SM^U \times PA$	1 300 3 276	12 000 18 360
RS %	BC/SM^{PA}	94	38

☞ Remarques du chef de rayon

– La rentabilité linéaire du produit *A* est maintenant équilibrée avec le produit *B*.

– Le produit *A* tourne très vite : son stock est en effet de 4 jours environ (le fournisseur livre deux fois par semaine 4 palettes de 300) ; je réassortis tous les jours la palette en linéaire, et même deux fois le samedi.

– Le produit *B* tourne très lentement : son stock représente 4 mois de vente, car je dois l'acheter par wagon et le garder en entrepôt.

– La rentabilité du stock est bien meilleure pour le produit *A*. Tiens, tiens, il n'est pas si inintéressant que cela !

CHAPITRE 10

Analyses de rentabilité totale

Des conditions de règlement au bénéfice financier

Quand un commerçant achète des marchandises, il paie la facture la plupart du temps avec un certain délai, variable selon la nature des produits, les conditions de règlement négociées, la politique d'achat du distributeur lui-même.

Lorsque le commerce était traditionnel, ces « *facilités de règlement* » octroyées par les fournisseurs visaient à aider les commerçants, qui n'étaient ainsi pas obligés de financer la totalité de leur stock.

Avec l'avènement du commerce moderne, de la vente de masse, des fortes rotations, la disproportion entre le délai de vente et le délai de paiement s'est très fortement accrue. Est-il logique qu'un produit soit vendu avant même d'être acheté (payé) ?

Est-il normal, est-il sain économiquement, financièrement, que des marchandises soient *vendues plusieurs fois* avant d'être payées ? On peut légitimement poser la question… mais le fait est là : dans le commerce moderne, certains produits *sont effectivement vendus* trois, quatre ou cinq fois avant qu'ils ne soient payés au fournisseur.

Dans les produits frais, avant que la législation n'y mette le holà en limitant le délai de paiement à 30 jours, nous avons vu des produits de crémerie, livrés quotidiennement, dont le stock n'excédait pas 2 jours, être réglés à 60 jours fin de mois – c'est-à-dire avec un délai de paiement moyen de... 75 jours.

Faites le compte : un yaourt était vendu *38 fois* avant d'être payé.

Bien sûr, il s'agit là de cas extrêmes, auxquels il a été mis bon ordre. Mais le principe demeure : *des stocks les plus bas possibles, des délais de paiement les plus longs possibles.*

Le commerçant est déjà devenu *un industriel de la vente,* comme nous avons vu au début de cet ouvrage, améliorant ainsi son statut. Est-il aussi devenu *un financier,* dont le statut social est encore plus élevé ?

Toujours est-il que les grands industriels de la vente au détail *(the retailing industry,* comme disent les Américains) se sont aperçus qu'il était encore plus facile de faire de l'argent avec de l'argent (c'est le métier du banquier !) qu'en vendant des produits plus chers qu'on ne les achète. De là à penser que la vente peut devenir un prétexte à « faire du cash », il n'y a pas loin.

Et si certains distributeurs, poussons un peu le raisonnement, considéraient leur chaîne de magasins comme des machines à faire de l'argent comptant contre un investissement à terme ?

Et si le bénéfice financier alors réalisé se trouvait bien plus important que le bénéfice commercial d'exploitation ?

Est-ce vraiment de la fiction ? Ou bien, n'y a-t-il pas si longtemps, les comptes publiés d'un grand distributeur auraient-ils fait apparaître des *produits financiers* couvrant la *totalité du bénéfice net ?*

Si la situation apparaît aujourd'hui plus raisonnable, il n'en reste pas moins que les produits financiers existent, que leur *importance est significative* dans les *résultats nets* des magasins ; pour nous, en merchandising, ils peuvent être *déterminants* dans la rentabilité des produits.

En effet, sur la *trésorerie dégagée* par la différence entre le délai de vente et le délai de paiement, le distributeur va soit pouvoir *investir* (et donc économiser les intérêts d'un emprunt), soit tout bonnement *placer ces sommes à court terme :* chez tous les grands distributeurs, un spécialiste est là pour s'en occuper de très près. Dans un cas comme dans l'autre, cette *trésorerie gratuite* apporté par le fournisseur va donc produire un *bénéfice financier.*

Comme, en merchandising, nous analysons les performances d'un produit en terme de rentabilité, nous devons bien prendre en compte le bénéfice financier, au même titre que le bénéfice commercial et le bénéfice différé.

Les conditions de paiement font, de toute façon, partie des conditions commerciales ; et, entre un produit payé comptant, et un autre payé à 90 jours fin de mois (105 jours...) les différences de rentabilité financière doivent être coquettes[1].

Ce préliminaire pour bien souligner l'importance du calcul de ce bénéfice financier, produit par produit, dans une optimisation merchandising.

Calculer le bénéfice financier signifie d'abord pouvoir calculer la trésorerie gratuite dégagée par le différentiel délai de paiement/stock. Ce différentiel s'exprimant en nombre de jours, il faut défalquer du délai de paiement en jours le nombre de jours de stock.

➤ Délai de paiement (DP^J)

Il peut être de 30, 60 ou 90 jours, fin de mois, fin de mois le 10 ; s'il est indiqué « 60 jours fin de mois », le délai de paiement moyen sera donc de 75 jours. S'il est indiqué « fin de mois le 10 » il sera de 85 jours. Le paiement comptant (rare) est compté 15 jours (le temps de passage en comptabilité, informatique, banque...).

➤ Stock moyen en jours (SM^J)

Nous connaissons le stock moyen en unités, ainsi que les quantités vendues annuellement ; un calcul simple suffit à exprimer le stock en jours.

➤ Crédit moyen (CRM^J)

On soustrait simplement le stock moyen en jours du délai de paiement moyen en jours (à condition qu'il soit inférieur !) :

$$DP^J - SM^J = CRM^J$$

1. Ce raisonnement est valable pour tous les types de commerce. Par exemple, un pharmacien a-t-il intérêt à acheter directement au laboratoire, quitte à se stocker ? Ou bien à se faire livrer deux fois par jour par un répartiteur, au détriment de sa marge brute, mais à l'avantage de la rotation ?

Exemple produit P, (page 174) payable à 60 J fdm

– Stock moyen en jours :

$$\frac{100\ \text{U}}{(1\ 000\ \text{U}/365\ \text{J})} = 36{,}5\ \text{J}.$$

– Crédit moyen en jours :

$$60 + 15 = 75\ \text{J} \Rightarrow 75 - 36{,}5 = 38{,}5\ \text{J}.$$

➤ Trésorerie gratuite (TRS)

Maintenant nous savons que le produit bénéficie d'un *crédit moyen* de x jours ; comment calculer la trésorerie ainsi dégagée ?

Autrement dit il faut calculer ce que représente ce nombre de jours en euros de trésorerie.

Les quantités vendues/an, divisées par 365 J nous indiquent les quantités vendues/jour[1] ; multipliées ensuite par le nombre de jours de crédit moyen, puis par le prix d'achat que nous avons noté par ailleurs.

➤ Problème de la TVA

La trésorerie, nous l'avons vu, se fait donc « *sur le dos du fournisseur* ». Mais la facture de celui-ci, ainsi « bloquée » pendant des jours et des jours, comporte, dans le bas, le montant de la TVA… ainsi conservée « indûment », elle aussi !

La trésorerie doit en conséquence se calculer, *non pas sur le prix d'achat hors taxe, mais sur le prix d'achat TTC.* Ce qui signifie, en d'autres termes que la trésorerie se fait *sur le dos du fournisseur* – qui l'a accepté – *mais aussi de l'État,* c'est-à-dire de nous tous.

Pour la trésorerie, en conséquence, le calcul est un peu plus complexe :

$$\frac{QV}{365} = CRM^{J} \times (PA + TVA) = TRS.$$

1. Nous retenons le nombre de 365 jours, bien qu'il n'y ait que 310 jours de vente, car les financiers comptent en nombre de jours calendrier pour les intérêts. On peut cependant utiliser 310, la différence ne sera pas significative.

Exemple produit P :

$$\left(\frac{1\ 000\ \text{U}}{365\ \text{J}} = 38{,}5\ \text{J}\right) \times (7{,}00\ € \times 1{,}196) = 322\ €$$

Prenons maintenant les produits *A* et *B* de la page 181, aux caractéristiques si différentes, quels résultats obtenons-nous ?

Paramètres	Calcul	Produit *A*	Produit *B*
$^*DP^J$		75	0
SM^J	$SM^U/(QV/365)$	3,80	146,00
CRM^J		71,20	0
TRS	$(QV/365 \times CRM^J) \times (PA + TVA)$	64 881	0

☞ **Remarques du chef de rayon**

– Le produit *B*, payé comptant (importation) ne dégage évidemment aucune trésorerie. Au contraire, il immobilise de l'argent, et je devrais même l'affecter d'un coût… heureusement que je fais de la marge avec lui !

– Tiens donc ! Le produit *A* qui ne me rapporte rien, m'apporte tout de même une importante trésorerie gratuite… combien me rapporte-t-elle ?

➤ Intérêts ou loyer de l'argent

Nous disposons donc, pour certains produits, d'une trésorerie gratuite, apportée plus ou moins volontairement par le fournisseur et la TVA.

Cette trésorerie est *perrnanente* et pour évaluer ce qu'elle rapporte, il faut l'affecter du taux généralement retenu dans le domaine financier : on peut toujours en discuter, l'important étant d'affecter toujours le même taux entre les différents produits analysés.

Pour simplifier la démonstration, nous allons retenir le taux *de 10 % ;* autrement dit, nous supposons que les intérêts sont de 10 % par an sur le capital trésorerie (dans beaucoup d'entreprises, quels que soient les cours, on avait même pris l'habitude de compter 1 % par mois).

Mais les taux sont redescendus, et nous retenons donc, pour la bonne compréhension de nos calculs, le taux de 10 %, à charge de le modifier, en tant que de besoin, pour tel ou tel calcul futur.

➤ **Bénéfice financier (BF)**

Le calcul du bénéfice financier est simple ; il suffit de multiplier la trésorerie (TRS) par le taux financier (TX %) :

$$TRS \times TX\,\% = BF.$$

Exemple produit P :

322 € × 10 %= 32,2 €.

Pour les produits *A* et *B*, cela donne :

Paramètres	Calcul	Produit *A*	Produit *B*
TRS	QV/365 × CRMJ) × (PA + TVA)	64 881	0
TX %		10 %	10 %
BF	**TRS × TX %**	**6 488**	**0**

Maintenant nous avons défini les trois bénéfices.

Bénéfice total

Ce sont ces trois bénéfices que nous venons de définir, ces trois marges de natures différentes, qui vont enfin nous donner la vraie rentabilité du produit, le *bénéfice total* (BT), composé, avec des valeurs très variables, des trois bénéfices.

Traitées en histogrammes, ces analyses font découvrir des informations passionnantes, qui permettent rapidement des optimisations de rentabilité, parfois spectaculaires.

Reprenons notre exemple du produit *P* (pages 176 et 177) :
nous avions déjà défini

BB – Bénéfice brut	1 360 €	78 %
BD – Bénéfice différé	350 €	20 %

nous avons maintenant

BF – Bénéfice financier :	32,2 €	2 %

et en conséquence

BT – Bénéfice total :	1 742,2	100 %

Si nous reprenons, maintenant, nos produits *A* et *B*, quels sont les bénéfices totaux ?

Paramètres	Calcul	Produit *A*	Produit *B*
BB	MB × QV	– 11 932	6 991
BD		15 000	0
BF	TRS × TX %	6 488	0
BT	BB + BD + BF	9 556	6 991

☞ **Remarques du chef de rayon**

• Toutes mes valeurs sont inversées ; je pensais perdre de l'argent sur *A*, j'en gagne plus que sur *B*, que je croyais très rentable !

• Mais alors, ne fais-je pas une grosse erreur en poussant les ventes de *B* au détriment de *A* ? Ne devrais-je pas donner, au contraire de ce que je fais, plus de linéaire au produit *A*, concurrencé, bradé, vendu presque à perte, mais tellement demandé, et qui, finalement, est le plus rentable des deux ?

➤ Rentabilité totale du linéaire (RTL)

Maintenant que nous avons calculé la *rentabilité réelle,* totale, du produit, nous allons pouvoir donner aux ratios de rentabilité *leur vraie valeur.* L'opération d'origine, qui consistait à diviser le bénéfice commercial par le linéaire, se transforme en bénéfice total par linéaire :

$$\frac{BT}{LD} = RTL$$

Soit, pour l'exemple du produit *P* : 1 742,2 €/2 = 871,1 €/m, à rapprocher de la rentabilité linéaire calculée précédemment : 855 €/m (page 180), soit + 1,7 %, amélioration peut-être pas spectaculaire, mais significative.

➤ Rentabilité totale du stock (RTS)

Même opération, soit bénéfice total/SM^{PA} :

$$(BT/SM^{PA}) \times 100 = RTS$$

Ce qui donne pour le produit *P* :

$$(1\ 742,2/700) \times 100 = 248\ \%$$

(au lieu de 244 % précédemment, voir page 180).

Mais si nous effectuons les calculs sur les produits *A* et *B*, a caractéristiques si opposées, l'écart va être flagrant :

Paramètres	Calcul	Produit *A*	Produit *B*
BT	BB+BD+BF	9 556	6 991
RTL	BT/LD	3 185	1 165
RTS %	BT/SM^{PA}	291	38

☞ **Remarques du chef de rayon**

La vérité en face. Le linéaire de *A*, nettement insuffisant, produit 3 185 € au mètre, celui de *B* seulement 1 165… soit près de 3 fois plus.

Décision immédiate, inverser les linéaires, doubler celui de *A*, au détriment de *B*, ce qui aura pour effet de rééquilibrer les rentabilités :
– nouvelle RTL pour *A* : 9 556 €/6 m (au lieu de 3 m) = 10 593 €/m,
– nouvelle RTL pour *B* : 6 991 €/3 m (au lieu de 6 m) = 2 330 €/m,
ce qui représente un écart raisonnable, qui va de surcroît aller en diminuant puisque *A* était de temps à autre en rupture de stock, sous-représenté avec un linéaire n'ayant rien à voir avec sa part de marché ; la rentabilité du stock du produit *A*, auparavant de 94 % (près de 3 fois plus que *B*) passe à 291 %, soit 7,5 fois plus que *B* !

***Il ne faut pas se fier aux apparences :* le taux de marque de *A* (– 3,93 %) était à l'origine catastrophique ; si je recalcule son taux de marque réel, j'obtiens :**

$$\frac{9\ 556\ €}{(2,43\ € \times 125\ 000\ U)} = +\ 3,15\ \%.$$

Moralité : le taux de marque sans rotation n'a aucune signification[1, 2].

Ceci nous montre l'importance d'effectuer des calculs précis de rentabilité : ce chef de rayon croyant bien faire allait, en réalité, à l'encontre de ses intérêts !

---

1. Voir la notion de profit, page 147.
2. La marge brute du produit A apparemment de – 11 932 € devient en réalité, en marge totale : + 9 556 €.

Ce cas est tiré d'une expérience faite pour un fournisseur de produit d'épicerie de très grande consommation, dont les représentants se faisaient « sortir » des magasins, sous prétexte de vente à perte. Inutile de préciser qu'après leur avoir donné les chiffres réels de rentabilité de leur produit, ils ont eu largement de quoi répondre aux chefs de rayon, éviter les ruptures en agrandissant (enfin) leur linéaire, et prendre définitivement le leadership du rayon.

Ceci est une démonstration de « *merchandising de gestion* », qui a été parfaitement appliqué. Bien entendu, la puissance du raisonnement sur le bénéfice financier concerne essentiellement les PGC (produits de grande consommation) vendus à faible marge et très forte rotation. Mais c'est le cas de beaucoup de produits en distribution moderne.

Sans aller jusqu'à la démonstration que nous avons faite un jour sur la rentabilité de l'œuf, champion toutes catégories de la rentabilité en magasin, où la rentabilité totale du stock avait dépassé *10 000 %* (le délai de paiement n'était pas alors limité à 30 jours !), nous trouvons couramment, dans le rayon crémerie notamment, des produits dégageant *3 000 à 5 000 % de RTS.*

Exemple

Soit un pack de yaourt aux fruits (TVA 5,5 %) : PVC 2,75 €, PA 2,13 €, QV 37 000 U, BD 2 656 €, SM 300 U. Quelle est sa RTS, sachant qu'il est livré tous les deux jours (stock 3 jours) et que le délai de paiement est de 30 J ?

Conservons le taux monétaire de 10 % pour plus de facilité.

Nous laissons nos lecteurs s'amuser (espérons-le !) à faire le calcul ; ils pourront vérifier le résultat à la fin de cet ouvrage[1].

Nous vous avons parlé, au début de l'approche de la rentabilité, de la plaisanterie classique « *je perds sur chaque, mais je me rattrape sur la quantité* ».

Nous allons vous raconter une anecdote.

Un jour, dans un séminaire où nous avions fait intervenir le directeur d'un hypermarché, celui-ci, voulant démontrer aux participants qu'il y

1. Il nous paraît souhaitable de savoir faire soi-même ces calculs pour en bien comprendre le mécanisme. Des programmes informatiques permettent bien sûr de les effectuer instantanément pour produits ou familles, dans le cadre d'un stage d'une journée de familiarisation sur les différents cas.

avait des produits qu'il était obligé de vendre à perte, nous cite le cas d'un pastis bien connu.

Sautant sur l'occasion d'une démonstration, nous lui demandons, dans les grandes lignes, quelles sont les données PA, PV, quantités vendues, périodicité de livraison, marges arrières... et délai de paiement.

Soit un pastis (que nous appellerons « Ricod ») dont le PA est inférieur au PV, et dont on pourrait penser qu'il est vendu mathématiquement à perte... À cette époque, la législation n'était pas aussi rigoureuse qu'aujourd'hui. Mais c'est la preuve que l'on peut perdre sur chaque produit et se rattraper sur la quantité !

Tableau 13 – Le cas pastis Ricod

PVC	15,6	
TVA	19,60 %	
PVHT	13,04	
PA TARIF	13,23	
% s/facture	0,50 %	
PA NET	13,16	
MB	**– 0,12**	*On perd sur chaque !*
TM %	– 0,92	
COEF X	1,19	
QV/AN	50 000	*Impressionnant !*
C.A. (PVC)	780 000	
BEN BRUT	**– 6 019**	*On perd beaucoup !*
BEN DIFF (en F)	5 622	
BEN COMM.	**– 397**	*On perd moins, mais on perd !*
LINEAIRE	4	
RL	– 99	*Rentabilité linéaire négative !*
SM (unités)	900	
SM (au PA)	11 847	
RS %	– 3	
DP (jours)	75	
SM (jours)	6,57	
CRM	68,43	
TRÉSORERIE	147 583	*Pratiquement 1 Million !*
Taux (10 %)	10 %	
BF	**14 758**	
BT	**14 362**	*Plus on vend, plus on gagne !*
RTL	**3 590**	*Passée nettement positive*
RTS %	**121**	*Pas si mal !*

Grande confusion, alors, du directeur d'hypermarché, tout étonné, mais il en fit peu après la démonstration à sa centrale. Et nous, peu de temps après, à l'entreprise Ricod, qui découvrit qu'au lieu d'éviter la discussion sur les prix bradés, ils allaient pouvoir contre-attaquer.

On notera que la taxe sur l'alcool s'ajoutant à la TVA, la part de trésorerie due à l'État n'en est que plus importante. CQFD.

Calculs de rentabilité famille

On peut avoir besoin d'effectuer un calcul de rentabilité pour un *sous-famille ou une famille* complète, surtout si une marque se décline en de nombreuses références (cas des épices, des accessoires de coiffure etc.).

Les principes restent les mêmes à ceci près que les données de bases sont différentes.

Au lieu de partir du PV, PA, QV..., on dispose du CA fournisseur facturé ; on connaît toujours le coefficient multiplicateur (CM) utilisé ; pour le stock moyen, soit on en évalue le nombre de jours, soit sa valeur au PA.

• *Pour calculer le BB on défalque du CA PVC (hors TVA), le CA facturé par le fournisseur :*

$$\frac{CA\ factur\acute{e} \times CM}{1,\ TVA} - CA\ factur\acute{e} = BB.$$

• *Pour calculer le stock moyen au PA, une simple règle de 3 suffit :*

$$\frac{(CA\ factur\acute{e})}{365\ J} \times SM^{J} = SM^{PA}$$

Nous pouvons donc calculer, comme pour le produit, le bénéfice brut le bénéfice différé, puis la rentabilité du linéaire et du stock.

• *Le calcul de la trésorerie se fait également à partir du CA facturé :*

$$\frac{(CA\ factur\acute{e}) \times 1,\ TVA}{365} = TRS\ ;$$

ce qui permet ensuite le calcul du bénéfice financier, sur les mêmes bases que précédemment.

Ainsi que l'on peut le constater, le calcul de rentabilité pour une marque, ou une famille, est plus simple que pour un produit. Pourquoi s'en priver ?

PARTIE IV

Développements

CHAPITRE 11

Hommes et structures

Nous avons vu que le merchandising, c'est aussi bien la conception que la mise en œuvre, l'analyse que la maintenance, toutes actions ayant pour objectif l'améliorer la productivité, la rentabilité de l'espace de vente.

Il s'agit donc d'une action collective, nécessitant une structure à plusieurs niveaux, selon l'importance de la société qui met en œuvre le merchandising.

Nous avons vu, au début de cet ouvrage, à quel point le merchandising double, amplifie, l'action commerciale ; comme pour le secteur commercial, le secteur merchandising recouvre différents niveaux d'action, donc de compétence :

- conception ;
- mise en œuvre ;
- maintenance.

Les deux premières fonctions merchandising sont des fonctions de réflexion et d'études. La troisième fonction est essentiellement opérationnelle, d'application. On peut comparer des niveaux d'action avec ceux du commercial industriel :

Commercial industriel	*Merchandising*
Directeur commercial	Ingénieur merchandising
Directeur régional	Merchandiser
Représentant	Agent merchandising

comme avec ceux des opérationnels distributeur :

Distributeur	***Merchandising***
Directeur d'enseigne	Ingénieur merchandising
Directeur régional	Merchandiser
Chef de rayon	Agent merchandising

Ces tableaux ne signifient pas qu'il soit indispensable de doubler tous les effectifs commerciaux par des effectifs merchandising, mais que les fonctions merchandising *existent* à *tous les niveaux.*

Les fonctions merchandising, pour les industriels comme pour les distributeurs, sont à peu de chose près les mêmes.

Voyons ce qu'elles recouvrent, quelles que soient les appellations qu'on leur donne.

Niveau conception

La conception, l'élaboration *d'une politique merchandising* est du ressort de ce que l'IFM a appelé « *ingénieur merchandising* », que son titre réel soit directeur merchandising, responsable de service merchandising, ou autre.

Il s'agit d'une fonction de *réflexion, de création, d'étude* aussi bien que de *stratégie* merchandising.

C'est donc le propre d'un homme (ou d'une femme) dans l'entreprise, au niveau *direction opérationnelle.* Selon les organisations, cette fonction à part entière peut dépendre soit de la direction générale, soit de la direction marketing, soit de la direction commerciale, pour les grandes entreprises.

Pour les entreprises de taille moyenne, cette fonction *doit toujours exister* mais elle peut être remplie à temps partiel par le directeur marketing ou même par le directeur commercial ; tout en faisant observer que le merchandising travaille généralement à *moyen terme,* alors que le marketing envisage plutôt le *long terme* et le commercial le *court terme.*

L'ingénieur merchandising peut jouer un rôle au niveau national, régional, ou au niveau d'un circuit ou d'une enseigne. Il peut être industriel ou commerçant ; l'idéal est d'arriver à faire dialoguer un responsable merchandising fournisseur et distributeur : parlant le même langage, ils arrivent aux mêmes conclusions, et nous avons là la meilleure collaboration, la plus fructueuse possible, entre les deux partenaires, pour le plus grand bien du consommateur.

➤ Études

Conception du programme des études :

Études générales	*Études particulières*
Assortiment	Circuits, enseignes, trade marketing
Linéaire	Produits nouveaux
Rentabilité	Méthodes nouvelles d'approvisionnement
Logistique	Études ponctuelles de rentabilité
EDI[1]	ECR[2]

Définition des normes :
- d'implantation,
- de présentation,
- de profitabilité,

par des études et des analyses appropriées au niveau d'une ligne de produits ou d'un magasin.

➤ Application

- Élaboration des modules d'assortiment et de présentation, par type de circuits, d'enseignes, de surfaces.
- Détermination des objectifs quantitatifs et qualitatifs.
- Mise en œuvre du trade-marketing[3].

1. EDI : échange de données informatisées.
2. ECR : efficient consumer response, voir page 220.
3. Trade marketing : marketing, ou plus souvent, merchandising conjoint entre un industriel et un commerçant.

- Élaboration des programmes de mise en œuvre sur le terrain :
  - mise en vente de nouveaux produits ;
  - promotions ;
  - actions d'animation et publicité ponctuelle ;
  - trade marketing.
- Conception d'un tableau de bord prévisionnel pour chaque programme.
- Concertation permanente avec les partenaires pour la présentation et l'acceptation de chaque programme et module.
- Soutien à la négociation en Centrale, chiffres à l'appui.

➤ **Suivi et contrôle**

- Vérification du respect du tableau de bord des actions en cours.
- Analyse des résultats de rendement et de rentabilité de chaque action.
- Résolution des conflits susceptibles de compromettre la bonne marche d'un programme.

L'ingénieur merchandising doit collaborer en permanence avec les responsables de la stratégie marketing et de la politique commerciale de l'entreprise.

Niveau mise en œuvre

C'est le niveau du merchandiser, c'est-à-dire de la personne qui doit appliquer les différentes mesures élaborées par la politique merchandising, en charge de la tactique régionale ou par secteur d'activité.

Le merchandiser (attention de ne pas confondre avec un réassortisseur, au niveau inférieur) assure un rôle permanent d'information (dans les deux sens) et de mise en œuvre, dans le but d'améliorer la rentabilité des produits et du linéaire.

➤ Études

Il effectue des études sur :

- la typologie des points de vente ;
- l'assortiment, le linéaire, la rotation des stocks ;
- les analyses de rentabilité ;
- les critères de comparaison.

➤ Application

- Réalisation des plans d'assortiment adaptés.
- Réalisation des plans de linéaires.
- Application du programme promotionnel dans les meilleures conditions.

➤ Suivi et contrôle

- Préparation de l'introduction de produits nouveaux.
- Suivi analytique des réalisations.
- Contrôle de la rentabilité des produits par types de régions, de magasins, de linéaires.
- Contrôle de la présence permanente des produits aux points de vente.

Le merchandiser doit agir conformément à la politique merchandising de l'entreprise, et peut proposer toutes modifications d'assortiment, de linéaire, de prix, de conditionnement, justifiées par des critères merchandising.

- *Un merchandiser fournisseur,* par exemple, applique généralement la politique merchandising définie, au niveau d'une région ou d'un circuit (mass-merchandiser[1]).

Il peut faire partie d'une petite équipe *ad hoc* managée du siège par le responsable merchandising. Mais il peut également être affecté à une région, et faire partie d'une équipe dirigée par le directeur régional.

Il travaille en équipe avec les commerciaux, et prend des contacts avec les merchandisers distributeurs.

1. Mass-merchandiser : merchandiser producteur attaché à une chaîne de magasin.

- *Un merchandiser distributeur* applique la politique merchandising de sa société dans une région ou une catégorie de magasins, éventuellement en collaboration avec le directeur régional ou le directeur magasin.

Le merchandiser distributeur prend contact avec ses homologues fournisseurs. Dans certains cas, ce rôle incombe au chef de rayon ou de département, ou encore au chef de file.

Niveau maintenance

C'est ce que l'IFM a défini comme agent merchandising. C'est la personne qui effectue un contrôle permanent et systématique du respect des plans d'assortiment et de linéaire prévus, et qui effectue des actions ponctuelles de valorisation des produits. C'est lui qui a la *responsabilité du point de vente.*

Ses fonctions sont :

- Suivi et contrôle des plans d'assortiments convenus.
- Contrôle de la présence effective des références en magasin.
- Vérification du bon classement des produits par familles, sous-familles, articles et variétés.
- Suivi et respect des plans de linéaires convenus.
- Contrôle de la répartition du linéaire par catégories de produits.
- Vérification du positionnement et du facing des références présentées.
- Contrôle de la qualité et de la présentation des produits.
- Comptage régulier du stock et tenue des fiches de stock.
- Alerte du responsable en cas de rupture de stock ou d'anomalie d'écoulement.
- Implantation du linéaire dans des cas bien précisés.
- Mise en place d'actions promotionnelles, suivi de l'exécution, relevé des résultats.
- Modification de la présentation selon les directives reçues par toute action de mise en avant, pose de PLV/ILV ou modification de linéaire.

- Circulation constante de l'information *(montante. descendante et horizontale)* sur :
  – la vie des produits ;
  – les chiffres de vente ;
  – les résultats d'actions ponctuelles.

Normalement l'agent merchandising *ne peut modifier* de son propre chef l'assortiment ou le linéaire convenu, ni exercer une action de mise en avant ou de promotion non programmée.

En revanche il doit *proposer toutes modifications* qui lui semblent judicieuses.

Dans la distribution, cette mission est généralement dévolue au *chef de rayon ou au gestionnaire de stock.*

Dans la production, la charge de cette mission incombe à un *agent de vente,* agent commercial ou au délégué ou *représentant régional ou local.*

L'agent merchandising n'a ni le temps, ni la compétence d'effectuer des analyses ou des études. En cas de besoin, il fait appel à son spécialiste le plus proche : *le merchandiser.*

En réalité, la fonction *agent merchandising* est une partie importante – et même fondamentale – du nouveau rôle du représentant.

C'est une *nouvelle orientation de la fonction vente,* puisque la prise de commande a peu à peu disparu au profit du dialogue d'ordinateurs, et que si un représentant ne peut plus vendre, il doit se transformer en *délégué du fournisseur sur le front de vente,* c'est-à-dire en représentant agent merchandising, autrement dit en *représentant-merchandiser.*

Selon la taille de l'entreprise ou son état d'avancement dans la pratique d'un vrai merchandising, il peut y avoir *contraction des tâches* pour une certaine période :

– par exemple conception/mise en œuvre,

– ou mise en œuvre/maintenance,

deux niveaux d'action étant alors sous la responsabilité d'une même personne.

Mais en général on fait bien la différence entre le *travail d'étude,* d'analyse, de réflexion, voire de création ; et le *travail opérationnel* quotidien, avec la visite systématique des magasins, et l'application des règles merchandising.

Un peu « *la tête et les jambes » : ce sont deux rôles difficiles à tenir en même temps, car les profils des opérateurs sont très différents.*

On retiendra qu'il n'y a pas d'organigramme bien défini pour le merchandising dans l'entreprise. Tout dépend du niveau d'action, mais en général *l'ingénieur merchandising,* c'est-à-dire le directeur merchandising a un rôle de plus en plus important, à côté du directeur commercial. Il ne doit pas être perçu comme un commercial, car il doit rester en position de *conseil objectif,* apportant des preuves si besoin est, des études, et des possibilités de tests.

En revanche, au niveau de l'action terrain, le *merchandiser* trouve naturellement sa place dans le dialogue vendeur acheteur, en assistance lorsqu'il y a lieu.

Structure merchandising

Si le merchandising est mis en place dans les entreprises, tel que nous le décrivons ici, c'est-à-dire s'il dépasse le seul problème de la présentation en linéaire, c'est sans aucun doute une fonction fondamentale dans le processus de commercialisation.

Lié au marketing, lié au commercial, c'est une fonction clé, interface marketing/commercial/consommateurs. Cette fonction, selon les entreprises et leurs propres structures, peut dépendre du marketing ou du commercial – ou être fonctionnelle, entre ces deux fonctions.

Nous proposons un organigramme de référence (figure 26), le plus fréquemment réalisé dans les entreprises dynamiques.

Le responsable du service (ingénieur merchandising) peut être rattaché au commercial ou au marketing : le marketing nous semble préférable parce que le merchandising travaille pour le *moyen terme* et que le commercial vise généralement, en priorité, le *court terme* – même s'il doit envisager aussi des objectifs à moyen terme.

Dans l'organigramme ci-dessous, les lignes pleines figurent les liens hiérarchiques, les lignes discontinues les liens fonctionnels. Le directeur du merchandising, qui élabore les plans de linéaires, les communique aux directeurs régionaux pour information, aux merchandisers pour exécution, mais le contrôle local doit rester sous la direction hiérarchique terrain.

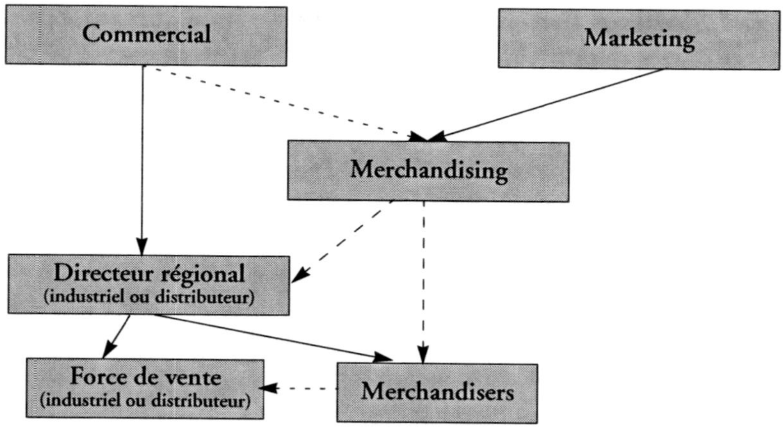

Figure 26 – Organigramme du merchandising

Dans certaines sociétés ayant développé une politique merchandising puissante et efficace, le directeur merchandising se trouve au même niveau hiérarchique que le directeur commercial ou le directeur marketing. Il participe aux négociations importantes, comme élément objectif d'analyse des performances.

Formation

Le merchandising concerne tous les acteurs du commerce moderne :

- les distributeurs, du commerçant indépendant aux responsables de vente en magasin des grandes entreprises nationales ;
- les producteurs et les grossistes, principalement les forces de vente et les hommes de marketing ;
- les services, tels les banques, télécoms, poste, assurances…, sans compter tous les prestataires du commerce, fabricants de mobilier, architectes, informaticiens, logisticiens, et autres périphériques de la distribution.

En règle générale, tous ceux qui ont la responsabilité d'un *local recevant du public,* vendant des biens ou des services, même l'administration à la limite, sont concernés par le merchandising.

➤ Formation supérieure

Le merchandising est loin d'avoir la place qu'il mérite dans l'enseignement supérieur. Les écoles de commerce consacrent très peu de temps, en deuxième année, au merchandising, ce qui est nettement insuffisant, d'autant plus que l'approche est généralement partielle.

Plusieurs écoles de commerce ont cependant une option merchandising, qui ne représente en général qu'un petit nombre d'heures. L'EDHEC, en 3e cycle, a une option merchandising, à la suite de leur collaboration avec l'IFM (Institut français du merchandising) dans la réalisation de la première édition d'un CD-Rom de formation, élaboré et commercialisé par l'IFM. Ce dernier représente actuellement la formation la plus complète en la matière. Mais ne boudons pas notre plaisir : pour la première fois un établissement d'enseignement (IUT de Lens) a reçu l'agrément de l'État pour un DESS de « marchandisage »... Probablement que le terme merchandising ne serait pas « passé » auprès des pouvoirs publics ! L'Afpa (association de formation pour les adultes) dispense des cours de vente et de gestion commerciale, comprenant depuis longtemps déjà quelques heures de merchandising.

Ces différentes formations sont généralement conçues à l'intérieur d'une formation marketing ou commerciale, alors qu'elle pourrait être autonome, groupant théorie et travaux pratiques.

La spécificité du merchandising n'est pas toujours reconnue, alors que son champ d'application est immense. Il y a encore peu de diplômés de l'enseignement supérieur qui se dirigent vers la distribution (moins *noble* que l'industrie, elle-même moins *noble* que les finances...).

De ce fait, les cadres de la distribution qui ont une formation merchandising l'ont généralement acquise « sur *le tas* » ou par une démarche personnelle (certaines formations de distributeurs l'intègrent maintenant).

Pour les fournisseurs formés au merchandising, la tentation est grande de s'en servir à leur avantage exclusif, ce qui a créé au début quelques incompréhensions avec la distribution, qui a cru que le merchandising était l'affaire des fournisseurs, alors que c'est *d'abord* l'affaire du magasin.

Pratiquement, les programmes de formation au merchandising comprennent trois niveaux :

- formation de base ;
- pratique et perfectionnement ;
- négociation (analyses et outils).

➤ Formation de base

Son but est d'apporter les connaissances techniques générales, sans les approfondir, et de préparer les esprits à une modification de l'activité traditionnelle de vente ou de commerce.

Il s'agit essentiellement, après avoir analysé les problèmes qui se posent dans le travail quotidien, de mettre à niveau les participants en matière de merchandising, et apprendre à parler le même langage entre industriels et commerçants.

L'analyse de cas simples et représentatifs des difficultés rencontrées amène la nécessité d'utiliser certaines méthodes, d'où utilité du merchandising, qui permet de résoudre les problèmes. Les participants deviennent alors actifs, demandeurs, ce qui permet de passer à des applications concrètes en travaux pratiques.

➤ Pratique et perfectionnement

Ce niveau suit et complète le séminaire précédent ; c'est un entraînement à la réalisation de linéaires modèles par types de magasins.

On approfondit les techniques, présente les « outils merchandising » propose des études de cas plus précis et représentatifs. Ces « outils » sont utilisés pour effectuer des tests, dont les résultats sont analysés.

Les cas pratiques d'études d'assortiment et de rentabilité sont étudiés et interprétés :

- constitution de l'assortiment ;
- mise à jour d'assortiment ;
- plan d'implantation ;
- allocation de linéaire ;
- études de rentabilité ;
- études in *vitro* (laboratoire) et *in vivo* (magasins).

Une fois testées, les recommandations merchandising peuvent être rectifiées à la lumière des résultats obtenus.

Chefs de rayons et commerçants indépendants sont ainsi à même d'appliquer les techniques expérimentées pour une rentabilité optimum.

De même, les forces de vente des fournisseurs doivent-elles posséder parfaitement ces techniques pour parler le même langage que les distributeurs, et assurer les bases d'un véritable partenariat.

➤ Nouvelle négociation

C'est un type de séminaire qui concerne aussi bien le fournisseur que le distributeur : il faut être au moins deux pour négocier. Son but est de permettre une négociation franche, objective, sérieuse et efficace entre les partenaires.

Les distributeurs veulent des interlocuteurs compétents et décisionnaires. Des partenaires connaissant bien leurs problèmes (logistique, rotation, ruptures...), apportant des informations objectives et vérifiables. Et ils veulent aussi des résultats concrets obtenus dans d'autres enseignes ou magasins. Ensuite, mais ensuite seulement, des conseils personnalisés.

Ce niveau de formation recouvre :

– un entraînement à l'utilisation des outils ;

– un entraînement à la négociation (maîtrise du temps, de l'argumentation).

Ce stage entraîne les forces de vente à savoir présenter les études réalisées, leur importance, leurs résultats par circuits de distribution ou par région, la politique merchandising préconisée, et *permet d'évaluer les potentiels de chaque point de vente.*

La formation merchandising permet à chaque interlocuteur de mieux connaître les contraintes et les objectifs du partenaire, et de savoir utiliser les différents outils merchandising.

Chapitre 12

Outils du merchandising

Les études merchandising doivent déboucher très concrètement sur des moyens d'action simples et efficaces. En effet, lorsque toutes les analyses d'assortiment et de linéaire, par types de points de vente, par régions, par « vocation commerciale » ou par zones de consommation ont été réalisées, il faut munir les responsables de documents de référence, des informations de base, des critères de choix nécessaires.

Véritables « armes » merchandising, des plus simples aux plus sophistiquées, nous les appelons plus pacifiquement « outils », ou documents pratiques d'application au point de vente.

Rodés et affinés au long des années, sans cesse enrichis des expériences vécues, adaptés à chaque problème, ils font tous les jours la preuve de leur efficacité, à la condition d'être utilisés par des hommes parfaitement formés à leur maniement et leur exploitation.

Les outils du merchandising évoluent sans cesse, surtout avec les logiciels de plus en plus performants, et les ordinateurs portables de plus en plus légers et puissants. Nous voulons indiquer ici les outils les plus fréquemment utilisés.

Outils merchandising fournisseurs

➤ Dossier merchandising

Le producteur est un spécialiste, alors que le distributeur est bien souvent un généraliste (ceci n'est bien sûr pas vrai lorsqu'il s'agit de magasins spécialisés, même de grande surface).

C'est pourquoi il est naturel – et souhaitable – que des informations complètes et objectives soient apportées par le fabricant ou le fournisseur ; celui-ci maîtrise parfaitement le marché, son évolution, sa segmentation, les besoins et attentes des consommateurs, le positionnement de ses produits et sa politique publi-promotionnelle.

Encore faut-il que ce dossier, qui doit servir à la Distribution d'élément de réflexion et d'appui à la décision, ne soit ni un catalogue, ni un document publicitaire et « nombrilique ».

Il faut parler à la distribution le langage qui l'intéresse : des chiffres, les faits, des études, des tests fiables, une grande objectivité. L'intervention d'un conseil extérieur *(qui ne soit surtout pas une agence de communication)* est un bon moyen de rédiger et présenter les informations avec la crédibilité souhaitable.

Insistons sur le fait qu'il s'agit d'un *dossier merchandising* de réflexion et d'aide à la distribution ; aucune plaquette style « pub » ou assimilé n'a la moindre crédibilité auprès des magasins, qui lui réservent souvent le sort des encarts dans la presse professionnelle (on secoue au-dessus de la corbeille à papier).

Un tel dossier doit être bien construit, solidement argumenté, apporter des idées ou des solutions, prouver ses assertions, indiquer les rentabilités, suggérer des séquences de rangement, des plans d'assortiment de linéaire.

Il doit dépasser, chaque fois que la chose est possible, la problématique produit pour aborder l'ensemble de la famille ou du rayon – seul souci véritable du distributeur.

➤ Réglette d'élasticité linéaire

Il s'agit d'une règle à calcul, soit linéaire/surface de vente, soit assortiment/linéaire/surface de vente. Études réalisées, politique merchandising établie en fonction de critères précis, modules d'assortiment et de linéaire testés, et leur rentabilité contrôlée : la « *traduction* » pratique de ces éléments se présente, après affinages multiples par régions et/ou enseignes, sous forme d'une ou plusieurs grilles à double entrée.

Outil spécifique mis au point par l'auteur dès 1970, il a fait, sous le nom de régloscope, puis avec de nombreuses imitations, les grands jours du merchandising.

En effet, par simple lecture, par exemple en fonction d'une région ou d'une localisation (c'était déjà du géo-merchandising), d'une surface de vente (et pourquoi pas d'une enseigne), du type de point de vente, de sa surface et de son linéaire, on peut alors définir les répartitions de linéaire par familles, sous-familles, et produits, selon les cas.

Bien entendu, cela suppose en amont une banque de données importante ; nous avons ainsi vu un industriel de l'ultra-frais monter une base de données sur la *totalité des références* du rayon, et sur près de *1 000 points de vente...*

Selon les cas et les caractéristiques des marchés, l'utilisation d'une telle règle à calcul peut être très simple, ou au contraire très précise et sophistiquée.

Dans ce cas, on voit vite les limites matérielles d'un support écrit : de règles à calculs complexes, on passe vite au support informatique. Mais ne négligeons pas l'intérêt toujours actuel d'une réglette simple, facile à lire, qui peut être un bon moyen d'enclencher ensuite une étude plus fouillée, et totalement personnalisée.

➤ Programmes informatiques

Un certain nombre de progiciels existent depuis un certain temps sur le marché, qui peuvent tout faire, et privilégier tel ou tel critère.

On a aussi découvert le *géo-merchandising* qui permet d'adapter un assortiment aux caractéristiques locales d'une zone de chalandise ou d'une mini-région, ce que faisait déjà Jean-Émile Masson pour Gervais-Danone (Flash-Comedi) en 1974... avec 44 mini-régions, zones d'habitudes de consommation.

L'utilité et la puissance de l'informatique est incontestable, incontournable ; le problème se trouve, à notre avis, dans l'outil concret d'utilisation au point de vente.

Les choses sont plus simples avec les *note-books* qui facilitent le dialogue au point de vente sur la base de programmes puissants ; mais on constate une certaine méfiance de la part du responsable distribution devant un outil « qui dit papa maman » selon une expression courante.

Le plus efficace est alors d'effectuer une étude magasin au siège, sur une informatique centrale, puis de venir la présenter et la commenter.

Certains programmes définissent l'assortiment, d'autres le linéaire en fonction de l'assortiment et du type de mobilier, d'autres encore font entrer tous les coûts directs ou indirects de logistique et d'exploitation, et donc sont capables d'optimiser la rentabilité.

Mais la rentabilité prise en compte ne comprend que très exceptionnellement *la totalité des éléments de calculs,* tels que nous les avons étudiés au chapitre « analyses de rentabilité » ; et dans la mesure ou tout, vraiment tout, est pris en compte, on arrive à une manipulation informatique très complexe, devant laquelle un chef de rayon est à juste titre perplexe.

Informatique oui, certainement ; panacée, non...

➤ Fiche de suivi merchandising

L'objectif de la force de vente (qui ne vend plus guère...) n'est plus de prendre des commandes, la plupart du temps automatisées, transmises souvent d'ordinateur à ordinateur par EDI (échanges de données informatisées).

En revanche il est nécessaire de vérifier que le produit référencé est bien présent, en *quantités suffisantes* – sans ruptures ni surstock – *au bon endroit, au bon prix,* en fonction des accords éventuels. Il faut aussi faire *« vivre »* le produit par des actions de promotion ou d'animation, et suivre les positions et actions de la concurrence.

Le document de relevé d'informations et d'exploitation de ces données n'a plus rien à voir avec une « fiche client » traditionnelle.

Comme il ne s'agit plus de vendre, mais de *« faire vendre »* par une presentation adéquate, il faut munir la force de vente du fournisseur d'une *« fiche merchandising »* spécialement conçue, permettant de suivre les évolutions *de présence, de présentation ou de prix* (3 P), face aux concurrents.

Cette fiche devient alors un véritable *programme de travail* pour le merchandiser ou représentant du fournisseur, car elle fait ressortir les anomalies éventuelles par rapport aux références centrales ou celles des sociétés, l'objectif des visites et la vie des produits concernés.

Il n'y a pas, à cet égard, de document standard : ces fiches doivent être adaptées à chaque cas et faire l'objet de tests préalables.

➤ Diagnostic rayon

Si l'assortiment, l'implantation et le linéaire ressortent naturellement de la responsabilité du distributeur, il faut bien reconnaître que le fournisseur relève souvent des anomalies inexplicables de performances d'un magasin à l'autre.

Lorsque le distributeur est très intégré, le responsable du rayon n'a pas voix au chapitre, la discussion doit alors se faire au niveau des décisionnaires (directeur d'enseigne, chef de file, responsable merchandising, acheteur ou category manager).

Lorsque le responsable du rayon est décisionnaire, ce dernier n'a guère le temps de se pencher suffisamment sur les données du problème, et il est naturel qu'il ait recours, comme les autres niveaux de décision, au dialogue avec un merchandiser de fournisseur, et même qu'il ait recours à ses services spécifiques, dès lors qu'il a la sagesse d'en contrôler l'application.

N'oublions pas que le distributeur « multi-spécialiste » est en réalité un généraliste, la plupart du temps, alors que son interlocuteur est forcément un spécialiste.

Un fournisseur bien équipé en merchandising doit être capable de *détecter instantanément* une anomalie de fonctionnement, de *mesurer l'écart* par rapport à une norme crédible et vérifiable, et de *proposer les solutions adaptées.*

Le document de diagnostic, fondé sur des faits objectifs, doit donc apporter les solutions envisagées, qui font ensuite l'objet d'un accord entre les partenaires, puis d'une modification des paramètres, avec un suivi en vue d'atteindre l'objectif tracé ensemble. Ce document est toujours établi après les multiples études merchandising ou de potentiel, et sont totalement adaptées, sur mesure, aux problèmes posés. À titre indicatif, nous vous donnons un exemple de fiche diagnostic à la page 213.

➤ Analyse de potentiel

Une très puissante action de merchandising peut être réalisée par des analyses de potentiel. On entend par là la définition du potentiel d'un produit ou d'une famille de produits en fonction du magasin, selon son enseigne et sa surface.

Il s'agit d'un procédé extrêmement simple, et d'autant plus efficace :

- Pour le produit ou la famille, demander les meilleures performances de vente, soit en unités, soit en CA, par ordre décroissant *(disponibles aisément à l'administration des ventes généralement sous le nom « hit-parade »)* sous forme Excel.
- Sur la première colonne de la feuille Excel, faire figurer l'enseigne et le CP (identification).
- Sur la deuxième colonne, noter leur surface de vente (consulter les annuaires professionnels).
- Sur la troisième colonne, nous retrouvons les performances, soit en unités soit en CA.

Ensuite il suffit de procéder aux différents tris pour avoir la classification par enseignes, par surfaces, voire par région, et de ne considérer que les meilleurs (selon les cas, le premier quart plus ou moins).

Cette première analyse permet de trouver une clé de potentiel, soit par surface, soit par surface et par enseigne, partant du principe que la surface de vente détermine à 90 % le CA total magasin, surtout lorsque l'on fait ce travail par enseigne.

Les performances sont portées sur un graphique, par enseigne, afin de tenir compte de chaque assortiment spécifique, dont l'abscisse représente l'échelle en mètres carrés de vente et l'ordonnée la performance (unités ou CA). Les points ainsi définis forment généralement un regroupement cohérent avec les m^2, permettant de définir des abaques mini-maxi (voir figure 27).

En se présentant ensuite dans un magasin, le représentant ou le merchandiser du fournisseur peut ainsi, de façon très rapide, sûre et ludique, situer la performance du magasin qu'il visite : soit ce magasin se trouve entre les deux abaques, tout va bien ; soit – ce qui est généralement le cas (puisqu'on n'a retenu que les « bons » exemples) le magasin est en-dessous de l'abaque minimum. Ceci permet de faire prendre conscience au responsable du rayon ou du magasin d'une anomalie visible par rapport aux autres magasins de la même chaîne – ce qui le vexe et le motive à rectifier dare-dare son linéaire ou son assortiment pour se trouver dans la moyenne des autres, dont il est possible de citer le nom, puisque l'étude a été faite sur des réalités chiffrées incontestables.

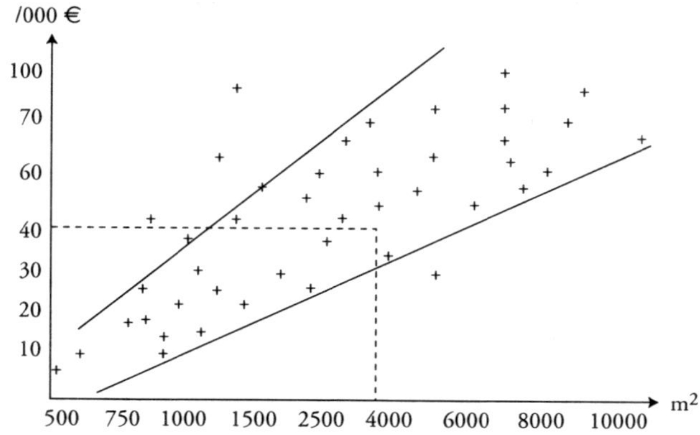

© Alain Wellhoff

Figure 27 – Abaque de potentiel

On voit dans cette figure 27 que pour un magasin d'enseigne X de 4 000 m², le potentiel en CA est d'au moins 40 000 €, avec un minimum à 30 000 € et un maximum aux environs de 70 000 €. Dans ce cas, la marge mini-maxi est très large – mais parfois elle peut être beaucoup plus resserrée. Cependant, on tire aussi de l'observation de cette figure un enseignement immédiat : le produit ou la famille analysé ci-dessus a un potentiel, pour l'enseigne X, de 10 € au m² puisque 4 000 m² indique 40 000 €, 3 000 m² 30 000 € ou 10 000 m² 100 000 €…

Pour l'avoir souvent utilisée, nous pouvons certifier l'efficacité de l'étude de potentiel, et de la recherche d'une clé au m², par ailleurs fortement motivante pour la force de vente du fournisseur, qui connaît tout de suite les magasins en-dessous de leur potentiel réel, donc à travailler, et les magasins performants, où ils n'ont pas besoin de perdre du temps – ce qu'ils font généralement, car ce sont les « gros clients » qui focalisent toute leur attention…

➤ Système de contrôle 3P

Souvent les fournisseurs ne disposent pas d'une force de vente suffisante pour exercer la vérification souhaitable de la présence, de la présentation, et du prix de leurs produits dans les magasins. Ou bien ils veulent contrôler l'efficacité des actions de leurs propres collaborateurs, ou encore effectuer une synthèse de la situation par enseigne, par région, par circuit.

FICHE D'ANALYSE MAGASIN

NOM : ------------------------------

Identification magasin

I. DIAGNOSTIC

Positionnement sur abaque de potentiel circuit	+ +	+	–	– –
Positionnement sur abaque potentiel enseigne	+ +	+	–	– –
Positionnement sur abaque régionale	+ +	+	–	– –

Si diagnostic – ou – – :

II. ANALYSE

Assortiment	+ +	+	–	– –
Linéaire	+ +	+	–	– –
Emplacement	+ +	+	–	– –
Prix de vente	+ +	+	–	– –
Ratios de rentabilité	+ +	+	–	– –
Concurrence	+ +	+	–	– –
Promotions prévues	+ +	+	–	– –
Emplacements TG	+ +	+	–	– –
Cas particuliers (ex. zone de chalandise…)	+ +	+	–	– –

III. REMÈDES PRÉCONISÉS

Quoi ?
Quand ?
Qui ?

Corrections faites : 1 :- le :- - - - - - - - - -

2)- - - - - - - - - - - - - le :- - - - - - - - - - - - - 3)- - - - - - - - - - - - le :- - - - - - - - - -

OBSERVATIONS

Dans ce cas une seule ressource : faire effectuer, par un prestataire extérieur spécialisé, un relevé systématique *(store-check*[1]*)* dans tout l'univers des magasins concernés, des critères présence, présentation, prix, auxquels on peut ajouter les quantités en linéaire, et les mêmes informations pour les produits concurrents – que relèvent très rarement les représentants-merchandisers. Certaines sociétés (comme Concret International, avec le système *store-back)* réalisent des *relevés périodiques multi-marques.*

C'est ainsi que des producteurs (et non des moindres !) ont « récupéré » des chiffres d'affaires très importants en s'apercevant que certains produits, voire certaines gammes étaient inexplicablement *absents de certains magasins,* alors qu'ils étaient sûrs de leur présence, puisque référencés à la centrale d'achats.

➤ Analyses de rentabilité

Il s'agit de relever les caractéristiques des produits, telles que nous les avons vues précédemment, pour une sous-famille ou une famille, afin d'aider le distributeur à rééquilibrer son linéaire, et, partant, à améliorer sa rentabilité.

L'utilisation de ces calculs suppose une excellente coopération entre les spécialistes merchandising fournisseur et distributeur, puisqu'il s'agit de « mettre à plat » la totalité des conditions commerciales : cela demande une éthique professionnelle certaine, puisque le merchandiser doit s'interdire de communiquer les chiffres en question à sa propre hiérarchie, faute de quoi il perdrait toute crédibilité vis-à-vis de son interlocuteur.

C'est pour cela que bien souvent le merchandiser producteur fait les calculs qui le concernent, et montre au distributeur comment effectuer lui-même le reste des calculs, et en tirer la conclusion qui s'impose.

1. *Store-check* : relevé d'assortiment et de linéaire en magasin.

Outils merchandising distributeurs

➤ Tableau de bord

Essentiellement destiné aux chefs de rayons, c'est un ensemble de documents rassemblant tous les éléments statistiques, ratios, pourcentages et indices des rayons concernés ; le responsable trouve dans ce tableau de bord tous les paramètres, clairement visualisés, qui permettent d'analyser la situation en permanence et, partant, de prendre les décisions nécessaires.

Très différemment conçu selon les enseignes, c'est un document capital pour appréhender la situation actuelle et passée, et pour effectuer une gestion prévisionnelle. Il s'agit d'un véritable « pilotage aux instruments » avec des signaux d'alerte, permettant l'atteinte des objectifs dans les meilleures conditions.

➤ Dossier marketing rayon

C'est un dossier qui reprend les données de base du marché d'un rayon ou d'une famille, les chiffres de consommation par régions et par circuits, les tendances d'évolution, les statistiques interprofessionnelles, les problèmes éventuels de conditionnement et d'emballage, ou de logistique, et qui est complété, s'il y a lieu, d'un lexique et d'explications techniques.

Les magasins ont fréquemment de telles informations en provenance des fournisseurs, les panels en particulier, mais ne sont pas sûrs de pouvoir s'y fier aveuglément. Véritable outil de réflexion, ce dossier permet de discuter d'égal à égal avec un fournisseur, mais demande à être enrichi et mis à jour régulièrement.

➤ Guide merchandising-rayon

De plus en plus généralisé, souvent mixé avec le dossier marketing, ce guide pratique est axé sur les problèmes merchandising spécifiques à chaque rayon. Chaque chef de rayon peut y trouver les réponses dont il a besoin sur :

- l'assortiment (par régions, surfaces, et politique commerciale) ;
- l'implantation (par taille de linéaires) ;
- la présentation et le facing ;
- l'animation du rayon (saisonnalité...).

Très souvent assortiments et implantations vieillissent mal, ils sont le résultat d'habitudes, d'idées reçues, ou même le reflet de décisions impulsives. Une remise à plat systématique permet de substituer à cette attitude passive une pratique volontariste visant à satisfaire la clientèle en optimisant les résultats.

Ce guide est généralement complété par un tableau permettant l'analyse de la situation du rayon par rapport aux normes établies, et donc la prise de décision.

➤ Planning et suivi des promotions

Deux défauts sont parfois constatés concernant les promotions : pas assez de planification, souvent faites au coup par coup en fonction des opportunités offertes par les fournisseurs ; et défaut d'indication des résultats obtenus, ce qui fait qu'aucun historique ne permet d'effectuer des prévisions.

Ce document permet la planification des actions promotionnelles, un jugement sur leur nature, leur efficacité, les résultats enregistrés, et sert ainsi d'historique. C'est un outil de gestion du rayon absolument necessaire pour des actions réfléchies, cohérentes et mesurables.

➤ Check-list

Destiné au chef de rayon *(contrôle),* mais aussi parfois au personnel *(tâches),* ce document très concis sert de guide pour l'exécution chronologique de la totalité des opérations concernant le fonctionnement d'un rayon un peu complexe, comme le frais en alimentaire.

Généralement réalisée sous un format réduit et pratique, pour pouvoir être conservée sur soi, plastifiée pour ne pas se détériorer, une *check-list des tâches* est indispensable pour la formation du personnel débutant, mais peut servir également de façon très intéressante de véritable pense-bête ou pointage quotidien pour être sûr de ne rien oublier.

Loin de dévaloriser la fonction, c'est un document qui soulage le personnel, ayant ainsi la certitude de ne rien oublier de ce qu'il doit faire.

La *check-list de contrôle* concerne le chef de rayon qui l'utilisera quotidiennement pour ne rien oublier, tel le commandant de bord d'aviation qui fait consciencieusement sa chek-list avant de décoller.

CHAPITRE 13

Nouvelles techniques

LE MERCHANDISING étant quasiment le plus vieux métier du monde *(le commerce !)* les règles de base de présentation marchande, tentation visuelle, séduction, mais aussi de principes de calculs commerciaux (vendre plus cher qu'on n'achète) n'ont guère changé, et ne changeront pas dans l'avenir.

Les gains de productivité se sont faits d'abord dans la *production* elle-même, avec la généralisation des machines, puis des robots, pour une fabrication de masse toujours plus performante, ensuite par la *distribution,* avec le libre-service, puis les grandes surfaces permettant la vente de masse, également plus performante ; maintenant ce sont les gains en *logistique,* avec les flux tendus et les entrepôts sans stocks, les gains en *informatique,* en *démarque inconnue,* en *réactivité* sur les attentes consommateurs.

Si les règles du commerce sont restées les mêmes, les méthodes et les moyens sont en constante évolution, toutes dans le sens de l'amélioration du service au consommateur.

Nous faisons ici une visite rapide des nouvelles tendances qui se sont dégagées ces dernières années, et qui sont en train de modifier, plus ou moins profondément, le paysage commercial.

Il faut se réjouir de l'apport de ces différentes conceptions du commerce, car elles procèdent toutes du désir d'amélioration de la productivité, pour le plus grand bénéfice du consommateur final.

Ces différentes techniques ont toutes une influence sur le merchandising, car elles permettent soit d'améliorer la rotation, soit d'améliorer les coûts, soit de professionnaliser de plus en plus les différents opérateurs, de leur apporter plus d'éléments de jugement, d'action, tout en simplifiant les procédures.

ECR

ECR signifie *efficient consumer response* ou réponse optimale au consommateur. Après des années d'études et de multiples conférences, l'ECR entre dans sa phase opérationnelle.

C'est une volonté de nouvelle relation entre industriels et distributeurs, qui incombe à la direction générale d'une entreprise. En effet on passe d'une logique d'affrontement entre fournisseurs et distributeurs à celle d'une collaboration réelle, au service du consommateur. C'est un concept qui est venu des États-Unis, où cette volonté de travailler *ensemble* est inscrite depuis longtemps dans les rapports des partenaires.

L'objectif de l'ECR est d'améliorer ensemble l'efficacité globale de la chaîne d'approvisionnement, plutôt que chaque partenaire ne mène des actions isolées, parfois même antagonistes.

Son succès repose sur un *partenariat effectif,* donc sur la qualité des rapports entre industriels et commerçants, qui, à cet effet, nomment des « Monsieurs ECR » qui abordent ensemble les problèmes d'optimisation logistique dans un climat non conflictuel, puisque leur objectif est commun. Mais c'est justement, pour beaucoup d'entreprises, le plus diffficile : *changer de mentalité* est l'étape la plus diffficile à franchir. C'est une révolution qui demande un programme de formation et d'évaluation des performances.

Il est intéressant de rappeler les cinq points fondamentaux nécessaires à la mise en place de cette politique, vus par Gencod[1]:

1. S'attacher en permanence à fournir une plus-value au consommateur final : un meilleur produit, une meilleure qualité, un meilleur

1. Groupement d'étude de normalisation et de conception (codes barres).

assortiment, une meilleure disponibilité, un meilleur service à un moindre coût tout au long de la chaîne d'approvisionnement.

2. L'ECR doit être soutenu par des responsables de haut niveau, conscients que le profit optimal peut être atteint en remplaçant le schéma gagnant/perdant de l'affrontement commercial par celui gagnant/gagnant du partenariat.

3. Des moyens d'échange et d'information rapides et fiables doivent être utilisés pour guider les choix marketing, logistique, et de production. Du point de vue de l'échange, ils s'appuieront sur l'EDI en utilisant les standards internationaux Eancom.

4. Le flux de marchandise doit être optimisé dès la conception du produit jusqu'au panier du consommateur pour garantir la disponibilité du produit au bon moment.

5. Un système cohérent et défini en commun de mesure et de retour sur investissement doit être utilisé pour évaluer l'efficacité globale, identifier les bénéfices et permettre une répartition équitable de ces avantages.

Concrètement, on considère qu'il y a six étapes pour la mise en place de l'ECR.

- Implanter les technologies adéquates (micro-portables, EDI, codes barres 2D...).
- Cycles fixes de réapprovisionnement (exemple : commandes passées le lundi, livrées le jeudi).
- Partenariat avancé en réapprovisionnement (prévisions et données de vente partagées).
- Gestion de l'espace de vente (assortiment spécifique, réassort, merchandising).
- Développement conjoint de produits (tests et développement rapide nouveaux produits).
- Intégration de la réponse rapide *process* de reenginering, intégration dans systèmes).

Aux États-Unis, selon une étude de *Retail Information Study*, le réassortiment automatique va atteindre 50 à 75 % des magasins, le merchandising 65 à 85 %, le partage des données scanning[1] de 50 à 85 %.

1. Lecture optique aux caisses de sortie.

Selon la même étude, 60 % des distributeurs ont procédé au reengineering : profit + 20 à + 50 % ; pour 20 % d'entre eux, le profit a même augmenté de + 50 à + 200 % !

> Exemple : sous-traitance des entrepôts, ou de la flotte de camions, utilisation de systèmes experts en logistique, transferts de fonds électroniques.

Toujours aux États-Unis, le FMI (Food Marketing Institute) annonce des gains pouvant aller jusqu'à 10,8 % du prix de vente consommateur.

En Europe, une étude de Coopers & Lybrand donne une estimation des économies qui pourraient être réalisées si distributeurs et industriels jouaient la carte de l'ECR : 33 milliards de dollars (voir figure 28).

Ainsi, ce cabinet estime que toute la panoplie des mesures incluses dans l'ECR (lancement de produits nouveaux étudiés conjointement, livraison just-in-time grâce à une planification des commandes, optimisation des promotions, etc.) permettrait d'économiser 5,7 % du prix total au consommateur.

Mais encore faut-il d'abord arriver à une certaine masse critique avant d'arriver à ce résultat.

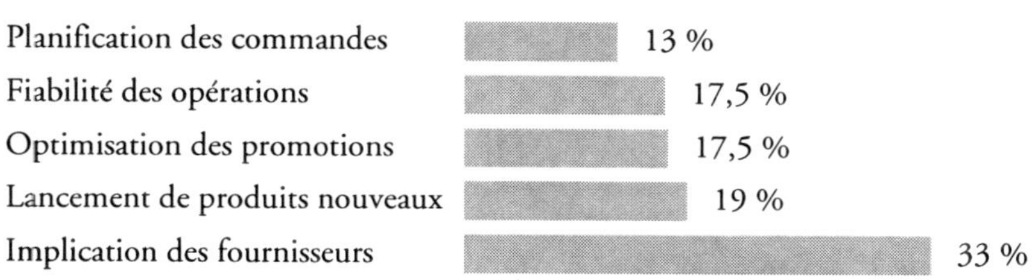

Figure 28 – Répartition des gains de productivité de l'ECR[1]
Économies de coût

On voit qu'un système d'information parfaitement intégré est une nécessité : les entreprises dotées des systèmes les plus performants détiennent un avantage compétitif dans cette perspective du commerce sans papier.

1. Hors gains sur les stocks.

En effet l'ECR est capable *d'assurer totalement les fonctions de réapprovisionnement* ce qui permet d'alléger considérablement la tâche des responsables en magasin, qui peuvent se concentrer sur la gestion des exceptions, la création de nouvelles procédures, et un merchandising parfaitement suivi.

Trade marketing

Le trade marketing, ou « marketing partagé », est une stratégie de coopération fournisseurs/distributeurs en vue d'optimiser les rapports produits/consommateurs et clients/enseigne.

Dans la majorité des cas le trade marketing représente la mise en œuvre d'opérations commerciales ou merchandising conçues en collaboration, soit dans le but de développer le chiffre d'affaires, soit de rechercher des économies mutuelles pour partager les bénéfices supplémentaires, soit dans le but de mieux satisfaire le consommateur.

C'est plus rarement un véritable marketing, par exemple lorsqu'un conditionnement spécifique est étudié pour une chaîne de magasins. Dans ce cas le coût d'un packaging personnalisé ne peut être amorti que sur des quantités forcément réduites, et la gestion « politique » de ces exceptions est relativement délicate pour le fournisseur vis-à-vis des autres distributeurs.

Mais c'est avant tout la traduction d'un nouvel état d'esprit qui implique d'être tourné vers l'autre (le *gagnant-gagnant* cher aux Américains), approche qui implique une bonne connaissance réciproque et une mise en œuvre planifiée.

Principaux domaines d'application

D'après les expériences de ces dernières années, on peut dresser une liste, non exhaustive, des principaux domaines d'application du trade marketing (sans ordre d'importance) :

- Marques de distributeurs
- Premiers prix
- Conditionnements
- Merchandising

- Promotion
- Animation
- Logistique
- Environnement
- Sécurité (démarque inconnue)

Marques de distributeurs

C'est en quelque sorte le premier trade marketing qui ait été réalisé ; elles sont nées des magasins populaires, avec comme objectif d'améliorer la marge en vendant des produits sans concurrence directe, la marque appartenant à l'enseigne.

« Redécouvertes » par Carrefour, mais sans marque au départ, ce furent les « produits libres », super réalisation publicitaire autour de produits dits *génériques* – c'est-à-dire basiques, avec une bonne qualité moyenne, et un prix très décroché des produits de marques nationales. Succès d'autant plus grand que l'époque était à l'inflation.

Une troisième génération de marques de distributeurs s'est ensuite développée, les enseignes transformant peu à peu des produits génériques en produits à « marque d'enseigne », avec l'avantage de définir le prix de vente marchand correspondant, et d'imposer une marge (voire un prix de revient) aux fournisseurs. Autre intérêt : réduire le pouvoir des grandes marques.

Aujourd'hui on arrive à la « marque ombrelle » c'est-à-dire une marque porteuse de l'image d'enseigne (on pense à Carrefour ou U) participant même à l'image de l'enseigne avec publicité assortie.

Encore l'industriel doit-il décider ou non de l'opportunité de se faire concurrence à lui-même, en fabriquant des produits identiques à ses marques, ou presque, avec des marges bien moindres. Mais le fait de travailler en commun avec les grandes chaînes de distribution, sur des contrats à moyen ou long terme, est aussi un puissant moteur, sans oublier le fait que concurrence pour concurrence, autant l'organiser soi-même.

Mais les grands groupes de distribution sont limités dans cette action parce qu'ils ne veulent pas se retrouver à terme, dépendant de grosses firmes multinationales.

Promotion des ventes

Il faut tout d'abord se mettre d'accord sur les objectifs de la promotion, qui sont en général communs. Ces objectifs sont différents pour chaque enseigne, selon la situation de la marque chez le distributeur : volume, marge, image, trafic, etc.

Merchandising

L'étude commune des plans de linéaire, en intégrant la totalité des marques, y compris les MDD, implique une analyse des marges et une bonne professionnalisation du merchandising. On va en général analyser les résultats par formats de magasins, tester de nouveaux concepts ou de nouveaux produits.

Certains peuvent même développer des « espaces personnalisés », réalisations merchandising étudiées en commun pour une mise en phase des politiques de vente réciproques. Nous avons ainsi vu les partenaires mettre au point des linéaires très spécifiques, très professionnels, avec des concepts étudiés par des fournisseurs, en fonction des caractéristiques propres aux produits, mais parfaitement intégrés dans la personnalité d'enseigne.

L'objectif est évidemment de construire un linéaire individualisé pour l'enseigne, évitant ruptures et surstocks, car la grande méfiance de la distribution vis-à-vis du merchandising du fournisseur est la crainte de standardisation.

Ces linéaires doivent pouvoir tenir compte des caractéristiques locales *(micromarketing)* souvent génératrices de chiffre d'affaires et de marges non négligeables.

Logistique

Les collaborations possibles sont nombreuses : passation des commandes, planning de livraisons, simplification des procédures de réception, modes de transport, manutention, échange de données informatisées (EDI)... On notera avec intérêt la nécessité, dès lors, de partager les données, des prévisions de ventes aux stocks, pour pouvoir planifier les livraisons et donc les productions. Cela impose la fiabilité des informations, la permanence de la collaboration et le respect des services prévus de part et d'autre.

Il faut souligner l'importance de ce trade marketing (ou trade merchandising), qui préfigure le travail de collaboration indispensable entre industriels et distributeurs, les nouveaux rapports de travail en commun, bien éloignés de la « guéguerre » des négociations et autres rapports de force non productifs sous le signe de la méfiance ou du coup par coup.

Le trade marketing se trouve donc une évolution naturelle du merchandising, tel que nous l'avons décrit, et anticipe le category management (voir le chapitre qui lui est consacré).

Géomerchandising

Après avoir à l'excès standardisé les assortiments, les politiques produits et les magasins, les distributeurs (et certains producteurs) découvrent les vertus de la personnalisation d'enseigne, et de l'adaptation locale. En effet, malgré une communication de plus en plus centralisée, généralisée – en particulier par l'effet de la télévision – des habitudes de consommation régionales voire locales se perpétuent.

Par ailleurs les caractéristiques des zones de chalandise peuvent être très différentes, pour des magasins de même enseigne et de même surface, expliquant des différences parfois importantes au niveau des performances. Il apparaît de plus en plus nécessaire de prendre en compte la demande locale afin de mieux adapter l'offre commerciale.

Il est aujourd'hui possible d'affiner la connaissance de données locales précises, telles les caractéristiques socioprofessionnelles, âges, revenus des foyers, adresses, mais aussi habitudes de consommation et lieux d'achat. En dehors des bases de données traditionnelles (Insee, Télécom) il existe maintenant des énormes bases de données comportementales (voir le paragraphe sur les mégabases) qui permettent une gestion fine de ces zones de chalandise.

Ainsi devient-il possible de préciser la valeur des emplacements, les zones de pénétration préférentielles, affiner l'assortiment, rendre plus performante la distribution des dépliants, voire traiter différemment les offres par quartier en fonction de l'évasion commerciale.

Déterminer le potentiel devient alors possible ; reste à adapter l'assortiment local, à introduire les fabrications du cru dans l'offre standardisée nationale, à la fois pour inscrire le magasin ou le rayon dans son contexte régional, proposer un choix tenant largement compte des habitudes locales, mais aussi pour faire travailler les entreprises dont les collaborateurs sont aussi clients du point de vente.

Le merchandising est directement concerné par ces nouvelles techniques de maîtrise des micro-marchés, en particulier par la mise en valeur nécessaire des produits locaux au sein de l'assortiment de grandes marques nationales et marques de distributeur. Les producteurs locaux sont bien entendu concernés, car ils voient là l'opportunité de développer leur production, avec la limite justement de leur propre potentiel de fabrication face au potentiel de vente des grandes surfaces de la région.

Certains industriels ont développé, eux aussi, une approche de géomerchandising, soit avec l'aide des mégabases que nous évoquons plus loin, soit en montant eux-mêmes, souvent à l'aide de concours et de promotions, leurs propres bases de données, tenant compte des caractéristiques locales de consommation : ils peuvent dès lors recommander à leurs clients super ou hypermarchés les meilleurs assortiments pour le marché local considéré.

Les distributeurs, avec leurs cartes privatives, font de même, et cherchent ainsi à fidéliser leur clientèle, et à se démarquer le plus possible des autres enseignes concurrentes. Il est évident que les investissements en géomerchandising sont vite rentables, car ils permettent d'élargir l'assortiment à des produits de meilleure marge, de donner aux linéaires le profil idéal pour les consommateurs locaux et d'élargir également la zone d'emprise du magasin.

Entre une standardisation économiquement rentable mais simpliste, et un micro-marketing pointu plus onéreux, où se trouveront demain les stratégies commerciales ? Probablement les deux coexisteront, mais les magasins devront tous appliquer le géomerchandising.

Mégabases

À la différence des études quantitatives traditionnelles, sur des échantillons représentatifs (en général 1 000 personnes), ou bien des panels consommateurs (qui peuvent réunir quelques milliers de consommateurs volontaires), les mégabases traitent, comme leur nom l'indique, des millions de foyers.

Des sociétés spécialisées (Consodata, Calyx) se sont spécialisées dans le recueil et le traitement d'informations très détaillées sur les habitudes d'achat des consommateurs. Au départ, entreprises de locations de fichiers *B to C (business to consumers)*, elles disposaient de grands fichiers de consommateurs (souvent issu des télécoms). Mais il s'agissait de fichiers peu ou pas qualifiés.

L'idée, venue des États-Unis, a été de faire en quelque sorte du *C to B* – autrement dit de qualifier fortement ces fichiers, quantitativement et qualitativement, pour disposer d'informations extrêmement détaillées sur une masse très importante de consommateurs, afin de pouvoir les traiter, les croiser et revendre ces informations, selon les besoins des entreprises, comme données fondamentales marketing et commerciales. De locations de fichiers, ces entreprises deviennent des sociétés d'études marketing.

L'information, recueillie selon les entreprises une ou deux fois par an par vagues de questionnaires envoyés par millions d'exemplaires dans les foyers, adressés ou non adressés, vient enrichir constamment une énorme base de données, avec des informations génériques (socio-démographiques…) ou sponsorisées par des industriels en fonction de leurs besoins : produits, magasins, équipement, lecture, sports, loisirs, etc. Les croisements permettent de définir les habitudes d'achat, et de préciser des typologies de consommateurs ou de prospects.

Les consommateurs sont incités à répondre (jusqu'à 2 500 critères !) par l'octroi, en récompense, d'un nombre assez important de bons de réduction offerts par les industriels, ce qui « rémunère » la tâche ingrate de remplir plusieurs pages de questions dans tous les domaines.

Les usages sont multiples, par exemple, pour les services marketing des industriels :

- Mailing, listing des clients à fidéliser ou foyers prospects
- Base de donnée *corporate* (interne)
- Enrichissement et scoring[1] de fichier client
- Outil d'optimisation d'affichage
- Boîtage pour couponing et échantillonnage, etc.

1. Solutions logicielles offrant des services de notation et de classement.

Ou encore, plus à destination des services commerciaux, avec un traitement spécifique : alimentation des outils informatiques merchandising ou compte-clé, géomerchandising, etc. Par exemple, à partir des informations de ces bases de données, peuvent être reconstituées les zones de chalandise d'un hypermarché ou de magasins spécialisés, en connaissant, pour chacune d'elles, profils de clientèle et de prospects.

De ce fait, il est possible de définir l'emprise d'un point de vente sur sa zone via l'étude de la pression concurrentielle, c'est-à-dire le nombre de magasins concurrents et leur pénétration.

Il devient possible de calculer le potentiel de consommation, et même de réaliser une approche d'optimisation du chiffre d'affaires via une optimisation de l'assortiment et du linéaire en fonction du profil de la demande. Dans ce cas, les sociétés spécialisées utilisent des données panels ou des données internes des points de vente pour monter des modèles économétriques.

Il peut alors en découler une recommandation merchandising (assortiment et linéaire magasin par magasin) à partir d'une typologie comportementale (c'est-à-dire via le profil de la clientèle) des points de vente. Tous ces éléments sont utilisables et exploitables soit dans des outils développés *ad hoc* par les clients des mégabases, soit par intégration directe dans les outils merchandising ou commerciaux existants.

D'ores et déjà certaines mégabases sont en ligne sur Internet. Ainsi, la mégabase Consodata avec ses 3 millions de foyers, peut être consultée par n'importe quelle entreprise et faire comptage ou ciblage via la borne. En parallèle cette entreprise constitue une base de données d'internautes pour faire de la diffusion d'e-mails via un programme de collecte. Avec l'accord explicite des internautes, le principe consiste à collecter l'information et leurs habitudes d'achat, et à leur envoyer des offres. Cela permet d'alimenter une nouvelle base de données d'e-mails de foyers proactifs[1].

Ainsi cette entreprise peut mettre à la disposition de ses clients deux canaux d'interaction entre les marques et les consommateurs finaux, et

1. Ce terme de proactif est de plus en plus utilisé. On considère qu'un prospect, un consommateur, peut être soit *passif* (il reçoit l'information mais ne réagit pas), soit *réactif* (réagit mais plus par impulsion que par réflexion) soit *actif* (il agit sans avoir besoin de sollicitation) soit *proactif* (il réagit par réflexion, en fonction de son expérience, et se projette dans l'avenir. En quelque sorte, il « positive ».)

permettre un enrichissement réciproque entre la base d'information sur le comportement et les habitudes d'achat des foyers français dans leur vie de tous les jours et sur internet.

Quelle que soit leur taille, les entreprises, les marques nationales, ont recours à ces mégabases de données comportementales ; même de petites chaînes de magasins spécialisés les utilisent ; mais nous pensons que le grand développement est encore à venir, car c'est un processus encore nouveau, et beaucoup d'enseignes du commerce spécialiste peuvent y trouver un moyen très performant de toucher leurs prospects, et de manager leur communication.

Cybermerchandising

Avec une vitesse extraordinaire, l'internet est en train de bouleverser la donne dans beaucoup de domaines. Qu'en est-il pour le merchandising ?

Certes, une partie de la distribution peut maintenant se faire via internet, de l'alimentaire aux biens d'équipement, des produits pour la maison au textile, avec une nette prédilection pour certains domaines très spécialisés, tels le livre et les disques, CD et supports vidéo (cassettes, DVD) voire multimédias (CD-Rom).

Si les professionnels s'interrogent sur l'importance et la pérennité du développement de ce nouveau circuit de distribution, rares pour le moment sont les entreprises qui ont intégré le merchandising dans la réalisation de leurs sites d'e-commerce.

Cela provient vraisemblablement du fait que ce sont des informaticiens qui ont construit les sites, et que les spécialistes du merchandising ne sont pas souvent consultés. Pour se faire une idée, il suffit d'aller visiter les sites des grands distributeurs – peut-être qu'au moment où le lecteur lira ces lignes la mutation aura été faite.

Toujours est-il que les sites d'e-commerce étaient en général particulièrement tristes, spartiates. Ils sont souvent fonctionnels et peu attractifs visuellement.[1]

1. 22 millions de Français sont internautes et 8,5 millions achètent en ligne. Mais ça change vite…

Il y a trois freins à l'achat :

- les problèmes d'ergonomie et les difficultés de navigation sur le site ;
- les prix et les services ;
- les questions de sécurité et de confidentialité concernant le numéro de carte de crédit.

Les enseignes marchandes qui ont une existence physique sont, sous cet angle, nettement avantagées ; d'où le fait que certains sites marchands, purement électroniques, ouvrent aussi des magasins.

Une solution, pour conserver un contact humain souvent indispensable, est la liaison entre le site internet et un centre d'appels téléphoniques *(web call center)* : outre les informations complémentaires, les internautes se sentent rassurés par un interlocuteur réel, et ont moins d'appréhension à indiquer leur numéro de carte. Autre avantage, cette technique permet de faire monter le panier moyen et d'accompagner l'internaute, en cas de besoin, dans sa navigation *(cobrowsing)*.

Quels comportements ?

La question fondamentale, comme dans tout merchandising, est d'appréhender le comportement des prospects face à l'offre marchande. Doit-on adapter les techniques du merchandising existantes ou en inventer de nouvelles ? Il faut observer comment les internautes naviguent, et ne pas en déduire trop vite des règles : de même que les clients, au début du libre-service, étaient perdus dans une grande surface, n'avaient pas de repères, et ont peu à peu appris à se diriger tous seuls, de même faut-il attendre que les internautes prennent des habitudes, aient des comportements « lisibles » et répondent à certaines questions avant de construire une politique e-merchandising.

Pendant une certaine période on a cru qu'il suffisait de construire un catalogue de l'offre en magasins pour que les surfeurs viennent acheter en ligne comme dans le magasin. Mais la surface de l'écran limite considérablement le nombre de références que l'on peut présenter en même temps, et il faut créer de ce fait de nouvelles familles, de nouvelles « entrées » pour le consommateur, avec une arborescence particulière.

À ce sujet, il faut se rappeler que si certains clients achètent par logique de raisonnement (rayon, famille, sous-famille) il ne peut s'agir que des achats dits de réflexion. Plus le produit est technique, plus le raisonnement est facile, et même facilitateur de l'achat.

Prenons l'exemple des ampoules d'éclairage, que certains clients ont du mal à acheter sans erreur (difficulté du choix de la douille, de la puissance, du gaz...) : l'écran, posant les bonnes questions, avec la facilité de contrôle puisque généralement utilisé à domicile, évitera bien des erreurs.

De même, lorsque le choix est immense, le repérage en magasin difficile voire impossible (livres, disques...) l'e-commerce se développera évidemment beaucoup plus vite, avec un gain de temps très net, ce qui n'est pas le cas avec des produits courants, vite achetés.

Une circulation problématique

Alors, comment « circuler » dans un magasin virtuel, dans quel sens, selon quelle méthode de présentation ? Le merchandising de séduction est-il possible ? L'image peut-elle remplacer la présence physique du produit, que l'on peut toucher, et qui peut « parler » au chaland ?

Les études montrent – mais tout change vite – que 20 % des internautes qui visitent un site marchand ont l'intention d'acheter. Pour ceux-là, qui savent ce qu'ils veulent, une arborescence claire, simple et rapide doit être proposée.

Mais pour les 80 % restant, il faut bien envisager des moyens de séduction, de suggestions, de tentation, avec beaucoup d'images et d'informations sur les produits. Or certains sites, et non des moindres, ne proposent pas de photos des produits, ou bien aucune description n'accompagne l'offre.

Le problème est d'arriver à rentabiliser le coût de la livraison, ce qui ne pose pas de problème pour les produits d'un certain prix, mais pour les produits de grande consommation, aux marges faibles et au panier moyen limité, il faut bien envisager de faire payer la livraison. Pour le moment beaucoup d'opérateurs se cherchent, en fonction notamment de leur zone géographique de couverture.

Pour en revenir au cybermerchandising, plusieurs théories se rencontrent. Un merchandising traditionnel, avec rayons, familles, sous-familles, bandeaux promotionnels, formant en quelque sorte des « têtes de gondole » électroniques – sert de vitrine virtuelle. Ou, des mini galeries thématiques, éventuellement affectées à un opérateur spécialisé, évitent la surabondance de l'offre.

On peut noter que les sites les plus spectaculaires sont rarement les plus efficaces : il faut des informations écrites parce que l'internaute a des difficultés à être rassuré, avec même une certaine méfiance, voire suspicion, envers les sites trop beaux.

One-to-one

Mais rien ne remplace une bonne ergonomie et une navigation aisée sur le site : les internautes sont souvent des gens pressés qui veulent trouver rapidement ce qu'ils cherchent – même si le site compte des dizaines de milliers de références.

Il faut également proposer un cheminement plus informatif pour l'internaute qui souhaite être guidé par des conseils d'achat. Cette approche débouche sur la personnalisation de la relation entre le client et le site.*

Compte tenu des expériences réalisées, on peut dégager sept règles du cybermerchandising :

- *Simplicité* : des écrans, pour privilégier clarté, lisibilité et rapidité
- *Sobriété* : le spectaculaire est peu efficace, pas trop d'entrées à la fois
- *Patience* : l'internaute est long (9 mois) à se décider, il visite plusieurs fois
- *Organisation* : arborescence limitée, hiérarchisée, logique et intuitive
- *Imagination* : trouver des astuces saisonnières, événementielles
- *Séduction* : jouer le rédactionnel, l'image ne suffit pas à séduire *(web call center)*
- *Adaptabilité* : permanente, en fonction des modifications de l'environnement.

➤ Difficultés généralement constatées

La plupart des internautes se plaignent d'avoir des difficultés à trouver les produits qu'ils recherchent. Il faut donc privilégier la simplicité et la rapidité, car les motivations d'achat ne sont pas les mêmes qu'en magasin : on veut vite trouver le produit précis, recherché ; la facilité de recherche est fondamentale.

---

* Voir le chapitre sur le cybermarché du frais.

Les places de marché (*market places*)

La création récente de plates-formes d'échanges électroniques *B2B (Business to Business)* annonce une véritable révolution dans les procédures d'achat et de vente. C'est une application très concrète des immenses possibilités d'internet, avec la communication instantanée et les possibilités infinies d'information globale.

Les distributeurs, les premiers, se lancent ainsi dans la chasse aux derniers coûts qui pénalisent encore la chaîne d'approvisionnement. Cependant, efoodmanager.com regroupe 1 400 participants opérant dans l'industrie agroalimentaire représentant déjà 25 000 catégories de produits. L'évolution est permanente et il est impossible dans cet ouvrage de les citer toutes[1]. Parmi les principales places de marché de distributeurs, citons :

- WWRE (WorldWide Retail Exchange), où se retrouvent, à l'heure où nous mettons sous presse :
  - Pour les États-Unis : Albertson's, K-Mart, Target, CVS, Walgreen, JC Penney, Bestbuy ;
  - Pour le Japon : Jusco ;
  - Pour l'Europe : Auchan, Casino, Delhaize « Le Lion », Tesco Kingfisher, Marks & Spencer, Royal Ahold, Safeway…

Représentant déjà environ 45 000 points de vente et plus de 400 milliards d'euros.

- GNX (GlobalNetExchange), où se retrouvent, avec Oracle :
  - Pour les États-Unis : Sears, Kroger ;
  - Pour l'Europe : Carrefour, Metro, Sainsbury, PPR ;
  - Pour l'Australie : Coles Myer…

Les raisons pour lesquelles se créent ces places de marché *(market places)* sont les mêmes que pour les plates-formes EDI (Échange de Données Informatisées) :

- Optimisation de la chaîne logistique
- Gisement d'économies considérables

1. Et tous les jours le paysage évolue…

- Automatisation des procédures de commande et d'expédition sur l'internet
- Diminution des coûts d'interface logistique et administratif, (*on considère généralement qu'il est possible de diminuer ces coûts de 5 à 10 fois*).

Ces places de marché peuvent aussi devenir des « machines à acheter »

- Produits à revendre
- Produits à transformer
- Services professionnels
- Fournitures
- Services techniques...

Tout d'abord dédiées au e-commerce, elles deviendront alors des plates-formes de e-ravitaillement. Elles autoriseront l'agrégation des besoins de l'entreprise et l'automatisation des procédures d'achat auprès des fournisseurs référencés. On considère deux types de « market places » :

- *Horizontales* – demandeurs et fournisseurs de produits ou de services sont utilisés de façon transversale : achats hors production ou places de marché spécialisées offres/demandes.
- *Verticales* – elles réunissent clients et fournisseurs spécialisés dans un domaine commun :
  - Flux d'achats-vente (catalogues, fiches produits, consultations et demandes automatisées) ;
  - Achat de services logistiques (systèmes informatiques des prestataires, tracking[1] des commandes, planification...) ;
  - Conception de produits en collaboration (mise en commun des moyens pour produits « marketés », premiers prix ou marques de distributeur).

Mais de leur côté les industriels commencent à s'organiser également. Par exemple, CPGmarket.com où se retrouvent pour le moment Nestlé, Danone et Henkel pour effectuer certains achats en commun. « Ce n'est plus l'achat qui fait la différence, mais la relation avec le client » soulignait un grand industriel à ce propos. Une arme nouvelle ? Certains observateurs franchissent allégrement le pas.

1. Suivi en temps réel de l'impact d'une campagne publicitaire ou du succès d'une promotion grâce à un outil de surveillance sur le serveur web.

➤ Pour les industriels

Une réflexion domine : « notre métier n'est-il pas de vendre des marques à des consommateurs, plutôt que d'être un simple fournisseur ? »

Pourquoi ne pas transformer les clients consommateurs en abonnés de la marque ? Dans ce cas ce serait une arme nouvelle contre le *déréférencement* : nous pouvons communiquer directement avec nos fidèles de la marque – voire leur envoyer un e-mail pour indiquer le magasin le plus proche de chez eux où ils pourront trouver leur marque préférée.

Certains « gros » industriels (en particulier dans CPGmarket.com) détiennent déjà trois millions d'adresses, en provenance de leurs propres bases de données, sans compter les possibilités ouvertes par les mégabases (voir le paragraphe consacré à ce sujet).

➤ Pour les distributeurs

- Possibilité d'optimiser toute la logistique
- Économie sur les procédures de commande
- Forte diminution des coûts administratifs
- Marché permanent de l'offre des fournisseurs
- Connaissance permanente des prix et des marchés…

Comme on le voit, le potentiel de développement de ces places de marché n'en est qu'au début. Il y a certainement la place pour de nouveaux concepts, au fur et à mesure de l'extension et des améliorations de l'internet.

CHAPITRE 14

Category management

VENU (comme le merchandising) des États-Unis, le concept de category management est en passe de modifier profondément les rapports fournisseurs/distributeurs. Il s'agit d'une transformation *fondamentale* du rôle de l'acheteur, qui devient également un spécialiste de la logistique, du merchandising et du trade marketing.

L'objectif est de mieux capter la clientèle par une adaptation permanente de l'offre, et de trouver des gains de productivité en diminuant les coûts.

Le category manager est un cadre de haut niveau, gérant une famille de produits *depuis la sortie des usines de fabrication jusqu'aux sorties de caisse.* Il dialogue avec les fournisseurs dans une optique de partenariat : il a une approche marketing pour étudier le marché et la vente de son produit *avant d'en envisager l'achat* (voir tableau 14).

Une définition précise du category management nous est proposée par Nielsen :

> « Le category management est le procédé qui permet le management d'une catégorie de produits en tant qu'unité de gestion, en l'utilisant comme base, magasin par magasin, en vue de satisfaire les besoins du consommateur. »

Le category management s'adresse donc essentiellement au distributeur : mais celui-ci a besoin d'avoir en face de lui une organisation efficace chez le fournisseur. Le « compte-clé »[1] devient ainsi,

---

1. Responsable commercial chez le fournisseur spécialisé en circuits modernes de distribution.

Tableau 14 – Le category manager

Un changement complet de mentalité

Acheteur traditionnel	*Category manager*
Niveau hiérarchique	
Cadre moyen	Cadre supérieur
Qualités	
Technicien négociateur	Stratège de haut niveau
Homme produit	Multifonctions (produit, marketing, logistique)
Travaille sur le court terme	Travaille sur le long terme (1 à 3 ans)
Missions	
Se focalise uniquement sur l'offre produit des industriels	S'intéresse aux produits et à l'ensemble des services
Contexte d'affrontement avec les fournisseurs	Considère les fabricants comme des partenaires
Gère un centre de coût	Gère un centre de profit
Peu préoccupé des ventes en magasins	S'appuie sur les analyses de ventes en magasins
N'agit pas sur l'implantation du rayon	Cherche à optimiser l'espace de vente
Participe aux actions promotionnelles magasins	Responsable des actions promotionnelles magasins
Gère les approvisionnements sans prendre en compte toute la chaîne logistique	Optimise les coûts logistiques

progressivement, un « directeur d'enseigne », homologue du category manager chez le distributeur.

L'un comme l'autre doivent alors effectuer une synthèse permanente entre le marketing, le merchandising, le trade marketing, l'ECR et l'EDI, la logistique, les statistiques de vente, vers la meilleure performance en fonction de l'objectif stratégique de l'enseigne.

Pour cela, la grande difficulté est de changer les mentalités. Détaillants et industriels doivent bien s'observer, dans leurs différents aspects, afin d'arriver à *regarder ensemble dans la même direction.*

Ils doivent alors repenser leurs organisations, en intégrant fonctions et responsabilités pour créer de véritables « Entrepreneurs category managers ».

On peut tout de suite se poser la question fondamentale : qu'est-ce qu'une catégorie *(category)* ? Est-ce un rayon traditionnel, une famille, un « univers » ? Cela peut dépendre de la stratégie marketing du distributeur. Aux États-Unis, on considère en tout cas qu'une bonne règle de base est que *les produits qui sont substituables les uns aux autres doivent être groupés dans une même catégorie.*

Toujours est-il que fabricants comme commerçants doivent aujourd'hui connaître leurs parts de marché à tous les niveaux, national et par circuits, par enseigne et par magasins. Ce qui ne veut pas dire qu'on entérine ces parts de marché, mais au contraire qu'on les manage.

Comment tirer profit du category management ?

Il faudra se poser les questions fondamentales au sujet du consommateur et de ses préférences :

- Quels articles ?
- En quelles quantités ?
- À quel prix ?
- Dans quels magasins ?
- Avec quelle présentation ?
- À quel endroit ?
- Avec quelles promotions ? etc.

Le category manager doit avoir toute liberté d'opérer dans sa catégorie comme dans une petite entreprise pour développer la stratégie, concevoir les plans, évaluer les progrès, faire les ajustements et être responsable des résultats. De ce fait, le category manager doit être global, actif, multitâche, organisateur et stratège. Il maîtrise, pour sa catégorie :

- Le marketing (relativement nouveau pour le commerçant)
- Le merchandising (y compris les performances chez les concurrents)
- Le cross merchandising (« univers »)
- La logistique (ou bien lien étroit avec le spécialiste)
- Les finances (investissements, bénéfices directs et indirects, ratios de rentabilité)
- Les achats (seul souci auparavant)
- Le consommateur (habitudes, comportements, motivations)
- La technologie (produits, process de fabrication, évolutions)
- Les opérations (gestion des stocks, des commandes, des litiges...).

En résumé, il doit avoir comme base fondamentale une orientation *consommateur* plutôt que l'orientation classique de la vente comme finalité. Il doit être parti prenante (les Américains disent *proactif*) dans la création de la demande du consommateur à travers ses décisions merchandising.

Les 5 étapes du category management

Le category management est en train de devenir incontournable pour tous les grands circuits de distribution moderne. Il existe donc des méthodes pour une approche systématique et professionnelle, développées par certains intervenants.

En ce qui nous concerne nous privilégions la plus simple, c'est-à-dire une approche en cinq étapes, permettant de bien expliquer la méthodologie à mettre en œuvre (voir figure 29). Pour chacune de ces étapes, nous allons voir les points fondamentaux du category management en ce qui concerne le distributeur (donc le rôle du category manager) puis de l'industriel (rôle du directeur d'enseigne).

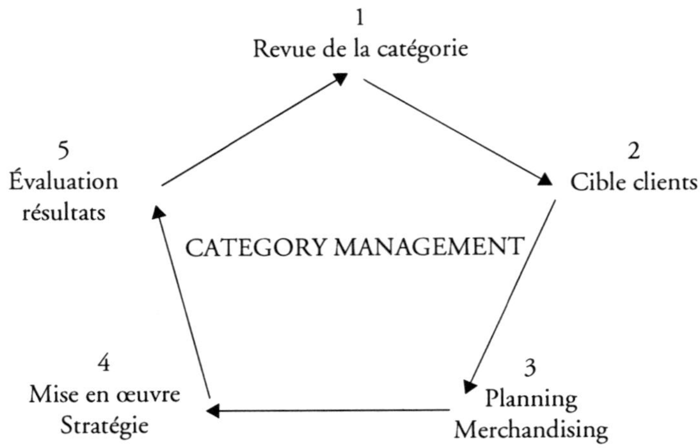

Figure 29 – Les 5 étapes du category management

Revue de la catégorie

« Avoir toutes les données indispensables pour maîtriser la catégorie. »

➤ Distributeur

Le category manager doit bien sûr connaître le marketing des produits dont il a la charge, mais doit travailler avec les industriels concernés afin de déterminer :

- Pourquoi vendre tel produit ? Il doit trouver sa justification : économie, sécurité, image.
- Quel positionnement marketing dans son marché ?
- Quel est son potentiel dans ce circuit ? (en chiffre d'affaires et en marge)
- Quelle tactique merchandising mettre en œuvre ?
- Performances attendues en prix, promotions, publicité, concurrence…

➤ Industriel

Le directeur d'enseigne doit pouvoir :

- Intégrer de très larges informations sur le marché, afin d'avoir une vision complète et prospective de la catégorie.

- Posséder toutes les statistiques des volume et valeur, ainsi que leurs évolutions, aussi bien sur le plan national que régional, et par circuits de distribution.
- Connaître les niveaux de publicité et de promotions pratiqués dans la catégorie.
- Maîtriser les caractéristiques des produits lancés dans l'année précédente.

Cible consommateurs

« **Déterminer les caractéristiques des clients concernés.** »

➤ Distributeur

- Quelles catégories démographiques ?
- Quels styles de vie ?
- Quelles sont leurs habitudes d'achat et de consommation ?
- Quelles zones de chalandise sont visées ?
- D'après les informations en provenance des mégabases consommateurs (géomarketing) : où achètent-ils ? quand ? à quel rythme d'achat ?

➤ Industriel

L'industriel peut dorénavant bâtir sa stratégie sur les besoins spécifiques de tel ou tel type de consommateurs :

- Il faut d'abord construire les profils démographiques (acheteur catégorie/acheteur de sa marque)
- Identifier et évaluer les groupes cibles
- Planifier les stratégies de promotion et média adaptées à ces groupes.

Planning merchandising

« **Définir les plans merchandising adaptés à chaque enseigne.** »

➤ Distributeur

- Conception d'un plan complet marketing et financier
- Définition des objectifs de vente et profit

- Les innovations technologiques permettent le développement d'un programme ciblé
- Les modèles informatiques actuels permettent de tester les différentes options de prix, solutions merchandising, scénarios promotionnels (valorisation des ratios du merchandising)

> *Exemple* : le management des plans d'allocation de l'espace linéaire permet au category manager de développer, pour une catégorie donnée, des planogrammes spécifiques pour chaque magasin.

➤ Industriel

- Développement d'une stratégie détaillée pour *chaque client* en matière de mix-produits, prix, promotion et allocation de l'espace dans la catégorie.
- Détermination des *produits les plus adaptés* à la politique du détaillant (potentiel de volume et de performance pour l'un comme pour l'autre).

À chaque distributeur sa stratégie : l'industriel doit aujourd'hui bien connaître le métier du commerçant : son image, sa stratégie marketing, sa politique de gamme de prix et ses objectifs financiers et marketing.

Mise en œuvre de la stratégie

« **Étape fondamentale.** »

➤ Distributeur

- Impliquer les collaborateurs concernés au siège et dans les magasins
- Communiquer les spécificités des produits (prix, merchandising, tactiques promotionnelles)
- Les magasins sont responsables des changements de prix, du stock, du linéaire, etc.
- Les instructions doivent être claires et précises

Le category manager travaille ainsi en relais de l'information du siège vers les magasins : plans merchandising, changements de prix, étiquettes sur linéaire, instructions de stock, produits sans suite, planning publicité, planning promotion.

➤ **Industriel**

- Il vient présenter à l'acheteur de la catégorie une stratégie adaptée à son cas.
- Il fournit toutes informations sur la catégorie comme sur ses marques, ainsi que les motivations d'achat des consommateurs.
- Il fait des recommandations sur le mix-produits (prix, stratégies de promotions, présentation) avec tous les outils merchandising *ad hoc*.

C'est un dialogue permanent : cette mise en œuvre de la stratégie ne se limite pas à une seule présentation à un acheteur. C'est un long processus qui demande un dialogue continuel entre les partenaires.

Évaluation des résultats

« Mesurer pour maîtriser, modifier, optimiser. »

➤ **Distributeur**

Il faut une réaction rapide aux résultats :

- Mesurer les résultats et les comparer aux objectifs prévus
- Comparer également avec les concurrents
- Les buts (vente et profit) sont-ils atteints ?
- Pourquoi les écarts de résultats, soit en plus, soit en moins ?
- En conséquence : réajustements rapides de la tactique.

Avec l'analyse des résultats en volume, performances, coûts directs, le category manager peut ensuite utiliser le management de l'espace pour affiner sa tactique merchandising.

➤ **Industriel**

- Ma stratégie a-t-elle atteint ses objectifs ?
- Les programmes informatiques actuels permettent de convertir les informations (scanning et autres données du marché) en connaissances permettant des actions correctrices.

- Modifier ou affiner la stratégie
- Identification de nouvelles opportunités, challenges nouveaux sur le marché.

Le partage des informations

Partager l'information et les ressources technologiques entre fabricants et détaillants est beaucoup moins onéreux que de le faire seul ! Comme l'information, la technologie et les outils d'aide à la décision continuent d'évoluer : commerçants et industriels ont intérêt à reconnaître les avantages de travailler étroitement ensemble.

Du côté des industriels, il s'agit, autant que pour le distributeur, d'une importante remise en cause culturelle. De même que le category manager doit avoir une solide culture marketing, le directeur des ventes industriel ne doit plus se concentrer sur ses seules marques : il est responsable aujourd'hui de l'évaluation de la catégorie tout entière (et de son impact sur les autres catégories) en faisant l'analyse des ventes, promotions, de la clientèle, et toutes autres informations. Dans le passé, c'était la responsabilité du chef de produit.

Nous avons interrogé les entreprises qui réussissent le mieux, actuellement, leur mutation vers le category management, et nous proposons ainsi quelques « axiomes » tirés de leur expérience, pour servir à la réflexion.

- Bonne ou discutable, la catégorie du distributeur est ma catégorie
- Le category management nous a amenés à mieux gérer nos propres coûts
- La sensibilité au prix est différente par magasin selon les marques et les formats de produits
- Le positionnement marketing du magasin ou de la chaîne induit la catégorie
- De ce fait la cible du détaillant est 100 % des clients acheteurs de cette catégorie
- Tout nouveau produit fait partie du package category management puisque sa présence est justifiée
- À chaque distributeur sa stratégie marketing… donc son category management

Issus de l'expérience, des réalités quotidiennes, ces axiomes nous paraissent fondamentaux pour la bonne compréhension, et surtout l'application du category management.

Les difficultés

C'est effectivement d'une « révolution culturelle » qu'il s'agit, et c'est pourquoi cette nouvelle approche des rapports fournisseurs/distributeurs est si lente à se mettre en place. Mais comme le category management apporte une meilleure performance, une diminution des coûts, sa généralisation nous paraît inéluctable. Quelles sont les principales difficultés rencontrées ?

- *La puissance du category management est inversement proportionnelle à la puissance des acheteurs :* il y a presque antinomie entre un acheteur traditionnel, habitué à discuter ristournes, avantages divers, sans justification marketing, et l'approche technique et marchande nécessaire. Le travail en commun est l'antithèse des rapports de force…
- *Chez le distributeur, le service marketing doit être fort et indépendant :* opérationnel, concret, le category manager est le chef de produit de sa catégorie.
- *Tout nouveau produit doit apporter la preuve de ce qu'il apporte :* ou bien il doit « tirer » la catégorie en avant, ou bien apporter de la marge supplémentaire.
- *Il faut réfléchir sur la catégorie comme sur un produit :* que ce soit en terme de marketing ou de merchandising. Donc faire le marketing de la catégorie.
- *Travailler ensemble intelligemment :* au lieu du classique dialogue vendeur/acheteur il faut passer au niveau supérieur, c'est-à-dire travailler ensemble sur les études marketing et merchandising.
- *Finalement, la principale difficulté d'application est l'ouverture d'esprit des partenaires* (industriels et distributeurs) :
  - Habitués à ne considérer que leurs propres marques, leurs seuls magasins, à ne voir que leur propre horizon : ils ont des difficultés psychologiques réelles à mettre « cartes sur table » et à

travailler ensemble, pour leur propre bien... et celui des consommateurs ;

– Ils doivent aussi reconsidérer leurs organisations (vente et achat) : déléguer à des « entrepreneurs» le management de chaque *catégorie.*

C'est souvent une remise en cause douloureuse dans les organisations... Il faut pouvoir répondre à trois grandes questions :

- Que met-on dans le category management ?
- Comment structurer la cellule category management ?
- On commence où ? On va jusqu'où ? (des prévisions de vente aux résultats, en passant par le trade marketing et le merchandising ?)

Mais si l'on fait vraiment du merchandising plus du trade marketing, il faut bien voir que l'on a fait pratiquement du category management, sans la logistique (ECR) ! En réalité, si le merchandising est bien appliqué et complet (tel que nous l'avons décrit dans cet ouvrage) donc effectué en partenariat... il représente les 2/3 du category management.

Il paraît important de souligner ce fait, car le merchandising est encore mal appliqué car mal connu, mal ou peu enseigné, insuffisamment mis en valeur dans les entreprises qui découvrent le category management avant d'avoir déjà tiré tous les profits du merchandising !

Mais n'oublions pas la logistique, car c'est là que des gains importants de coûts sont possibles et souhaitables. D'où l'importance du category management aujourd'hui, quitte à ce que ce concept *fasse de l'ombre* au merchandising : de toute façon, l'un est fondé sur l'autre. Nous en arrivons à quatre nouvelles questions :

- Quel profil donner au category manager (chez le distributeur et chez l'industriel) ?
- Quel intérêt ? et pour qui ?
- Quel niveau de relation et de partenariat ?
- Quels types d'échanges d'informations ?

Et nous constatons qu'il n'y a pas *une* structure de category management mais *des* structures... qui peuvent être très différentes.

Les structures du category management

Il faut rappeler, avant d'aborder les exemples d'organigrammes déterminant les structures humaines, les principales fonctions qui ressortent de cette nouvelle fonction (figure 30).

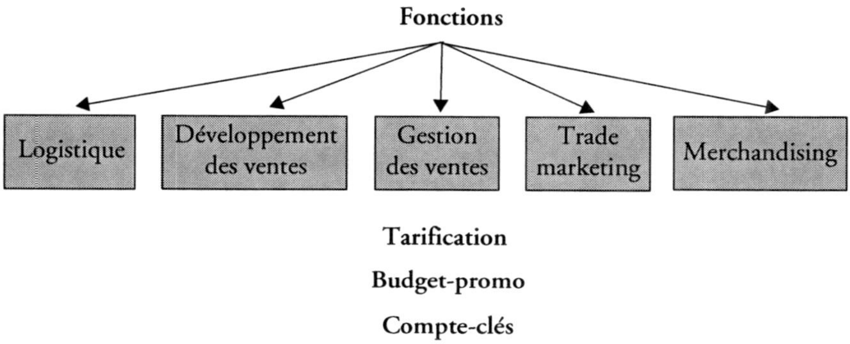

Figure 30 – Category management

Et rappelons également l'organigramme préconisé pour le service merchandising (page 203).

➤ Cas n° 1

Nous l'appellerons « transversal », ce qui correspond à certains organigrammes utilisés par des industriels (figure 31).

Le category manager (ou directeur d'enseigne) est unique ; à côté de lui il y a un – voire plusieurs – compte-clé chargés du suivi des contacts, de la négociation proprement dite, et des rapports classiques avec les distributeurs qui ne font pas de category management. La force de vente continue d'être dirigée par la direction des ventes ; il y a en conséquence une sorte de « triumvirat » qui doit travailler en totale symbiose, sans problème de préséance ou de hiérarchie. C'est un type d'organigramme plutôt orienté vers des grosses PME, du fait de sa légèreté.

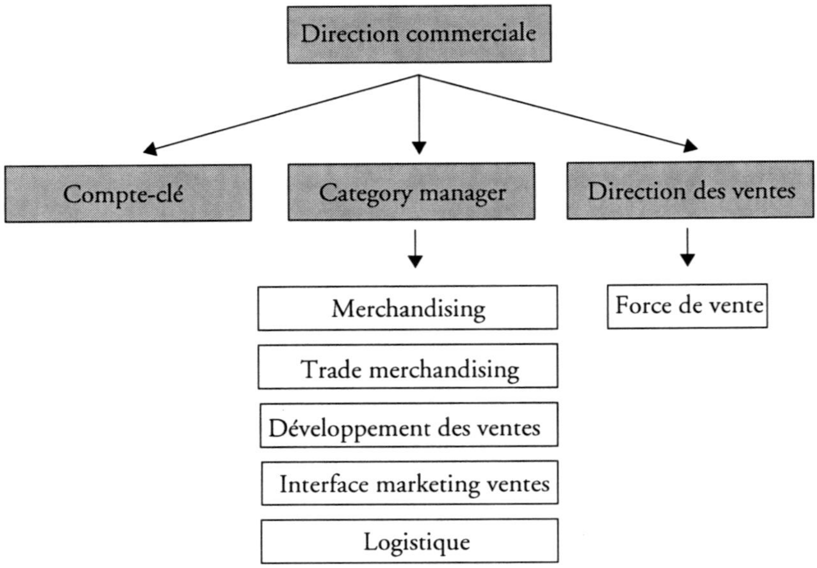

Figure 31 – Organigramme du category management transversal

➤ Cas n° 2

Il s'agit du category management « intégré », plus adapté à des sociétés importantes (figure 32).

La direction commerciale comporte deux divisions : direction d'enseigne et direction des ventes. Le rôle du directeur d'enseigne est très clair : il contrôle, en plus de son rôle tel que défini ci-dessus, le compte-clé et un (ou plusieurs) compte-clé junior, chargé du suivi permanent. La direction des ventes manage bien entendu la force de vente, mais il y a souvent une « interface » avec le marketing, pour assurer la liaison concrète entre les chefs de produit et la réalité du terrain.

➤ Cas n° 3

Il en existe également un adapté à des sociétés multinationales (figure 33). Compte tenu de l'importance de la fonction category management ; il y a un directeur du CM (category management) ayant sous sa responsabilité plusieurs category managers spécialisés par gammes de produits.

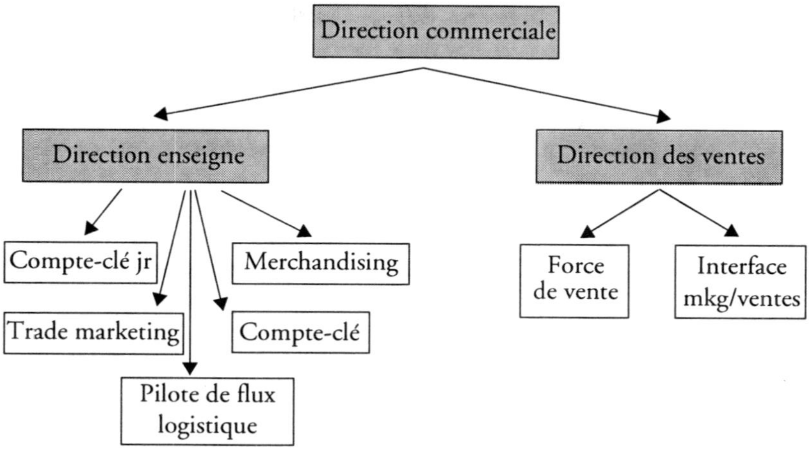

Figure 32 – Organigramme du category management intégré

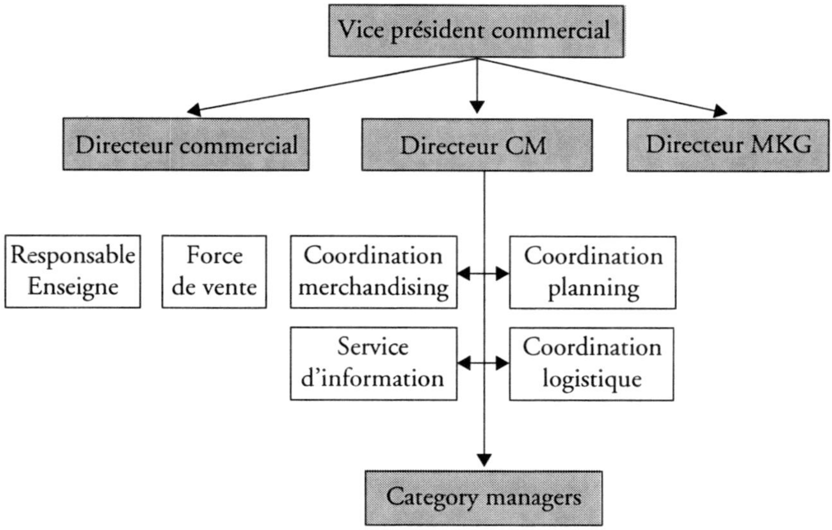

Figure 33 – Organigramme du category management international

Ces trois cas peuvent bien sûr donner lieu à d'autres versions, mais déterminent bien les axes principaux vers lesquels les entreprises de production se dirigent. N'oublions pas que la catégorie telle qu'elle a été définie par le client distributeur est la catégorie qui doit être suivie, en tant que telle, par le fournisseur.

Les organigrammes, chez les distributeurs, sont relativement plus simples à construire ; mais n'oublions pas qu'ils remettent de toute façon en cause la fonction traditionnelle de l'acheteur. Pour comparer, voici tout d'abord un organigramme classique, traditionnel, d'un distributeur (figure 34).

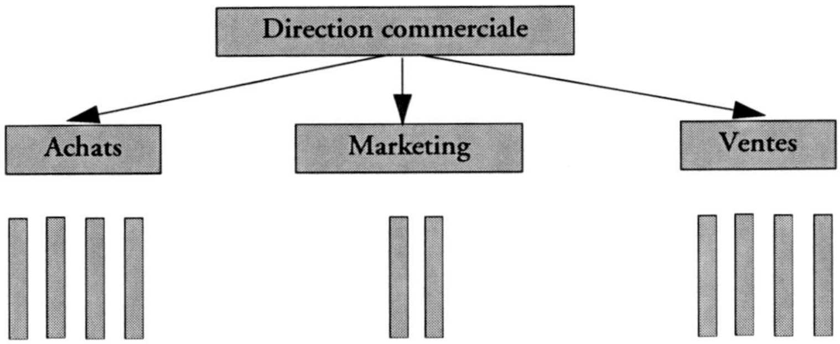

Figure 34 – Organigramme du distributeur traditionnel

Sous le trident – achats, marketing (quand il existe), ventes – on trouve les responsables commerciaux pour chaque circuit, ou enseignes ou formats, puis les magasins.

Les organigrammes du category management, relativement nouveaux, sont plus ou moins inspirés du schéma suivant (figure 34).

Il y a bien entendu autant de category managers qu'il y a de catégories : nous retrouvons ici la difficulté de définir des catégories homogènes d'un distributeur à l'autre. Mais qu'elles quelles soient, ces catégories induisent un profond changement dans les structures de la distribution, cassant les hiérarchies, donnant au category manager pouvoir sur les achats, les ventes, le marketing et la logistique.

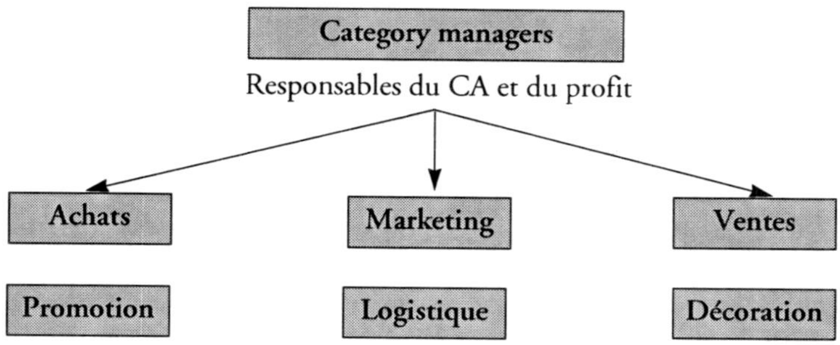

Figure 35 – Organigramme du distributeur moderne

Pour cette raison, autant chez les distributeurs que chez les producteurs, le category manager devient un véritable entrepreneur, patron d'une PME ; ce qui induit un problème important de recrutement, de formation, de contrôle des actions. Mais, comme dirait Kipling, ceci, c'est une autre histoire… Nous préconisons une évolution simple, bien maîtrisée, évidente.

La mise en place du category management doit se faire de façon progressive : d'abord réalisation d'un véritable merchandising ; puis mise en place du trade marketing ; enfin maîtrise de l'ECR.

CHAPITRE 15

Les études exclusives de l'Institut Français du Merchandising

DANS cette nouvelle édition, j'ai souhaité ajouter au texte de fond, réactualisé et enrichi, une partie prospective fondée sur des études réalisées par différents organismes, à la demande de l'Institut Français du Merchandising.

En effet, l'IFM – que j'ai personnellement fondé en 1971 – regroupe tous les acteurs de la grande distribution et même au-delà, fournisseurs et distributeurs, alimentaires ou non, prestataires de services, pour lesquels le merchandising est devenu une technique de commercialisation indispensable et incontournable.

À l'occasion des « Journées annuelles du merchandising », qui ont lieu chaque année fin novembre, sont présentées les grandes lignes d'études exclusives et originales, dont la teneur est bien sûr alors réservée aux souscripteurs. En accord avec l'IFM, nous avons la chance de pouvoir faire profiter nos lecteurs des études les plus intéressantes, avec les commentaires qu'elles nous inspirent.[1]

Je tiens à remercier tout particulièrement l'IFM, les auteurs de ces études, ainsi que Béatrice Querette, consultant merchandising spécialisée dans le luxe et le textile, qui s'est chargée d'en faire les synthèses, et

1. Les lecteurs intéressés plus particulièrement par les études IFM peuvent les consulter à l'adresse suivante : IFM, Grande Arche, pilier Nord – Paris La Défense (01 49 06 49 16).

d'apporter également ses réactions de professionnelle avec un œil tout neuf sur notre monde des PGC.

Le comportement d'achat PGC/GMS[1]

Cette étude permet de mesurer les comportements d'achats en GMS en France tous rayons. Elle porte sur les habitudes de consommation des consommateurs-acheteurs en grandes surfaces ainsi que sur les habitudes d'achat liées au point de vente, la démarche d'achat liée au produit, l'influence des promotions et de l'organisation du rayon.

L'étude termine sur le profil des acheteurs interrogés.

Objectifs

– Habitudes de consommation (consommateur/marketing de l'offre).
- Habitudes d'achat liées au point de vente (chaland/marketing d'enseigne).
- Démarche d'achat liée au produit et profil des répondants (acheteur/marketing des points de vente et des produits).

Synthèse

➤ Habitudes de consommation

- *Lieu de consommation du produit acheté*

Quel que soit le rayon, dans plus de 9 cas sur 10, c'est le domicile de l'acheteur qui est l'endroit où sera consommé le produit acheté. Les produits du rayon épicerie sont aussi consommés au travail (9 %) ou tout de suite en sortant du magasin (9 %).

1. Étude IRI-MCA 2003.

• *Moments de consommation du produit acheté*

Crèmes glacées

– Au repas (63 %).
– Quel que soit le moment de la journée (20 %).

Liquides

– Apéritifs (56 %).
• Repas (29 %).

Épicerie

– Quel que soit le moment de la journée (41 %).
– Au petit-déjeuner (28 %).
– Au repas (25 %).

Hygiène-beauté

– Le matin (56 %).
– Quel que soit le moment de la journée (27 %).

• *Fréquence de consommation*

Fréquences d'utilisation directement liées au degré de nécessité des catégories de produit :

– Quotidiennement : épicerie, hygiène-beauté, entretien, boissons non alcoolisées.
– Hebdomadaire : boissons, crèmes glacées (50 %).
– Mensuelle : crèmes glacées (27 %).

• *Produits consommés en même temps que le produit acheté*

– Crèmes glacées : boissons non alcoolisées, biscuits sucrés, eaux minérales, boissons alcoolisées.
– Boissons : chips ou produits salés apéritifs, eau minérale, autres boissons alcoolisées, charcuterie et fromage avec le vin.
– Épicerie : lait, pain frais, sucre, beurre.
– Hygiène-beauté : gel douche/bain moussant, shampoing/après-shampoing, accessoires cheveux, parfum/eau de toilette.
– Entretien : produits d'entretien complémentaire, outils d'entretien.

- *Produits de substitution pour le produit acheté*

– Crèmes glacées : desserts frais, pâtisseries et desserts maison, fruits.

– Liquides : boissons alcoolisées par une autre boisson alcoolisée.

– Épicerie : produits multiples et différents à part pour 20 % d'entre eux jamais remplacés.

– Hygiène-beauté : aucun autre produit dans 56 % des cas donc grande fidélité.

– Entretien : eau de javel, nettoyants ménagers parfumés.

- *Destinataires du produit acheté*

Sur l'ensemble des catégories, le principal destinataire est l'acheteur (42 %).

– Crèmes glacées : toute la famille.

– Entretien : toute la famille.

– Liquides : toute la famille et les invités.

– Épicerie : toute la famille et l'acheteur.

– Hygiène-beauté : l'acheteur.

- *Décideur de l'achat du produit*

Dans 9 cas sur 10, c'est l'acheteur qui décide de l'achat du produit avec un rôle de prescripteur du conjoint pour les boissons.

- *Fréquence d'achat*

Du produit

Sur l'ensemble des catégories, la fréquence d'achat du produit est régulière pour 64 % des acheteurs. Les plus régulièrement achetés sont la catégorie hygiène-beauté alors que les crèmes glacées sont achetées plus occasionnellement.

De la marque

Sur l'ensemble des catégories, la fréquence d'achat de la marque du produit acheté est assez régulière à 63 %. La fidélité à la marque est la plus élevée pour les produits hygiène-beauté (71 %) et épicerie (64 %).

La découverte d'une nouvelle marque est sensiblement plus forte parmi les acheteurs du rayon liquides, crèmes glacées et entretien.

➤ Habitudes d'achat liées au point de vente

- *Préparation de la liste des courses*

Un acheteur sur deux a préparé une liste de courses sur l'ensemble des catégories. Notons toutefois une plus forte propension à faire une liste pour les achats de crèmes glacées et d'entretien. Les acheteurs des HM (53 %) sont plus nombreux à avoir préparé une liste de courses que les acheteurs SM sans doute en rapport avec la taille du panier par circuit.

- *Information écrite sur la liste des courses*

Nom générique (famille) pour 68 % des achats et marque du produit pour 27 % d'entre eux avec une préméditation de la marque sur la liste de courses plus forte parmi les acheteurs du rayon liquides (34 %), épicerie (30 %) et hygiène-beauté (27 %).

- *Fidélité au point de vente*

Quel que soit le rayon, près de deux tiers des acheteurs sont dans leur magasin principal pour les courses alimentaires dont les plus nombreux sont les acheteurs d'HM (71 %).

- *Raisons de venue dans le magasin*

Plus de la moitié des acheteurs est venue en magasin pour « faire son plein » dont la majorité sont des acheteurs d'HM et de GHM.

- *Carte de fidélité dans le magasin d'achat du produit*

Nombre de détenteurs de carte de fidélité

Près de 6 clients sur 10 possèdent une carte de fidélité du magasin dans lequel ils se trouvent dont une majorité d'acheteurs d'HM (Leclerc et HyperU).

Fréquence et raisons d'utilisation

La fréquence d'utilisation de la carte du magasin est occasionnelle et sert principalement à cumuler des points.

Nombre de détenteurs de carte de fidélité

Quel que soit le circuit, plus du tiers des acheteurs possède une carte d'un ou plusieurs autres magasins dans lequel ils se trouvent dont Leclerc (34 %), Auchan (22 %), Carrefour (20 %), Intermarché (17 %), Champion (15 %).

• *Magasin principal pour l'achat de cette famille de produits*

L'acheteur est dans son magasin principal

Plus de 7 acheteurs sur 10 sont dans leur magasin principal pour l'achat de la famille du produit acheté et surtout les acheteurs des HM (78 %). Près d'un acheteur sur 5 en SM déclare que son magasin principal pour la famille du produit acheté est un autre HM.

L'acheteur n'est pas dans son magasin principal

– HM : crèmes glacées.
– GHM : liquides, épicerie, hygiène-beauté.
– SM : entretien.

• *Fréquentation du rayon*

– Rayons fréquentés à chaque fois : crèmes glacées, épicerie, hygiène-beauté.
– Rayons fréquentés une fois sur deux : entretien.
– Rayons fréquentés moins souvent : liquides.

• *Autres magasins fréquentés*

En dehors du magasin principal, les acheteurs fréquentent les HM autant que les SM ainsi que les HD en notant leur moindre fréquentation pour les crèmes glacées.

• *Fréquence de visite chez les HD*

Quelle que soit la famille de produits et le circuit fréquenté, plus d'un client sur deux déclare se rendre dans un magasin HD au moins une fois tous les 15 jours.

Les deux principales raisons sont : achat de produits de base et achat spécifique.

Les motifs de fréquentation sont : attractivité des prix, rapidité des courses (spécifiquement pour les acheteurs GHM).

• *Raisons spécifiques de fréquentation du magasin principal*

Choix des produits (surtout HM) et des marques, qualité des produits en général.

➤ Démarche d'achat liée au produit

• *Temps passé en magasin*

En moyenne sur l'ensemble des familles de produits, plus de 60 % des acheteurs déclarent faire leurs courses en 3/4 d'heure ou moins environ.

Dans les HM et GHM, les acheteurs passent environ 1 heure ou plus à faire leurs courses.

• *Observation du client en rayon*

Le temps moyen passé en rayon est légèrement supérieur à la moyenne dans les rayons liquides et entretien. Plus le magasin est grand, plus le temps moyen passé en rayon augmente. En moyenne près d'un acheteur sur deux ne reste pas plus d'une minute en rayon sauf pour les acheteurs des rayons liquides et entretien, et lorsqu'ils se trouvent dans les surfaces plus grandes. C'est en hygiène-beauté et en entretien que le taux de transformation est le moins bon, l'offre abondante de nouveautés pousse à la manipulation mais par forcément à l'achat ; le taux de transformation est légèrement inférieur en SM. C'est dans les rayons des crèmes glacées et entretien que les acheteurs manipulent le plus de produits : entre deux et trois. La manipulation des crèmes glacées génère le meilleur taux d'achats multiples. Le temps d'achat est plus long pour les produits d'entretien et d'hygiène-beauté.

Il s'effectue un peu plus d'achats directs dans les GHM.

• *Prévision d'achat*

Pour les trois quarts des acheteurs, il s'agit d'un achat prémédité avec un potentiel plus important d'achats d'impulsion pour les crèmes glacées et l'épicerie.

• *Prédétermination sur la marque*

Une plus grande prédétermination à la marque pour l'hygiène-beauté : plus forte fidélité des marques pour les produits impliquants.

L'entretien détient le plus faible taux de prédétermination sur la marque.

• *Repérage du produit acheté*

Les codes marques (54 %) et l'emplacement habituel du produit (49 %) sont les deux principaux critères de repérage sur l'ensemble des rayons.

• *Comparaison du produit acheté*

Sur l'ensemble des rayons, le nom de la marque (47 %) et du produit (28 %) sont des critères de comparaison importants sauf pour les crèmes glacées ou l'étude de la composition du produit prime. Les acheteurs du rayon entretien sont ceux qui lisent le plus le prix/la promotion. À noter une part notoire d'acheteurs des rayons épicerie et liquides qui ne lit aucune information : achat simple, pas d'hésitation sur la nature du produit.

• *Raisons d'achat*

En cas de prédétermination sur la marque

- Quel que soit le rayon, la qualité de la marque (64 %) est la principale raison d'achat et de prédétermination sur celle-ci.
- Ensuite, c'est la notoriété de la marque qui est prise en compte, sauf pour les produits du rayon hygiène-beauté où l'exclusivité de la composition/variété dans la marque joue un rôle prédéterminant.
- Le prix est une raison importante pour les produits du rayon liquides.

En cas de non prédétermination sur la marque

- La composition/variété particulière (29 %) est le critère d'achat le plus important pour les achats non prédéterminés sur la marque du produit acheté, surtout pour les acheteurs du rayon hygiène-beauté.
- La seconde raison d'achat est la confiance en la marque.
- Le prix est un élément important pour les rayons liquides, hygiène-beauté et entretien.
- Un quart des acheteurs des rayons crèmes glacées et épicerie ont été attirés par leur produit en le voyant.

Réaction si le produit recherché n'est pas trouvé

Si le produit recherché est absent, en moyenne plus de six acheteurs sur dix substituent leur achat par un autre produit du même type mais d'une autre marque. Le plus fort taux de substitution porte sur les crèmes glacées et le plus faible sur l'hygiène-beauté.

➤ Promotions et organisation du rayon

• *Lecture habituelle du prospectus du magasin*

Habituellement, moins d'un client sur deux regarde le prospectus du magasin avant de venir faire ses courses. Ce sont les acheteurs du rayon crèmes glacées qui sont les plus nombreux à regarder le prospectus du magasin avant de s'y rendre (7/10). Précisément pour le type de produit acheté, la lecture du prospectus du magasin est très peu élevée et ceci quel que soit le circuit de distribution ou le rayon.

- *Intérêt pour les promotions*

En moyenne, un quart des acheteurs a regardé s'il y avait des promotions dans le rayon et ce sont les acheteurs des rayons crèmes glacées et liquides qui ont porté le plus d'attention à la présence de promotions. Les acheteurs d'HM et de GHM sont sensiblement plus attentifs aux promotions dans les rayons.

- *Attentes en terme d'améliorations du rayon*

– Meilleure organisation/classification des produits.
– Meilleure signalisation des prix.
– Choix de produits plus abondant.
– Optimisation clarté/organisation plus particulièrement du rayon pour les crèmes glacées et hygiène-beauté.
– Offre et offre premier prix pour les crèmes glacées en particulier.

➤ **Profil des acheteurs**

– Sexe : sept acheteurs sur dix sont des femmes et les hommes sont deux fois plus nombreux dans le rayon liquides.
– Âge : tous les âges sont représentés avec un % supérieur pour les 25-44 ans et les plus de 55 ans.
– Foyer : en majorité 2 personnes (35 %) puis 4 personnes et plus (29 %), 3 personnes (20 %) et 1 personne (16 %).
– Nombre d'enfants : une majorité de sans enfants, suivi de 1 puis 2 puis 3 et plus.
– Profession de l'interviewé et du chef de famille : une majorité de CSP – dont une majorité d'employés.

Notre avis : Le cœur et la raison

La difficulté d'appréhender le comportement des consommateurs est évidente à la lecture de cette étude. Pour des cas précis, il est possible de trouver des réponses utilisables, à condition que l'étude ait pris en compte le problème particulier ; toute tentative de tirer de ces comptages quantitatifs une approche valable du comportement d'achat se heurte à la nécessité d'une étude qualitative ad hoc. Seules ces études psychosociologiques des motivations d'achat permettent de cerner, pour un sexe et un âge donné, des comportements utilisables en merchandising. Les achats sont souvent plus une question de cœur que de raison, sonder les cœurs est bien plus difficile que de faire appel à la raison (d'achat) !

N'oublions pas que le bon merchandising doit « coller » au comportement du client, d'où la nécessité de connaître et suivre les évolutions de ceux-ci, en fonction du type de produits, du type de magasin, et du type de client. Vaste programme !

Le décodeur du commerce[1]

Cette étude extrêmement intéressante porte sur les politiques de discount, soft ou hard, les comportements des consommateurs, et les réponses des chaînes « instituées » de super et hypermarchés. Réflexion sur les nouveaux concepts de magasin et la « commercialité ».

Objectifs

- Comprendre l'engouement pour les enseignes à bas prix.
- Comprendre la nature profonde du HD[2] et en quoi il diffère de l'orientation « prix bas » historique de la distribution française.
- Les différentes réponses que les enseignes *low price* peuvent apporter à la croissance des enseignes *low cost.*

1. Étude Dia-Mart/IFM, 2003.
2. Hard discount.

– Comprendre l'évolution et les nouvelles orientations des enseignes dans leurs concepts magasins.

Synthèse

➤ HD, premiers prix : du low price au low cost

- *Les faits : le HD bouscule les enseignes alimentaires et non-alimentaires*

Le HD est le troisième distributeur français avec plus de 12 % de parts de marché et 3000 points de vente. Le nombre de clients est en constante progression avec 65 % en 2003 contre 38 % en 1998.

> Lidl est le leader avec plus de 1000 points de vente, Aldi a la meilleure structure de coût tandis que Leader Price propose une offre courte de MDD et une gamme plus étendue.
>
> Après l'alimentaire HD, on voit aussi apparaître des enseignes de bricolage telles Brico Dépôt qui compte aujourd'hui 10 % de part de marché avec 52 magasins et 1 million d'euros de chiffre d'affaires en 2003. Les concurrents ont réagi tardivement comme Leroy Merlin avec son concept Bricoman développé en 2003.
>
> Dans le bazar, Gifi dans un style plus solderie remporte aussi un immense succès.
>
> Le secteur du textile est aussi concerné : Vêt'Affaires poursuit une croissance de 30 % par an depuis 3 ans tandis que Parti-Prix du groupe Vivarte a ouvert 24 magasins en quelques mois. Enfin Patrick Mulliez (Kiabi) investit dans la création d'une enseigne HD Choyo.

Depuis 2003, on assiste donc a une véritable prise de conscience tardive du phénomène HD premier sujet de préoccupation des enseignes et de leurs fournisseurs.

- *Le HD n'est pas un enfant de la crise : son développement sanctionne 10 ans de dérives des enseignes et de leurs fournisseurs*

Le développement du HD n'est pas seulement dû à la mauvaise conjoncture économique avec notamment la hausse du chômage et le passage à l'euro. Il est surtout dû au fait que ce format répond à des besoins mal satisfaits par les enseignes classiques n'ayant plus une adéquation entre offre et demande. Dans les années 90, on recherche avant tout la valeur ajoutée : innovation produit, renouvellement et enrichissement des gammes avec déplacement vers le haut, sophistication des concepts magasins et développement de la « valeur ajoutée clients ».

Cette évolution n'était pas dénuée de sens sur un marché où le volume augmentant peu, seules l'innovation et la valeur ajoutée peuvent dynamiser l'activité. Mais une dérive incontrôlée vers toujours plus de valeur ajoutée a rouvert des espaces dans le bas du marché que le HD vient naturellement remplir.

- *La loi Galland n'a fait qu'encourager les « mauvais penchants » des distributeurs*

La loi Galland rendant moins efficace le levier des prix permanents, a favorisé une bulle artificielle de marges et de valeur non justifiée par le marché. La spirale « hausse des tarifs/hausse des marges arrières/hausse du publi-promotionnel » a bénéficié aux HD contrairement aux HM[1] qui pour maintenir une marge commerciale, ont dû augmenter leurs prix en renouvelant leurs gammes. L'équation « magasin plus grand = magasin moins cher » est alors viciée.

Mais d'autres causes sont à l'origine de ces dérapages.

Même si tirer les marchés vers le haut est une évolution naturelle, le rôle d'une enseigne est d'assurer l'adéquation entre l'offre et la demande en définissant une stratégie claire tout en maîtrisant les réglages et les tentations financières ainsi que le talent de conviction des fournisseurs.

Si les enseignes ont toutes les capacités et le potentiel à évoluer dans le bon sens, les solutions de facilité ont plutôt pris le dessus :

- Privilégier la valeur ajoutée plutôt que la rentabilité y compris sur des produits basiques. Ils ont cédé aux fournisseurs alors qu'ils sont plutôt en position de force face aux industriels.
- Alourdir ses structures avec des équipes de cadres de haut niveau privilégiant uniquement la voie de la valeur ajoutée plutôt que de rester simple même si l'évolution implique un besoin d'expertise.
- Ramasser les marges arrières plutôt que de se battre pour baisser les prix et oublier les investissements de croissance.

1. Hypermarchés.

Ces tentations ont contribué au décalage entre l'offre et la demande, ce qui a poussé les clients à trouver dans le HD les réponses que les formats ne lui apportaient plus.

• *Les deux types de discount : low cost contre low price*

Le succès des HD s'appuie sur deux facteurs, un terrain favorable pour leur installation en France et la performance de leur modèle économique qui est le suivant :

– Les économies réalisées depuis le fournisseur jusqu'à la mise en rayon en passant par le fonctionnement du magasin sont répercutées sur les prix de vente.
– Une offre plus courte leur permet des volumes de commandes plus importants donc des économies d'échelle.
– Une image prix émanant de la cohérence de leur concept : offre de produits basiques, non haut de gamme, des prix bas tous les jours, positionnement prix identique d'une gamme à l'autre, magasins spartiates avec service minimum.

Les HD ont une façon de penser et de pratiquer le commerce différente, pouvant avoir ses limites et risques de dérive :

– Visant tous le même cœur de marché, ils pourraient être tentés pour se différencier d'augmenter progressivement leur « valeur ajoutée clients » augmentant ainsi les coûts et favorisant la dérive des marges.
– Leur potentiel limité par la rigidité de leur offre, bien qu'ayant une forte capacité de pénétration des marchés, pourrait les pousser à assouplir le modèle pour élargir la cible, affaiblir la cohérence du modèle et dégrader sa productivité. Les ventes augmentent mais l'efficacité est menacée.

• *Les réponses pour les enseignes* low price

Les enseignes *low cost* sont des machines de guerre commerciales sur leur segment de marché, mais dont le potentiel est naturellement limité.

L'année 2003 marque la riposte :

– Auchan lance une campagne de retour aux basiques avec une forte baisse des prix, des magasins moins sophistiqués, une mise en avant des prix.

Tableau 14

Low cost **(Stratégie des coûts)**	**Positionnement**	***Low price*** **(Cœur de marché)**
Maîtrise des coûts et excellence opérationnelle.	Stratégie	Satisfaction clients.
Segment sensible au prix, prêt à faire des concessions pour payer moins cher.	Cible	Tout le monde.
Les coûts bas permettant de pratiquer des prix bas qui attirent les clients, donc les volumes.	Clé d'entrée	Les prix attirant les clients, donc les volumes, et qui permettent d'écraser les coûts.
Culture de gestion, de process. Organisation centralisée. Magasin = soldat. Process rigide. Modèle peu évolutif.	Culture	Culture du chiffre d'affaires, de commerce. Priorité à la dynamique. Magasin = guerrier. Talent commercial. Forte adaptabilité.
Simple, gamme courte, marques propres.	Offre	Universelle, peu différenciée, MF/MDD[1].
Simplicité, efficacité opérationnelle, process.	Priorités	Agressivité, dynamique commerciale, pub.
Par la chasse aux coûts en magasin et en amont.	Création de valeur	Par les prix bas et le tout-en-un.

- Carrefour lance des premiers prix « n° 1 les prix », une MDD(1) économique, HDL, une communication sur les différents niveaux de gamme. Mais il semble aussi opter pour une stratégie de prix permanents élevés inquiétante pour 2004.
- Système U lance une gamme de premiers prix identifiés et une baisse des prix des MDD.

1. Marque de distributeur.

On commence à entrevoir des solutions et avoir quelques convictions qui s'imposeront aux enseignes.

Conviction 1 : ne pas céder un pouce de terrain aux enseignes low cost

Depuis dix ans, la tentation pour les enseignes est de se battre sur la mise en avant de leurs valeurs ajoutées plutôt que sur la maîtrise des coûts cherchant ainsi une hausse de leur rentabilité dans une hausse des marges. Le résultat de cette logique de complémentarité est un décalage des enseignes vers le haut ouvrant ainsi de plus en plus d'espaces dans le bas du marché aux *low cost.*

> ED et Leader Price sont la preuve que les enseignes ont déserté une partie excessive de leur territoire historique.

Une enseigne cœur de marché avec de gros volumes doit affronter et combattre sur les produits basiques à forte rotation.

> Sur le marché belge, Colruyt qui a choisi l'affrontement contrairement à GB et Delhaize, nous démontre que cette stratégie est la plus payante à long terme.
>
> En Allemagne, dès les années 70, les rendements des enseignes se sont dégradés ne leur permettant plus d'investir dans leur outil de vente et laissant ainsi la place aux low cost sur un marché sinistré. Elles ne pourront jamais revenir à des niveaux de compétitivité comme l'ont démontré les échecs de Wall Mart, Intermarché et Promodès.

La première réponse des GSA et surtout des HM est donc de reconstruire leur légitimité « maîtrise » du budget.

Conviction 2 : une priorité absolue, reconstruire l'image prix

L'inefficacité des politiques d'image prix des GSA doit être enrayée : hausse des prix avec les nouveaux concepts magasin, passage à l'euro avec les arrondis trop prématurés, la surenchère promotionnelle avec l'explosion des marges arrières. Reconstruire l'image prix sera long, difficile et coûteux mais c'est la seule contrainte stratégique capable d'enrayer la mauvaise spirale.

Conviction 3 : seuls les prix permanents agissent sur l'image prix

Les promotions et les bons d'achats, même s'ils agissent sur le trafic, l'animation, le développement des ventes et la conquête de nouveaux clients, n'agissent pas sur l'image prix et ne masquent pas des prix permanents trop élevés. Il faut donc diminuer les investissements publi-promotionnels à court terme pour investir la marge dans les prix, ce qui est impossible aujourd'hui dans le cadre réglementaire.

Conviction 4 : reconstruire l'image prix coûtera cher car seule une action globale et durable peut améliorer l'image prix

Quand les prix augmentent, l'image prix ainsi que la marge se dégradent vite et se reconstruisent très difficilement et lentement. Il faut donc que l'enseigne puisse assumer le coût de l'effort sur les prix qui est élevé. En effet, le laps de temps peut être de plusieurs mois, voire d'un an, entre le moment où le taux de marge baisse et celui où la hausse des volumes reconstitue la masse de marge.

Au facteur temps s'ajoute le facteur cohérence dans l'action : prix permanents, structure de gamme, aspect des magasins, communication, produits concernés – sachant que très peu d'entre eux permettent une véritable compensation de marge. De plus, chaque signe dissonant peut annihiler tous les effets des baisses de marges.

Conviction 5 : stopper l'évasion vers le HD suppose de proposer une offre objectivement compétitive qui fait actuellement défaut

Actuellement, le rapport qualité/prix des produits de base chez les HD est meilleur que chez les GSM où les premiers prix sont de qualité inférieure et les prix MDD plus élevés ainsi que les marques de fabricants. Il faut donc commencer par proposer une alternative crédible au sein des gammes en GSA :

- Produits sous marques d'enseigne économique (Carrefour avec HDL).
- Premiers prix de qualité.

Ceci a pour conséquence trois contraintes à anticiper :

- Cannibalisation des MDD et PPX actuels.
- Complication de la lecture des assortiments.
- Dégradation du mix de marge. Ces gammes économiques qui sont des investissements commerciaux devront accepter une très faible rentabilité.

Conviction 6 : pour donner de la visibilité aux efforts de prix, il faut renforcer la « commercialité » des magasins

Depuis 10 ans, les distributeurs ont fortement amélioré la qualité globale de leurs magasins tout en oubliant leur efficacité commerciale.

Il faut de nouveau remettre les GSA et GSS sous tension commerciale pour stimuler les consommateurs et pousser les produits vers le client.

Conviction 7 : à terme, seule une action de fond sur les organisations permettra de rester compétitif

Pour financer la reconquête sans dégrader la profitabilité, il faut diminuer durablement les coûts d'exploitation en changeant les façons de travailler.

Il faut simplifier les organisations et réduire les dépenses publi-promotionnelles excessives aujourd'hui et surtout à court terme.

Conviction 8 : les GSA n'ont jamais été et ne seront jamais des enseignes low cost

Pour corriger les effets de 10 ans de dérive, il est aujourd'hui impossible de revenir en arrière pour devenir des enseignes *low cost* d'autant plus qu'en 10 ans, les HM ont augmenté leurs marges de 5 points passant de 16 % à 21 %.

Les conditions ont changé avec la loi Raffarin ne permettant plus d'écraser les coûts et l'augmentation des frais de personnel avec les 35 heures obligeant à recourir à d'autres leviers de motivation.

Aucune entreprise ne peut baisser drastiquement ses coûts alors même que les profits n'ont jamais été aussi élevés et que la motivation des équipes reste le premier facteur de succès.

Il est plus valorisant pour les salariés de se battre pour la satisfaction client que pour le portefeuille du consommateur.

Les clients, même s'ils sont prêts à choisir un magasin n'offrant pas la « valeur ajoutée client », ne comprendraient pas une diminution de la qualité des services dans les enseignes *low price* beaucoup plus visibles que les dixièmes de point de marge économisés.

L'objectif de 0,3 point de marge par an pendant 5 ans est déjà ambitieux et même s'il ne suffira pas à regagner les parts de marché du HD, il le cantonnera sur un segment de marché limité interrompant le glissement progressif des GSA vers le haut du marché.

Conviction 9 : une seule sortie par le haut possible, raisonner en termes de rapport « compétence/coût »

Les GSA sont confrontées à une double contrainte :

- Poursuivre leur montée en compétence en devenant des bâtisseurs d'offre marchande et non de simples sélectionneurs de produits, ce qui suppose de disposer d'une très grande intelligence des marchés en centrale.
- Baisser les coûts d'exploitation et engager une baisse limitée mais durable des marges, ce qui suppose une simplification des organisations centrales tout en continuant à devenir plus compétent (exemples : Zara, Ikéa, Brico Dépôt ou Georges d'Asda).

Depuis 15 ans, les enseignes ont importé des cadres de chez les fournisseurs pour élever leurs compétences, ce qui a entraîné une politique de valeur ajoutée et ainsi creusé le fossé entre centrales et magasins. En effet, le modèle managérial HM et SM valorisant la polyvalence diminue la compétence au sens de l'expertise sur un marché, modèle qu'il faut repenser.

Conviction 10 : remettre en cause la loi Galland est nécessaire pour sortir de l'impasse

La circulaire Dutreil, même si elle a le mérite d'ouvrir le débat sur les impasses de la loi Galland, ne résout rien car la concurrence entre enseignes se jouant aussi à l'achat, aucune marque ne prendra le risque de différencier ses tarifs entre enseignes.

Une remise en cause radicale du cadre réglementaire semble aujourd'hui inévitable et une limitation réglementaire des marges arrières ou une interdiction des bons d'achat peuvent êtres établies avec des conséquences à redouter.

Conviction 11 : les groupes de distribution qui ont une enseigne low cost *à côté de leurs enseignes de GSA ne change rien au problème !*

> Le poids d'ED est passé de 3,3 % à 4,6 % dans le CA de Carrefour et Leader Price atteint aujourd'hui près de 11 % du CA de Casino.
>
> Leclerc envisage de créer une nouvelle enseigne de discount de proximité des centres villes alors qu'Auchan a ouvert son concept Halles d'Auchan fin 2003 à Meaux et teste une enseigne *low cost* « au marché vrac » à Lille sur 299m².

Même si les actionnaires investissent dans ces formats et s'en félicitent, on redoute que ces diversifications ne traduisent une perte de confiance dans les formats *low price* qui conduiraient à limiter les investissements.

Conviction 12 : s'il est théoriquement possible de bloquer l'expansion du HD, les conditions pour ce faire ne seront sans doute pas remplies

Même si certains font le parallèle avec l'Allemagne où le HD a atteint 35 % du secteur alimentaire, n'oublions pas la dimension sociale et culturelle de l'alimentation chez les Français, qui continuent d'acheter des produits de marque en certaines occasions même s'ils fréquentent les HD – et que 30 % des ménages Français n'ayant pas encore accès au HD ne sont pas encore conquis.

Les leviers actionnés avec détermination et cohérence peuvent stopper la progression des HD, mais attention aux freins et facteurs d'inertie : loi Galland, baisse des tarifs fournisseurs, réorganisation des GSA, efforts de marge, négociation des marges arrières.

Concepts magasins : le grand retour de la commercialité

Ces dernières années ont vu se multiplier les nouveaux concepts s'expliquant par une hyper réaction face à la montée des enseignes *low cost* particulièrement dans l'alimentaire, le bricolage, le bazar et le textile. La mobilisation image-prix n'explique pas tout ; on assiste à un profond changement pour revenir à la commercialité des magasins différents d'une offre plus sophistiquée des années 90.

➤ Le début d'un nouveau cycle

Les objectifs d'un nouveau concept :

- Commercialité : pousser les produits vers le client, favoriser l'interaction produit/client.
- Économie : coûts limités d'investissement, d'entretien, d'exploitation.
- Expérience client : agrément, confort, fluidité, ambiance, sensorialité.
- Identité : relais des valeurs de l'enseigne, valorisation de la « marque ».

Deux grands cycles ont existé :

- Le modèle économique des années 70 et 80 privilégiant un merchandising fonctionnel, voire basique avec peu de séduction, d'appel aux émotions, de travail sur l'identité enseigne/marque.
- Le modèle identitaire des années 90 privilégiant agrément et confort d'achat ainsi que l'affirmation de l'identité de la marque. Le magasin

est considéré comme le premier média de l'enseigne oubliant parfois l'efficacité commerciale (Eldorauto de la Grande Armée à Paris, Citadium le temple du sport).

Le prochain cycle voit apparaître « l'expérience clients » avec le thème de la multi-sensorialité ou le fun-shopping. Le magasin combine lieu de plaisir et lieu de vente mais avec un renforcement de l'efficacité commerciale qui intègre les contraintes économiques tout en prolongeant les progrès des dix dernières années.

Trois tendances expliquent l'évolution des concepts marchands :

- Améliorer l'agrément du lieu de vente et la valorisation de l'expérience client. On réchauffe des concepts froids et rigides en remettant un peu de modernité, couleurs et sensorialité (Cora, Darty, Conforama, Sephora, Grandoptical).
- Pousser le produit vers le client en débanalisant l'offre par la valorisation du produit, sa « mise en séduction » (Sephora, Géant, Castorama).
- Assurer la « mise sous tension commerciale » des magasins en affirmant leur pugnacité et leur image prix : le merchandising est plus puissant et moins sophistiqué (Auchan, Leroy Merlin).

➤ L'amélioration de l'expérience client : une tendance qui ne se dément pas

Ce fut dès les années 90 la préoccupation première ce qui vaut aujourd'hui au commerce français un bon niveau de confort d'achat et de « qualité de vie ».

Actuellement, on investit dans ce domaine, avec deux démarches :

- On réchauffe un concept trop froid pour passer d'un magasin d'architecte plus lieu d'expression des valeurs d'une marque, à un magasin commerçant, lieu de relation avec les clients.

> Comme Grandoptical ou Sephora, Darty, même s'il manque encore de commercialité, évolue et passe d'un linéaire froid à la création d'univers tout en couleurs avec une offre enrichie pour susciter les achats d'impulsion. Les quatre objectifs annoncés sont : renforcer le confort d'achat, développer une relation commerciale et chaleureuse, améliorer la lisibilité de l'offre, mettre en avant les services.

- On comble un retard de modernité.

> Conforama, par exemple, doit garder son image prix et son ancrage populaire, et en même temps œuvrer pour moderniser et améliorer le magasin.

Ce rajeunissement de l'image de l'enseigne entraîne un changement de l'identité visuelle et de communication dont l'objectif est d'améliorer le côté qualitatif tout en conservant une politique de *discounter*. Pour garder cette dualité qualité et discount, le magasin a une offre plus moderne et plus variée avec une allée principale de circulation jalonnée de produits en promotion et un espace décoration avec une offre plus diversifiée.

Quant à Cora Clermont-Ferrand, il revisite l'HM en éliminant les inconvénients (stress, bruit...) pour améliorer l'expérience client (confort d'achat, lisibilité...). C'est un réel tournant mais attention à ne pas sacrifier les atouts de l'HM (puissance, commercialité, image prix) en voulant lutter contre ses handicaps.

➤ La débanalisation de l'offre

Oubliée au cours du cycle identitaire des années 80, on revient actuellement à la commercialité par la séduction en privilégiant les belles présentations de produits bien valorisés.

On le retrouve chez Mr Bricolage, Géant ou encore Sephora rue de Rivoli qui starise le produit en maquillage.

Trop de sophistication tuant l'image prix, la difficulté est d'être séduisant tout en restant marchand.

À la Fnac, on teste une exposition bien orchestrée d'un produit dans sa valeur d'usage tels que les rayons billetterie plutôt qu'une mise en scène sophistiquée ou de grandes photos évocatrices.

On retrouve la valeur première du métier de la distribution « le stock fait vendre » avec de la massification, de la profusion qui permet de manière plus puissante que séduisante de renforcer la commercialité sans fragiliser l'image prix.

Chez Castorama de Hénin-Beaumont, on a un merchandising visuel massifié inspiré de B&Q ou Hornbach avec les murs recouverts de produits stimulant le désir d'acheter et donnant une tonalité au magasin. Tous les produits sont également à portée de main pour permettre au client de mieux les apprécier. Ce principe du « libre-toucher » se retrouve aussi à la Fnac avec les appareils photos numériques. Enfin pour l'orientation, on segmente le magasin en quatre parties dotées chacune d'une couleur qui est un élément de repérage reprise sur les plans plastifiés fixés sur les chariots.

➤ Le renforcement de l'image prix

Même si la partie de la légitimité prix doit se reconquérir, il n'en reste pas moins qu'aujourd'hui, il doit y avoir compatibilité entre la valorisation du produit et du client et la réaffirmation de l'image prix et de la commercialité.

> Chez Leroy Merlin à Massy, pour lutter contre les HD tels que Brico Dépôt, et stopper la dégradation de l'image prix, on choisit de préserver la séduction et la mise en situation de produit avec des présentations séduisantes de valorisation des résultats tout en marquant un retour à la puissance et aux prix avec des présentations massifiées et simples avec un message prix/produits.
>
> Carrefour Collégien tente de rivaliser avec les HD et les GSS en se voulant puissant et séducteur via une domination totale sur le choix, les prix, les promotions, la valeur ajoutée... Cette ambition se traduit malheureusement plus par une surabondance d'affichage promotionnel plutôt que par une profusion de produits.
>
> Auchan, quant à lui, choisit un dynamisme commercial sans excès avec des têtes de gondoles massives, une profusion d'affiches promotionnelles, peu de merchandising, pas de théâtralisation, des bacs à fouille et une forte visibilité de la gamme de premiers prix. Il choisit l'affrontement et renonce à devenir multi-spécialiste en non alimentaire. Son image prix est renforcée, mais le traitement basique des produits à forte valeur ajoutée se fait aux dépens de l'image de compétence. Le concept est donc agressif mais à faible valeur ajoutée. Notons que le groupe Mulliez a axé sa stratégie 2003 sur une stratégie recentrée sur les prix bas.

➤ L'architecture commerciale : un changement de cycle

Le changement de cycle est radical : valorisation des clients, valorisation du produit, réaffirmation de l'image prix. Dans les années 90, les agences de design et d'architecture commerciale ont apporté aux enseignes de vrais concepts collant à leur stratégie commerciale communiquant l'image de la marque mis en scène à travers une identité visuelle.

Aujourd'hui, le consommateur étant averti donc moins impressionnable et moins stimulé, les enseignes cherchent à acquérir une efficacité marchande en poussant les produits vers les clients tout en limitant les coûts, pression sur les prix oblige.

Il faut inventer de nouvelles façons de stariser les produits et de favoriser une interaction maximale entre le produit et le client, tout cela dans le contexte de l'enseigne par ce qui la distingue et la légitime.

Notre avis : L'inconnu dans la maison

Le hard-discount est arrivé en France sans faire de bruit, en catimini en quelque sorte, avec une bonne dose de mépris de la part des grands distributeurs « traditionnels »... Établissant chaque année le *Store-chart France,* tableau permettant de visualiser d'un seul coup d'œil toute la distribution française, nous sommes bien placés pour observer la montée rapide spectaculaire de l'univers des hard-discounts – appelés aussi maxi discomptes.

– 1990 : 166.
– 1992 : 499.
– 1994 : 1173.
– 1996 : 1960.
– 1998 : 2255.
– 2000 : 2618.
– 2002 : 3119.
– 2004 : environ 3600.

Or, les hypermarchés, voire les supermarchés, sont généralement situés hors des villes, souvent assez éloignés, pour des raisons évidentes de surface de vente et de parking. Les discounts, par définition beaucoup plus petits (5 à 600 m^2) avec très peu de parking, plus proches des villes, quand ils ne se trouvent pas en centre-ville, sont de ce fait situés sur le chemin des grandes surfaces, et piratent, du simple fait de leur localisation, un certain nombre de clients. Bien sûr, ils sont loin d'avoir un assortiment comparable, mais leurs prix sont suffisamment agressifs pour attirer vers eux une frange de plus en plus importante de la population – et pas seulement les plus pauvres.

D'où toutes les politiques explicitées plus haut pour combattre ce phénomène de dérivation préoccupant les grandes enseignes : après avoir été eux-mêmes les « vilains canards » du commerce, ils ont trouvé plus « vilains canards » qu'eux...

Et nous revenons à « la roue de la distribution » (règle de M. Mc Nair, Harvard) selon laquelle les magasins modernes vendant à bas prix sont condamnés à se sophistiquer, apporter plus de services, de décoration, donc augmenter leurs frais généraux et leurs marges : il y aura toujours un nouveau *discounter* pour arriver avec des magasins spartiates, vendant moins cher, pour prendre leur place...

On passe des beaux magasins d'architectes identitaires et peu marchands à des concepts alliant marketing et commerce. Après quelques années de dérive, on trouve de nouveaux équilibres en se recentrant sur les quatre objectifs d'un concept : commercialité, économie, expérience client, identité.

Les cybermarchés[1]

Le rôle des cybermarchés dans le système d'approvisionnement des consommateurs

Objectifs

On entend par cybermarché un supermarché en ligne, accessible par Internet. Il s'agit d'une étude qualitative sur les freins à l'achat dans les supermarchés en ligne, avec un descriptif du profil du cyberacheteur et une typologie des clients des cybermarchés.

Les objectifs sont :

- Analyser les profils, comportements et attitudes des clients des cybermarchés.
- Comprendre les freins à la pénétration des cybermarchés et à la fidélisation des clients.
- Analyser la place des catégories de produits dans la fréquentation des cybermarchés.
- Identifier les orientations pour en favoriser le développement.

Synthèse

➤ Le profil de clientèle

Il s'agit d'un profil très typé en termes socio-démographiques.

Le cyberacheteur est représenté en majorité par des femmes aisées, modernes, avec au moins un enfant de moins de 15 ans et concentrées

1. Étude Dia-Mart/IFM, 2001.

dans les CSP+, ce qui est une cible de choix et promet un potentiel de croissance important.

La clientèle est technophile et bien sûr équipée d'un ordinateur au domicile.

➤ Le cybermarché

Il représente un allié dans la gestion des contraintes liées aux modes de vie.

Le gain de temps est une des principales raisons de recours aux cybermarchés mais surtout la gestion du temps : on peut faire les courses à n'importe quelle heure du jour et de la nuit. Il devient donc, en quelque sorte, un outil de « management du foyer ».

Mais c'est aussi un outil de réduction des contraintes logistiques et souvent la livraison est un avantage pour les produits lourds. L'absence de voiture et de grande surface aisément accessible dans Paris intramuros sont des motivations complémentaires pour les Parisiens.

➤ Les produits achetés en cybermarché

La fréquence des commandes est d'un peu plus d'une fois par mois, ce qui montre que si le cybermarché représente un circuit important dans le système d'approvisionnement, il est loin d'être le seul. Pour les grosses courses, le cybermarché est souvent le format privilégié, remplaçant pour cette fonction une partie de la grande surface.

Mais il est aussi le magasin de complément pour les achats courants, tout en étant peu utilisé pour les achats non anticipés ou festifs.

Le cybermarché est mal adapté à la vente de produits frais :

- Produits fragiles sans marque forte pour rassurer.
- Absence de dimension sensorielle.

Les cybermarchés sont privilégiés pour des achats de stockage et provoquent moins les achats sensoriels, donc de plaisir ou nécessitant un conseil.

➤ Un concurrent direct de l'hypermarché

Le cybermarché est une alternative partielle à l'hypermarché, donc le concurrent direct de celui-ci, lui prenant les paniers les plus gros. Avec le supermarché, la substitution est moins forte mais pas totalement absente.

En revanche, le cybermarché est un complément naturel du commerce de proximité.

En conclusion, on peut avancer que le couple cybermarché/commerce de proximité est susceptible de remplacer l'hyper.

➤ Un usage très rationnel

Le cybermarché est un outil de management du foyer et les clientes sont de ce fait des planificatrices. Mais la nécessaire rigueur personnelle et la limite du média peuvent être un frein au développement :

- Une gestion anticipée des besoins et des stocks est nécessaire.
- Il impose des heures de présence au domicile pour la livraison.
- L'utilisation de listes avec donc un « merchandising de remémoration » fonctionne mal sur un écran d'ordinateur (plus de repères spatiaux ou visuels).
- Le merchandising est peu sensoriel (sauf par l'imagination !).

Ce n'est pas sur le cybermarché que les clients vont essayer les nouveaux produits et découvrir les dernières nouveautés : son potentiel reste à développer.

➤ Les raisons d'abandon

Parmi les raisons d'abandon du cybermarché, on compte principalement :

- Le non respect des horaires.
- La non conformité des livraisons.
- Un changement de mode de vie, à l'occasion duquel s'atténue la contrainte que le cybermarché permettait de maîtriser.
- Des raisons de choix de produits (gammes courtes et souvent hétérogènes).

Il y a peu d'infidélités, de curiosité ou d'opportunisme : les prix et promotions ne sont pas une motivation majeure et le caractère laborieux de la première livraison n'incite pas au zapping.

➤ Les conclusions

Une clientèle de rêve : aisée, jeune, avec enfants, ouverte à l'innovation – il s'agit d'une cible étroite qui devra s'élargir à terme pour assurer un développement durable.

C'est une formule qui répond bien au mode de vie et aux contraintes de certains consommateurs (cadres bi-actifs et urbains avec enfants, personne à mobilité réduite) – là encore cible étroite qui devra s'élargir à terme pour assurer un développement durable.

Le cybermarché a une fonction de magasin principal pour les grosses courses, qui en fait le concurrent direct des hypers sur les paniers les plus rentables (en terme de chiffre d'affaires) ce qui induit un mix de marge peu favorable, les produits de mass-market étant généralement les plus discountés.

Mais c'est un outil efficace de « management du foyer », qui permet de gérer le temps et les achats de manière plus rationnelle – mais un mode d'achat contraignant (besoin d'anticiper, de programmer) qui rebute certains clients : comment rendre la formule plus souple, plus conviviale ?

En revanche, c'est un processus de commande pratique (liste mémorisée) adapté aux achats répétitifs – avec évidemment, une faible capacité à transmettre des émotions, à favoriser les achats d'impulsion et de découverte.

➤ Les axes de progrès

Un certain nombre de questions doivent trouver des réponses :

- Comment être un outil d'approvisionnement plus efficace ? Comment améliorer les livraisons, la rapidité de la commande, la simplicité d'usage des sites ?
- Comment devenir une formule de « vente » ? La faible capacité du cybermarché à susciter de l'achat non prévu sur une liste limite la capacité à augmenter les paniers et surtout à agir sur les mix de marge.
- Le merchandising de séduction et de « remémoration » reste à inventer (solution possible : meilleure utilisation des associations de produits issus d'un data-mining plus pointu).
- Il importe d'améliorer le média lui-même (rapidité, qualité de l'image).
- Il conviendrait d'envisager un couplage avec des supports off-line à moyen terme.
- La relation avec le client doit être développée.

Notre avis : Un achat de raison

Cette étude a été faite en 2001. Depuis, les choses ont évolué : l'e-commerce connaît une croissance exceptionnelle (certaines années, +50 %). La souplesse d'utilisation et la visualisation des produits se sont nettement améliorées ; les services se sont peu à peu rodés pour une planification plus rigoureuse des livraisons, grosse cause d'échec. D'un autre côté, Internet prend des parts de marché significatives aux magasins – qui montent à leur tour des sites...Le problème est que certains cybermarchés pratiquent des prix de 15 à 20 % inférieurs aux grandes enseignes, compte tenu du coût très supérieur des magasins par rapport à des entrepôts délocalisés. Cependant, la pénétration de ce nouveau type de magasin reste encore limitée aux urbains aisés qui deviennent souvent « accros » compte tenu des avantages indéniables de la logistique des courses, si pénible aux personnes qui travaillent – souvent des femmes, surtout des cadres. Cependant, le merchandising de séduction reste très limité, l'écran de l'ordinateur se prêtant peu à l'attractivité sensorielle...

De ce fait, les produits les plus vendus par e-commerce, dans les sites généralistes alimentaires, sont les PGC et autres produits « lourds » mais peu porteurs de marge. En revanche, les sites généralistes laissent la porte grande ouverte aux sites spécialisés qui se développent de jour en jour (voir plus loin la partie consacrée au cybermarché des produits frais).

Les promotions PGC en GMS[1]

Cette étude porte sur le rôle de la promotion et du prospectus dans la préparation des courses, la fréquentation des magasins, l'acte d'achat et les comportements d'achat des consommateurs dans le domaine de la promotion. S'y ajoute une partie concernant ses supports et les performances.

➤ Objectifs

– Savoir si les consommateurs de promotions en PGC changent de magasin pour « chasser » les promotions.

1. Étude Iri-Sofres-MCA-IFM, 2003.

– Savoir si les catégories les plus réactives en matière de promotion font apparaître des comportements consommateurs spécifiques.

➤ Synthèse

• *Le rôle de la promotion et du prospectus dans la préparation des courses (le consommateur)*

Près d'une personne sur deux prépare une liste de courses et déclare regarder habituellement le prospectus du magasin. Parmi les acheteurs de promotions, 11 % l'ont regardée plus précisément.

• *Le rôle de la promotion dans la fréquentation des magasins (le chaland)*

Les acheteurs de promotions sont majoritairement des clients qui font « leur plein » de courses. Le principal rôle des promotions est la fidélisation au point de vente. Les *switchers* ne sont pas promophiles et les promophiles ne sont pas des *switchers*.

• *Le rôle de la promotion dans l'acte d'achat (ou l'acheteur)*

Le lieu de la décision d'achat est différent selon les catégories, d'où un impact variable des promotions. L'achat de promotion est fait dans un but de stockage avec d'abord, des produits de la liste.

Les promotions préférées sont :

– la réduction immédiate en caisse (81 %) ;
– le lot de produits ou un seul produit avec quantité gratuite (67 % et 63 %) ;
– le coupon distribué en magasin avec réduction immédiate à la caisse (60 %) ;
– l'échantillon gratuit (41 %) ;
– la réduction sur le prochain achat (38 %).

Les attentes de promotions sont de préférence sur les grandes marques (78 %) et beaucoup moins sur les MDD (22 %). Les promotions fidélisent à la marque et la dynamise.

Le repérage préféré des promotions est l'affichage en rayon et sur le produit.

La localisation préférée des produits est l'emplacement habituel du produit et en tête de gondole.

– La part des promotions est, en valeur, supérieure à 11,6 %.
– Le pourcentage d'augmentation des ventes à la catégorie est supérieur à 3 % de chiffre d'affaires.
– Le taux de transformation des ventes promotionnelles en ventes incrémentales est supérieur à 32,9 % de chiffre d'affaires.

Les supports promotionnels sont différents selon les rayons :
Pour l'épicerie : la mise en avant.
Pour les liquides : les prospectus et la mise en avant.
Pour le libre service frais : les prospectus.
Pour le DPH : le packaging spécial.
Il y a plus de réactivité en épicerie et en DPH, plus de soutien en liquides et libre service frais.

Les catégories les plus grosses sont plus soutenues et les plus petites sont plus réactives. Mais l'analyse catégorie par catégorie ne montre pas de corrélation entre le support et l'efficacité.

Ni la promotion ni l'efficacité des supports ne sont transversales. C'est l'analyse des comportements dans la catégorie, les caractéristiques produits et l'objectif assigné aux promotions qui doivent guider le choix du mix des actions.

• *Le comportement des consommateurs*

Les acheteurs de promotions dépensent à peine plus que la moyenne.

Il y a une forte réactivité lorsque :
– les catégories sont plus petites ;
– les produits sont à faible fréquence d'achat ;
– la part des MDD est plus faible.

Il y a une faible réactivité lorsque :
– les catégories sont plus grosses ;
– les produits sont à forte fréquence d'achat ;
– la part des MDD est plus importante.

• *Le profil des consommateurs*

Les gros consommateurs sont :
– des familles avec des enfants en bas âge ;
– des célibataires jeunes ou d'âge moyen ;

- des classes moyennes supérieures et aisées ;
- domiciliées en régions du Nord, de l'Est et Centre-Est ;
- âgées de 34 ans à 49 ans.

Notre avis : Le sel du marché

Il faut bien constater que sans promotion, un magasin serait bien ennuyeux... C'est la promotion qui fait vivre un rayon, et souvent les ventes sont spectaculaires. Mais comme on ne peut consommer toujours plus de produits, la promotion s'annule dans le temps. Il s'agit d'à-coups permettant à une marque de prendre des parts de marché, jusqu'à ce qu'une autre vienne annuler le premier effet... On assiste alors à une course aux « promos » – à celui qui en fera le plus, le plus fort, le plus souvent... Pour le consommateur, c'est un moyen de « s'amuser » à faire de bonnes affaires, il en gratifie l'enseigne où il fait ses courses.

La perception de l'ILV/PLV en GMS[1]

Objectifs

Cette étude cherche à mesurer et comprendre l'impact des divers supports d'ILV/PLV sur le comportement d'achat en rayon des consommateurs et l'image du linéaire, à travers une approche visibilité/utilité/utilisation. L'étude a été menée en mesurant la satisfaction des clients selon ces supports, et hiérarchisant ceux-ci en fonction des facteurs clés de leur succès.

Définitions

- ILV/PLV promotionnel : supports visant à promouvoir une offre, une marque, une référence (par exemple : TG, brèche promotionnelle, stop rayon, panneau promotionnel).

1. Étude Plus Action, 2001.

– ILV/PLV segmentation : supports visant à faciliter les processus de repérage et de choix du consommateur et à délimiter les différentes catégories de produits au sein d'un rayon donné (par exemple : kakémonos, frontons).
– ILV/PLV conseil : supports visant à conseiller et aider les consommateurs dans leur processus de choix et à délivrer une information ou un conseil d'utilisation (par exemple : conseils utilisation soins du visage, nuancier de couleurs en maquillage, conseils sur les forfaits en téléphonie mobile).
– ILV/PLV théâtralisation : supports visant à créer une ambiance et un espace au sein du magasin et à améliorer le confort d'achat des clients à travers un mobilier adapté (étagères inclinées, séparateurs plastiques, casiers plastifiés...). Par exemple : espace parfumerie avec îlots, parquet et éclairage, espace rayon alcools avec casiers en bois.

Synthèse

➤ L'ILV/PLV à travers l'approche V2U (visibilité, utilité, utilisation)

• *Visibilité*

Un support ILV/PLV est vu par environ une personne sur deux. Les plus remarqués sont d'abord les supports promotionnels (67 %), ceux de théâtralisation (58 %), de conseil (51 %) et enfin, de segmentation (34 %).

Au sein de ces catégories de supports, il y a de fortes disparités selon les types de supports utilisés. Pour les supports conseil, le critère discriminant de visibilité est davantage le rayon que le type de support ILV/PLV qui doit être adapté aux spécificités de chaque marché et notamment aux attentes des consommateurs en termes de conseil. Les supports segmentation ont les taux de visibilité les plus homogènes.

Les facteurs visibilité supports ILV/PLV sont :
– Le caractère novateur et fortement différenciant de certains projets (éclairage, parquet...).
– L'impact visuel (code couleur différent, texte rapide à lire, forme spécifique...).
– La dimension conseil (aide au choix d'une couleur...).
– La dimension prix (offre promotionnelle, MDD...).
– L'historique d'utilisation (TG...).

• *Utilité*

L'utilité est perçue pour six personnes sur dix. Il y a une forte homogénéité entre les différents supports en terme d'utilité perçue sauf pour les supports segmentation légèrement en retrait. Ceci se comprend par la connaissance des consommateurs du linéaire et de l'emplacement des produits ainsi que par un merchandising efficace.

Mais l'homogénéité est plus marquée au niveau des types de support par ceux de théâtralisation et de conseil qu'en supports promotionnels et de segmentation.

Ceux qui obtiennent les plus forts scores d'utilité perçue sont ceux qui contribuent activement au confort d'achat des consommateurs.

• *Utilisation*

Le taux d'utilisation moyen d'un support ILV/PLV est de 52 % avec une forte homogénéité ente les différents supports en terme d'utilisation et une disparité au niveau des types de supports. En définitive, un support ILV/PLV est utilisé par un consommateur sur quatre en considérant la moitié qui l'ont vu.

Les supports qui obtiennent les plus forts scores d'utilisation par rapport à l'aide à l'achat sont ceux qui s'appuient sur les plus forts scores de visibilité :

– Supports promotionnels : 39 %.
– Supports théâtralisation : 29 %.
– Supports conseil : 29 %.
– Supports segmentation : 18 %.

➤ **L'impact de l'ILV/PLV**

• *Sur le comportement d'achat des consommateurs*

Impact sur la préméditation de visite en rayon

Seulement 2 % des consommateurs décident de visiter un rayon grâce à l'ILV/PLV, mais on attribue 15 % des raisons de venue dans le rayon imputable à l'ILV/PLV.

Impact sur les achats d'impulsion

Près de 6 % des consommateurs déclarent réaliser un achat d'impulsion grâce à l'ILV/PLV, mais la contribution de l'ILV/PLV est évaluée à 20 %.

Impact sur le processus de repérage

Près de 20 % des personnes interrogées déclarent avoir utilisé un support ILV/PLV dans le cadre de leur processus de repérage.

Impact sur le processus de choix

Près de 21 % des personnes interrogées déclarent avoir utilisé un support ILV/PLV dans le cadre de leur processus de choix. Dans les rayons maquillage, soins du visage, les consommatrices sont fortement impliquées et le temps passé en rayon est par définition supérieur à la moyenne. L'ILV/PLV vise à rendre les courses plus agréables aux consommatrices et les aident dans leur achat. L'ILV/PLV est un facteur d'appréciation des courses de ces rayons, contribuant activement à la moyenne enregistrée sur l'indicateur « temps passé en rayon ».

Les supports segmentation ont une double fonction :

- Faciliter le processus de repérage grâce à une meilleure compréhension de la segmentation du linéaire.
- Faciliter le processus de choix en évitant les déplacements inutiles en rayon.

Les différents supports d'ILV/PLV ont un impact sur le comportement d'achat soit en phase de repérage soit en phase de choix. Mais l'ILV/PLV semble également générer des achats d'impulsion.

- *Sur l'image du linéaire*

- Les différents supports d'ILV/PLV ont un impact sur l'image du linéaire à la condition nécessaire (mais pas suffisante) de s'appuyer sur un taux de visibilité performant.
- Le support ayant le faible score de visibilité (support segmentation) est effectivement celui qui provoque le moins d'impact dans le cadre de notre bilan d'image.
- Pour les trois autres supports ILV/PLV, nous observons une déconnection entre visibilité et impact :
  - Support promotionnel : forte visibilité et impact image limité.
  - Support conseil et théâtralisation : visibilité moyenne et impact image positif.

➤ L'appréciation de l'ILV/PLV

• *Appréciation des supports*

– Supports théâtralisation : 7,4 / 10.
– Supports conseil : 6,8 / 10.
– Supports segmentation : 6,4 / 10.
– Supports promotionnels : 6,4 / 10.

Tableau 15

	Support conseil	Support théâtralisation	Support promotionnel	Support segmentation
Conseil	42 %			
Esthétique du support	15 %	16 %	3 %	28 %
Valorisation de l'offre	9 %	34 %		
Possibilité de l'emmener chez soi	35 %			
Support pratique	10 %	8 %		10 %
Ambiance crée par le support		29 %		8 %
Organisation perçue		17 %		15 %
Utilité du support		13 %	9 %	12 %
Visibilité du support			27 %	12 %
Prix et promotion			24 %	

• *Principaux critères d'insatisfaction*

Tableau 16

	Support conseil	Support théâtralisation	Support promotionnel	Support segmentation
Rien	52 %	77 %	67 %	45 %
Confort d'achat		9 %		3 %
Visibilité du support	34 %	8 %	8 %	45 %
Précision de l'information	5 %			
Méfiance	5 %		12 %	
Esthétique du support	3 %	5 %	12 %	6 %
Utilité du support	3 %	2 %		9 %

- *Forces et faiblesses*

Support théâtralisation

Forces

– Espace spécifique : convivialité, création d'ambiances, fait moins grande surface.

– Mobilier : met en valeur les produits, facilite l'accès aux produits, meilleur rangement des articles.

Faiblesses

– Espace spécifique : vigilance en terme d'image/prix, moindre processus de comparaison avec les îlots.

– Mobilier : problème de visibilité.

Support conseil

Forces

– Aide à la prise de décision en rayon, rôle de conseil.

– Forte attente consommateur, notamment sur des marchés techniques.

Faiblesses

– Complexité de certains supports (termes trop techniques, pas assez clairs).

– Problème de visibilité (texte trop petit).

– Parfois préférence pour intervention d'un vendeur, conseiller.

Support segmentation

Forces

– Facilite le processus de repérage, gain de temps.

– Perception d'une organisation par type de produits, segmentation perçue.

Faiblesses

– Problème d'impact, manque de visibilité, emplacement trop haut, texte trop petit.

– Parfois perçu comme inutile compte tenu des niveaux de fidélité au produit et de connaissance du rayon.

Support promotionnel

Forces

Offre prix, compétitivité, rapport qualité/prix.

Faiblesses

– Crédibilité de l'offre promotionnelle, concept de « fausses promotions ».
– Manque d'attractivité.
– Forte attente en termes de service : prix au kilo, économie réalisée...

➤ **Les axes de réflexion**

• *Les priorités des consommateurs*

– Information sur lieu de vente : « la localisation du rayon dans le magasin ».
– Promotion sur lieu de vente : « la signalisation des promotions ».
– Théâtralisation sur lieu de vente : « l'espace pour circuler ».

• *Implantation de l'ILV/PLV*

Zone haut de rayon/dessus de rayon

– Manque de visibilité.
– Convient presque exclusivement à un balisage de théâtralisation visant à masquer le plafond ou les murs.

Zone centrale

– Visibilité maximale car balisage implanté dans la zone où sont situés les produits.
– Adapté aux quatre types de balisage.
– Danger : profusion des supports risque de nuire à l'efficacité de chacun, d'où une priorisation nécessaire.

Zone bas de rayon/sol

– Zone encore peu ou pas exploitée.
– Zone à fort potentiel compte tenu du mode de déplacement des consommateurs (Caddie avec regard plus orienté vers le bas).
– Adapté notamment au balisage de segmentation.

– Danger : dégradation sur la dimension propreté notamment pour le balisage au sol. Travail à faire sur la bande comprise entre le sol et le bas de la gondole en veillant à l'inclinaison/orientation du balisage.

➤ Les facteurs clés de succès

• *La précision*

Les consommateurs souhaitent aujourd'hui disposer d'une information précise et objective. L'un des enjeux de l'ILV/PLV est de délivrer une information complète de qualité auprès d'une clientèle à la fois exigeante et méfiante (sécurité alimentaire, passage à l'euro).

• *L'accessibilité*

Les consommateurs reconnaissent globalement être pressés et souhaitent faire leurs courses dans les meilleures conditions et le plus rapidement possible. Ce contexte oblige à leur transmettre une information dans les meilleures conditions possibles. L'ILV/PLV doit impérativement être accessible au plus grand nombre au risque de ne pas être exploitée par les consommateurs.

• *La cohérence*

Les consommateurs remettent souvent en cause le manque de cohérence de certaines initiatives en termes d'ILV/PLV. Cette critique peut porter sur tout ou partie du projet ILV/PLV.

• *La convivialité*

Les consommateurs jugent les supports souvent monotones et fastidieux. Ils souhaitent apporter une dimension plus conviviale à l'ILV/PLV.

➤ Les conclusions

• *L'ILV/PLV est un outil majeur d'optimisation de la satisfaction client*

Le concept de satisfaction client repose principalement sur le triptyque : prix, choix, confort d'achat (rapidité, propreté, rupture). Or, l'ILV/PLV intervient sur chacune de ces trois dimensions clés, elle est donc au cœur de la stratégie satisfaction du consommateur/client.

- *La typologie ILV/PLV en fonction de la fréquence d'utilisation*

Les fréquences d'utilisation sont : promotionnel (62 %), conseil (26 %), segmentation (20 %), théâtralisation (13 %).

Il y a scission entre les supports à usage régulier, voire systématique (promotionnel) et les supports à usage occasionnel, ponctuel (conseil, segmentation, théâtralisation).

- *L'ILV/PLV est une fusée à deux étages*

Tableau 17

↑	Niveau 2 « différenciant »	Supports théâtralisation (espace spécifique) Supports segmentation Supports conseil Supports mobilier (étagères, séparateurs)
	Niveau 1 « fondamentaux »	Supports promotionnels

- *L'ILV/PLV au cœur de la stratégie de différenciation des enseignes*

Différenciation en termes de prix

- Action sur les supports promotionnels.
- Objectifs :
  - Renforcer l'image discount du distributeur.
  - Renforcer sa crédibilité en termes de compétitivité/prix.
- Concept de PLV (P pour prix et promotion).

Différenciation en termes de confort d'achat

- Action sur les supports conseil, théâtralisation et segmentation.
- Objectifs :
  - Renforcer l'image de l'enseigne en termes de proximité client et de modernité.
  - Rassurer le consommateur à travers l'expertise des industriels.
- Concept de ILV/TLV (I pour information et T pour théâtralisation).

Notre avis

Très intéressante étude qui pour la première fois répertorie et quantifie les principales méthodes d'ILV et PLV. Historiquement mal aimée des distributeurs en France, la PLV dans son ensemble est beaucoup plus utilisée aux États-Unis qui n'en font pas une « question de principe » mais une question d'efficacité ! Le magasin français a souvent peur d'y perdre son identité – quitte à devenir moins marchand…
Mais à l'époque où les résultats comptent plus que les théories, voici peut-être venu le temps d'une CLV (communication sur le lieu de vente) spécifique et triomphante pour remplacer partiellement le manque de personnel de conseil (ceci étant particulièrement sensible dans les GSS bricolage…).

L'évolution de l'offre marchande en rayon[1]

Objectifs

Cette étude porte sur la lisibilité et l'offre de l'implantation générale, des linéaires et assortiments par famille de produits ainsi que des effets des réimplantations.

Synthèse

Implantation générale

➤ Répartition des m² en GMS par secteur

De 1988 à 1996, les GMS françaises ont réduit la place accordée aux PGC, en particulier au profit des produits frais traditionnels. Depuis le tournant de 1997, la réallocation en faveur des produits libre-service (PGC, produits frais LS, Bazar « consommable ») se confirme. Les

1. Étude Panel International, 2003.

PGC avoisinent les 30 % de part de surface, soit 4 points de plus qu'en 1994, alors même que la surface moyenne des GMS de plus de 1 000 m^2 est passée de 2 300 m^2 à 2 700 m^2. Le textile et l'équipement voient leur quote-part de surface continuer à s'éroder.

➤ Organisation générale de la surface de vente des GMS

Les plus grands HM ont réaffirmé la place des rayons permanents au détriment, en particulier, de l'aire saisonnière qui se stabilise après avoir beaucoup progressé. On constate chez les HD une part plus importante pour les aires de caisse et les surfaces techniques alors que les surfaces d'autres activités sont totalement absentes et les aires de service dédiées au personnel très réduites. L'aire saisonnière, quant à elle, est supérieure aux autres formats.

➤ Répartition des m^2 par rayon

En PGC, l'alimentaire stagne, alors que l'hygiène-beauté-santé progresse, ainsi que la droguerie-entretien. En textile, la confection abandonne 1/2 point de surface (plus de 20 m^2). En bazar, le loisir regagne en 2003 presque tout ce qu'il avait concédé en 2000.

➤ Répartition des m^2 par rayon selon les tranches de surface

Les m^2 consacrés aux PGC sont nettement supérieurs en SM (44 %) et HD (60 %) ainsi que le frais LS et le frais traditionnel qui reste supérieur en SM et HD. Quant au textile, au bazar et à l'équipement, il est quasi inexistant chez les HD, peu existant chez les SM et présent dans les HM.

➤ Occupation des sols par les linéaires

Après l'inflation de 2000, la progression des ML occupés par le mobilier au sol reprend de plus belle, et atteint son niveau le plus élevé jamais enregistré. Les arbitrages sont en faveur de l'hygiène-beauté, l'entretien, le frais LS mais au détriment des produits papier et des surgelés. Notons que l'épicerie reste en tête malgré une régression et que les liquides ont augmenté.

➤ Confort d'achat ou « circulabilité »

Le rapport entre les MLS et les m^2 est le suivant : plus le ratio est faible, plus le confort est important. Au-delà de 40-45, le confort d'achat est vraiment compromis.

Par rapport à l'an 2000, le confort d'achat baisse légèrement pour l'alimentaire et progresse sensiblement pour l'entretien et les produits papiers. Notons que par rapport à 1997, le confort d'achat s'est amélioré. Il reste donc une priorité pour les GMS. S'y ajoute l'effort pour « fluidifier » les courses, les rendre plus rapides (au moins psychologiquement) face à l'économie de temps exprimée en HD. Le confort d'achat n'est pas une priorité pour les HD avec 40,9 et bien que la circulabilité s'améliore légèrement en SM avec aujourd'hui 41,5, elle se dégrade sensiblement en HM passant de 35,5 à 37,8 depuis 2000.

➤ MLS

Par rapport au total des GMS, les MLS sont supérieurs pour les HM, inférieur pour les SM et très inférieur pour les HD.

➤ Accessibilité

Le ratio entre les MLD et les MLS est le suivant : plus il y a d'étagères, moins les produits sont accessibles, plus le ratio est élevé.

Stable avant 1997, la « verticalité » se développe nettement passant de 4,58 à 5,2. L'épicerie et l'entretien sont sur la voie pour rattraper l'hygiène-beauté : dans ces trois cas, l'abondance de marques (introduction des MDD et 1er prix) et des promotions favorisent cette évolution. Ces trois rayons ont dépassé la base des 5,5 qui marque les difficultés à « lire » le linéaire entre les étagères, à voir les produits au-delà du premier facing, et à les appréhender entre les tablettes. L'accessibilité des produits, l'absence de « verticalité » (et d'une certaine promiscuité entre les produits par rapport aux catégories) marque le HD (ratio 2,9) « allemand » en particulier face aux GMS (ratio 4,5).

Linéaire et assortiment

➤ Lisibilité : linéaires développés et nombre de références

La lisibilité en GMS a encore beaucoup évolué entre 2000 et 2003, dans la continuité des évolutions 1977-2000, mais dans un environnement bien différent. Alors qu'à la fin des années 90 la distribution française était portée par la relance de l'économie, le début des années 2000 a été marqué par un retournement de conjoncture et une moindre croissance. Le nombre de références continue à augmenter dans tous les domaines :

– Plus de 66 % de références (PGC et frais LS) en GMS depuis 1994.

– Encore plus de 19 % entre 2000 et 2003, avec le développement des gammes des grandes marques, la rationalisation des MDD « cœur de gamme », la pénétration des MDD « qualitatives », la généralisation des MDD « 1er prix », et l'expérimentation de nouveaux positionnements prix/qualité par rapport au HD. Plus de 31 % de références en promotion sur la même période.

Les surfaces et les MLS augmentent dans tous les secteurs. Les MLD progressent sur les produits les plus consommables (produits frais, PGC, textile), ils régressent sur les produits les plus durables (bazar et équipement). Le nombre de références augmente aussi dans tous les secteurs, à l'exception notable du Textile. On note des progrès spectaculaires de lisibilité en hygiène-beauté (malgré la progression de l'offre – attention quand même à la verticalisation des linéaires), et une forte dégradation en entretien. L'épicerie salée poursuit ses efforts de rationalisation. La réduction des formats et la redéfinition des gammes face aux attentes consommateurs portent leurs fruits.

➤ Lisibilité par enseigne et par tranche de surface : différenciation entre les GMS

• *La différenciation régionale*

La prise en compte des spécificités locales de consommation est très attendue par les consommateurs avant même qu'une réaction à la mondialisation ne soit d'actualité. Alors même que la « régionalisation » (voire la « localisation ») de l'offre des GMS peut être perçue comme un avantage concurrentiel déterminant vis-à-vis de l'uniformisation du HD (et des grands groupes hyper centralisés dans une certaine mesure), la différenciation régionale entre magasins semble peu évoluer. C'est en région parisienne que la disparité entre magasins est la plus forte, malgré les phénomènes de concentration qui l'ont fortement affectée. Et c'est dans cette région que les consommateurs sembleraient disposer de l'offre la plus variée. Dans les faits, les facilités de transport réduisent les écarts entre la région parisienne et les autres régions.

• *La différenciation entre les enseignes*

Pour les consommateurs, la personnalité d'une enseigne est en grande partie associée au concept merchandising. La différenciation entre enseignes croît à nouveau légèrement, pour renouer avec les niveaux de 1997. On conserve une certaine tendance aux mêmes proximités de familles (univers identiques…) et aux mêmes tailles de linéaires par famille d'une enseigne à l'autre. Cependant, la diffusion de « nouveaux concepts » semble avoir contribué à la différenciation entre enseignes du point de vue des ML accordés aux différentes familles.

- *La différenciation des GMS d'une même enseigne*

Il y a à nouveau plus de différences entre les GMS d'une même enseigne qu'entre les enseignes elles-mêmes. Plus d'écart de linéaire au sein d'une enseigne qu'entre enseignes concurrentes. Sans surprise, la disparité est plus forte à l'intérieur des enseignes d'HM qu'à l'intérieur des enseignes de SM. Par contre à l'inverse de certaines idées reçues, il n'y a pas significativement plus d'hétérogénéité parmi les enseignes indépendantes que chez les succursalistes. Enfin, la disparité régionale est supérieure à la disparité entre enseignes.

- *Indices comparés de MLD, de surface et de références par rapport à une GMS moyenne en 2003*

– Les ML triplent entre les GSM et les GHM. La surface, elle, est multipliée par quatre. On voit bien l'effort des plus grands magasins pour accommoder dans les meilleures conditions une fréquentation beaucoup plus importante, surtout en pics.

– Les écarts entre les tranches de surface se sont légèrement réduits en nombre de références, surtout en comparaison des MLD alloués. Les GMS se rejoignent dans la problématique de lisibilité de l'offre, et dans la difficulté de trouver une place chèrement comptée pour accommoder toujours plus de références, de promotions, de types de marques… Par rapport à 2000, le nombre de références se stabilise en téléphonie et en bureautique, il progresse rapidement en informatique (jusqu'à deux fois plus de références dans les grands magasins). En gros électroménager, on constate globalement une légère réduction de l'offre par rapport à 2000, sauf dans les grandes surfaces où elle progresse encore de plus de 15 %. Les rayons techniques (photo, informatique), où le consommateur est déjà perturbé par l'obsolescence des technologies et le renouvellement rapide de l'offre, sont particulièrement à surveiller en termes de clarté, de lisibilité et finalement de pédagogie.

➤ Segmentation

- *Taux d'évolution du nombre moyen de références PGC*

En l'an 2000, les taux d'évolution du nombre de références étaient en déclin depuis 1996. En limitant les augmentations de surface, la loi

Raffarin semblait limiter l'accroissement du nombre de références. Depuis 2001, et singulièrement en 2003, tel n'est plus le cas. C'est plus d'un millier de références qui sont venues peupler les linéaires, et plus de 600 en moyenne par an depuis 2000 : sophistication et hyper segmentation des gammes, innovation et nouvelles références. Pour les MDD : rationalisation des MDD « cœur de gamme », pérennisation des marques qualitatives ou niches, généralisation des premiers prix, expérimentation de nouvelles gammes avec de nouveaux positionnements qualité-prix vis-à-vis des HD. Le nombre de références continue à augmenter de plus de 6 % en moyenne annuelle depuis 1996, avec un pic notable entre 2003 et 2002 : plus de 9,3 %. Il convient de s'interroger sur le maintien de la clarté du linéaire dans de telles conditions, sur la capacité du consommateur à comprendre l'offre devant une telle progression.

- *Part des promotions dans l'offre*

La part des promotions dans les GMS – déjà en nette progression entre 1997 et 2000 – s'est encore considérablement accrue entre 2000 et 2003. En nombre de références, les articles promotionnels (du point de vue du fournisseur) à un moment donné dans une GMS moyenne se sont accrues de 31 %, de même que le nombre d'articles signalés en promotion par le distributeur.

Quatre facteurs commerciaux poussent à ce développement :

La réactivité des consommateurs

- La difficulté des grandes enseignes à se démarquer en prix sur les grandes marques, dans le contexte réglementaire mis en œuvre en 1997 et précisé ces derniers mois. La promotion peut relancer l'intérêt des consommateurs sur leur principal intérêt : le prix.
- La généralisation des bons d'achat (système dit de « tickets ») d'une part, et la montée des mécaniques professionnelles d'autre part, ont encore amplifié ce phénomène.

L'intérêt des fournisseurs

À utiliser les GMS comme un élément majeur de leurs plans médias : c'est bien en linéaire qu'il est le plus opportun de faire découvrir un produit, de renforcer une marque, de valoriser une gamme.

L'intérêt du distributeur

C'est enfin pour le distributeur et les fournisseurs un terrain d'intérêt partagé (l'attractivité et la progression des ventes), riche d'enseignements à partager (étude marketing, test produits). Ceci a été concrétisé au travers du « trade marketing » et valorisé (au moins au sens financier) par la coopération promotionnelle.

Face à la progression spectaculaire des promotions, il est temps de s'interroger sur ses avantages

- Peut-on réellement émerger (comme enseigne, comme magasin, comme prospectus, comme marque, comme produit) au sein d'un tel flot (plus de prospectus, plus de pages, plus de produits) ?
- Comment rester (ou redevenir) exceptionnel dans des pratiques qui se sont banalisées ?
- Est-il possible de rester lisible, clair, aisément repérable, cohérent avec la démarche de l'enseigne et la thématique du prospectus, compréhensible – pour les consommateurs – au milieu d'une telle abondance ?
- Le client se sent-il bien privilégié, accueilli, valorisé et finalement lucide dans son achat, satisfait dans son besoin, heureux dans sa consommation ? Et non agressé par un tel volume, influencé dans son achat, manipulé dans son besoin et insatisfait dans sa consommation ?

• *Présentation des promotions*

Déjà arrivé à saturation (le nombre de têtes de gondole reste stable dans un magasin), le poids des têtes de gondoles baisse mécaniquement dans la présentation des promotions, sous l'effet de la progression des autres formes, dont la signalétique rayon en particulier.

• *Évolution de l'offre en GMS*

La part des marques fabricants reste élevée en France comparée à celle observée dans les pays anglo-saxons et nordiques. Elle se situe en 2003 au même niveau qu'en 1996 pour le global GMS (mais elle s'érode régulièrement en HM).

Répartition de l'offre par type de marque

C'est surtout à l'intérieur des MDD que la structure a évolué.

- Rationalisation des MDD « cœur de gamme » après le développement rapide et un peu anarchique consécutif à la mise en œuvre de la loi Galland.

– Pérennisation des marques qualitatives.
– Généralisation des marques 1er prix venant attaquer les HD « par en dessous ».
– Expérimentation de nouveaux positionnements, en complément ou en remplacement, venant attaquer le HD au même niveau (qualité et prix).

Si la part des marques fournisseurs est assez stable en poids dans l'ensemble, il faut rappeler que ce n'est pas le cas : ni en linéaire, ni en prospectus, ni en mises en avant, ni en CA, ni de façon plus significative en volume.

Nombre moyen de références de PGC en GMS

En valeur absolue, le nombre de références à marque, fournisseur continue de progresser. Celui des MDD « cœur de gamme » se stabilise sous l'effet de la rationalisation des assortiments. Celui des 1er prix enregistre la plus forte progression dépassant même de façon très significative le plus haut enregistré, il y a près de 10 ans.

➤ Merchandising et ventes

• *Effet des réimplantations*

Le nombre de réimplantations considérées comme un investissement favorable a repris depuis mi 99 et se poursuit à un rythme plus soutenu. On peut même considérer qu'elles se généralisent en HM comme un des moyens majeurs de développement des ventes. La création des grandes surfaces a repris à un faible rythme après le gel constitué entre 1997 et 2000 (aucun HM sur cette période).

On constate en 2003 plusieurs phénomènes :

– La maîtrise des réimplantations est de plus en plus forte : sélection de magasins à réimplanter, réallocation de surfaces, renouvellement du matériel, communication consommateurs. Dans plus de 95 % des cas, elles se traduisent par une progression de CA et de fréquentation.
– La généralisation de ces pratiques nivelle leurs performances par rapport au passé qui restent cependant très favorables : les magasins réimplantés progressent mieux que les 25 % des meilleurs magasins sans réimplantations.
– Paradoxalement les magasins agrandis progressent surtout grâce au panier (développement de nouveaux secteurs) alors que les magasins simplement réimplantés progressent surtout grâce à leur fréquentation.

– Dans plus de 95 % des cas, le CA global du site progresse et même dans plus du quart des cas, la dynamique commerciale globale en profite, et les concurrents progressent également.

- *Corrélations*

Entre la place en magasin et le poids en CA des rayons

La surface accordée aux rayons est très liée à leur poids en CA et à leur contribution aux résultats. On affirme au niveau de la famille de produits et du magasin élémentaire la relation entre parts des surfaces et poids dans le CA qui reste très significatif bien qu'en baisse importante depuis 1997. Cette baisse ne provient pas tant de la structure générale de la surface ou du CA que des restructurations d'enseigne et du changement majeur de la structure de profitabilité des enseignes (entre marge générée par les ventes et celle générée par les achats).

Entre part des secteurs en CA et en surface

Le poids relatif de l'alimentaire et du non alimentaire ont peu varié depuis 10 ans. 60/40 en CA et 55/45 m^2 en HM, 90/10 en CA et 85/15 m^2 pour les SM. En SM, les poids relatifs en CA et m^2 des secteurs s'harmonisent sensiblement. En HM, les disparités du poids des secteurs entre CA et surface s'accroissent au contraire, en particulier sur les secteurs à forte fréquence d'achat (PGC et frais, mais aussi la partie la plus consommable du bazar appelé aussi « léger »). L'analyse par famille de produits montrerait – comme les années précédentes – la différenciation confirmée entre SM et HM, avec davantage de frais en SM et davantage de DPH (et bazar) en HM.

Entre les évolutions des ventes et les évolutions merchandising

La corrélation entre évolution de m^2 et évolution de CA reste forte avec deux exceptions notables en Liquides et épicerie. Un lien significatif se dégage entre les évolutions de CA et les évolutions de MLS. Ce n'est pas le cas pour les MLD, qui sont davantage liés à l'évolution des assortiments qu'à celle des ventes. Globalement, le merchandising reste guidé par les orientations nationales de chaque enseigne. On peut regretter que ce merchandising ne prenne pas encore davantage en compte les spécificités locales de demande – et de vente – pour chaque GMS et chaque famille de produits.

Ventes par rapport au merchandising pour les promotions

La progression du nombre de références présentées en promotion a considérablement fait progresser le lien entre CA et promotion (à la famille). On peut y lire une meilleure maîtrise des présentations en prospectus et en magasin, un meilleur « pricing », mais aussi une meilleure sélection des références à présenter en promotion.

Ventes par rapport au merchandising pour les grandes marques multinationales

Le lien entre la place prise en linéaire par les grandes marques multinationales et leur poids en CA progresse encore : plus de visibilité, plus de facing… Et plus elles se vendent. Attention cependant à la clarté de l'offre globale proposée au consommateur, à sa lisibilité, à sa compréhension. On mesure la capacité des marques multinationales à générer du CA au travers de politiques concertées : variétés et renouvellement des gammes, supports média et hors média, mise en avant… Les PME et les MDD doivent jouer sur d'autres registres.

Ventes par rapport au merchandising pour les MDD

La corrélation entre le niveau de part de marché et la part d'offre des MDD progresse encore. On a longtemps dit que « c'est l'offre en MDD qui fait la demande ». Avec la rationalisation des MDD « cœur de gamme », la pérennisation des MDD « qualitatives », la généralisation des 1er prix et l'expérimentation de nouveaux segments, on s'aperçoit que c'est surtout le niveau de prix (en part par rapport aux leaders) qui conditionne les ventes, au-delà de la seule exposition.

Entre MLD et CA

Les magasins les plus performants en CA global ne sont ni les plus grands (peut être perçus comme trop tentateurs) ni les plus petits (peut être perçus comme trop onéreux). Les magasins les plus performants en CA sont moins développés en textile et équipement. Les magasins les plus performants en panier moyen sont les plus grands, ceux qui développent aussi le plus de MLS. Les magasins les plus performants en débits sont ceux qui proposent le plus de m^2 et de linéaire au sol en PGC et produits frais, et le moins en textile. Les magasins les moins performants en débits sont ceux qui proposent le plus de m^2 en bazar et en équipement.

Il est important de signaler que dans de nombreux cas, les magasins les plus performants sont les plus équilibrés : ni trop grands ni trop petits, avec des COS (confort) ni trop élevés ni trop faibles, une accessibilité moyenne (MLS/MLD, une lisibilité qui concilie variété de l'offre et MLD par rapport aux références.

➤ Conclusions

Une première lecture amène à constater la simple poursuite des progrès déjà signalés entre 1997 et 2000 :

- Réaménagement des surfaces de vente, marqué par davantage de place accordée aux rayons à nombre d'actes d'achats élevés.
- Offre encore plus abondante et plus variée (malgré la pause réelle du pacte de stabilisation).
- Attention soutenue à la lisibilité au niveau de chaque famille de produits.
- Confort d'achat accru.
- Finalisation de la mise aux normes des magasins dans le cadre des regroupements d'enseigne, lancement de nouveaux concepts de magasins davantage orientés clients, succès généralisé des réimplantations et des agrandissements.

Mais l'environnement a été marqué à la charnière 2000-2001. Des changements profonds se manifestent en particulier par :

- Le retournement de conjoncture de mi-2001, après les années de croissance 1997-2000.
- Le passage à l'euro début 2002, qui a eu des effets anxiogènes sur les consommateurs français en exacerbant leur sensibilité déjà grande aux prix et à l'inflation.
- L'impression d'inflation, confortée par les phénomènes d'anticipation et de rattrapage avant et après le pacte de stabilisation.
- La perception du développement rapide des HD.
- L'explosion de m^2 des GSS non alimentaires qui viennent concurrencer les marchés qui se développent le plus rapidement.
- L'incertitude des Français pour leur avenir (qui favorise l'épargne plus que la consommation) cristallisée par le débat sur les retraites.

Dans ce contexte, on peut souligner plusieurs paradoxes :

- La part des m^2 dédiés au non alimentaires par les GMS régresse depuis 1994, et plus spécifiquement depuis 1997, alors que la part des dépenses des consommateurs consacrée au non alimentaire ne cesse de croître, et que les m^2 non alimentaires des GSS croissent près de 10 fois plus vite que les m^2 non alimentaires des GSA.

- La place accordée aux consommateurs (par opposition aux produits et aux employés) dans les magasins continue de croître alors que le nombre de passage aux caisses plafonne mais que le nombre de références exposées explose.
- Les MLD semblent progresser plus rapidement pour améliorer la lisibilité de l'offre, mais les nombres de référence par m^2, par ML et même par MLD augmente.
- On parle de restructuration des assortiments, mais l'augmentation du type de marques et la multiplication des promotions ne risquent-ils pas davantage de conduire à la déstructuration de l'assortiment ?
- On parle de repositionnement prix mais l'étirement de l'offre à la fois vers le haut et vers le bas ne risque-t-il pas de « dépositionner » la grande distribution moderne face aux nouveaux HD, dont l'offre simple voir simpliste a le mérite d'être clair, lisible et compréhensible ?

La confrontation des formidables progrès réalisés par les GMS françaises dont la période de croissance 1997-2000 confortée aux changements de l'environnement fait ressortir plusieurs axes de progrès déjà signalés et quelques questions nouvelles :

- Le formidable potentiel de l'adaptation des assortiments au caractère propre à chaque magasin.
- L'adaptation des linéaires au développement de l'offre.
- Le repositionnement du concept HM et de discounters menacé à la fois par le renouvellement de la proximité et du HD.
- Les limites de l'accroissement de l'offre en produits, en prix, en promotions, en marques nationales, en marques de distribution... Jusqu'où le linéaire peut-il rester clair, lisible, compréhensible, attractif pour le consommateur, sans paraître ni manipulateur, ni trop tentateur ?
- Comment capitaliser sur les forces des GMS par rapport au prix, choix, qualité, praticité du tout sous le même toit et du « *one stop shopping* » face à l'image pour le moins ascétique des HD, sans se décrédibiliser en prix ? En particulier, jusqu'où les démarches qualitatives engagées par la plupart des grandes enseignes ne risquent-elles pas de menacer leur image prix ?

Dans ce contexte, les orientations du merchandising peuvent sembler difficiles à trancher entre un merchandising épicurien, caractérisé par :

- Une offre qui répond, stimule, voire suscite l'envie.
- La démocratisation des produits (rendre abordable ce qui est cher).
- La séduction du consommateur (qui induit au moins un peu de tentation).
- Le risque d'être perçu comme un magasin où l'on dépense beaucoup, même si chaque produit n'est effectivement pas cher.

Un merchandising ascétique est caractérisé par :

- Une offre qui répond économiquement au besoin.
- La popularisation des produits (rendre encore moins cher ce qui est abordable).
- La réassurance du consommateur (qui exclut la moindre perception de manipulation).
- Et le risque de paupérisation de l'acte d'achat et d'indifférenciation face à la standardisation du HD.

En conclusion, nous proposerons de renouer avec la notion de libre-service, en en renouvelant peut-être les sens, sans renoncer à ses origines.

- Rendre service aux consommateurs : le service d'un assortiment bien sélectionné, le service d'un assortiment clair, lisible, compréhensible, le service d'un acte d'achat facilité, le service d'un magasin où l'on peut tout acheter en un seul déplacement, le sens d'un prix économe.
- Rendre libres les consommateurs : en proposant une offre suivie qui ne puisse être perçue comme manipulatrice ou trop tentatrice en considérant les dimensions éthiques voir humanistes dans les politiques, merchandising et promotionnelles en particulier.

Notre avis

Très intéressante étude sur les effets conjugués de la montée en gamme des assortiments et les effets induits du hard discount. On voit bien que la plus grande difficulté, pour un distributeur quel qu'il soit est de construire un assortiment cohérent, suivi mais souple, national mais aussi local. Monter en gamme, oui, mais au prix de perdre sa spécificité d'hypermarché, de *discounter* ? La voie est étroite. D'où la nécessité plus grande encore que par le passé, d'effectuer des études fines de comportement consommateurs – ce que les magasins ne sont pas encore habitués à réaliser.

CHAPITRE 16

Applications tous azimuts

Sous ce titre, j'ai souhaité présenter au lecteur un certain nombre d'expériences exceptionnelles, novatrices voire insolites, afin de montrer l'étendue potentielle des applications merchandising par des évocations de cas. Ce ne sont que des « flashes » mais tous les jours de nouvelles idées apparaissent, et c'est ce qui fait la richesse d'un merchandising toujours en mutation, vers de nouveaux territoires.

Un merchandising vins exceptionnel

Voici un cas d'application merchandising très intéressant, qui a été réalisé il y a quelques années – mais il pourrait l'être demain – pour le rayon vins d'un hypermarché de la région Bourgogne. L'enseigne désirait, étant donné son implantation dans une région viticole, proposer un beau rayon de vins, sortant du schéma habituel de présentation en gondoles standard.

Mon ami Jean-Émile Masson, expert en merchandising, connaisseur en vins et bourguignon, en a fait la conception – ce rayon a d'ailleurs obtenu le « linéaire d'or » au Salon Vinexpo de l'époque.

Trois rayons ont été conçus de façon nettement différente, selon les habitudes d'achat et de consommation :

– Un rayon vin traditionnel, pour les vins courants, vins de pays et AOC « basiques », c'est-à-dire bon marché, pour l'utilisation quotidienne familiale : présentation en gondoles traditionnelles, rouges d'un côté, rosés au milieu, blancs à l'autre bout. Il représentait des achats de besoin, utilitaires, sans problème particulier.
– Un rayon vins fins appelé « au bonheur des jours » avec toutes les AOC de qualité, classées par origine géographique, dans un mobilier

spécial privilégiant la position couchée, mais aussi une présentation « en majesté » pour bien voir l'étiquette. Ce mobilier était en bois, très valorisant, l'éclairage était incandescent mais pas trop près (lumière et chaleur ne font pas bon ménage avec le vin). La gamme commençait à la contre-valeur de 5 euros et allait jusqu'à 15 euros. Ce rayon incluait des vins de fête, de réceptions, etc. Il comportait des caisses en bois d'origine en bas, et un comptoir dégustation pour les promotions.

– Mais comment présenter les grands vins, allergiques à la chaleur, la sécheresse et la lumière régnant en grande surface ? Une « grande cave », plus vraie que nature, fermée, sombre, à hygrométrie et température contrôlée (ou bien sûr on ne peut entrer avec son chariot, laissé dans un mini-parking extérieur) avec casiers traditionnels, étiquetage informatif détaillé pour des vins allant jusqu'à 1 000 euros la bouteille. L'ambiance était scénarisée : plafond voûté, décor pierre, sol en gravier, bar dégustation pour cas exceptionnels avec présence d'un sommelier (se partageant avec la partie « au bonheur des jours »). Il y avait également une cave pour amateurs : la zone de chalandise, à l'origine d'une dizaine de kilomètres (aujourd'hui élargie à la région parisienne, puis à la Belgique, les Pays-Bas ou l'Allemagne), d'où arrivaient des Mercédès qui repartaient le coffre plein, avec un « panier » de 3 à 5 000 euros !

Bel exemple de merchandising spécifique, mais peu duplicable !

Un cybermarché du frais

Natoora[1] est un cybermarché fondé en octobre 2000 par des consommateurs désireux de retrouver le vrai goût du frais. L'originalité de Natoora est de fédérer des petits producteurs en leur apportant un système moderne (Internet) de commercialisation ; de recevoir dans les 24h les commandes préparées par ces producteurs (fermiers, maraîchers…) dans un entrepôt ; puis de livrer les consommateurs par un système original à l'heure choisie. Le tout grâce à une logistique et une informatique ad hoc et à des prix réellement compétitifs. Il y a d'autres

1. Nous convions nos lecteurs à visiter leur site : www.natoora.fr.

sites dans ce domaine, mais celui-ci nous a paru très performant. C'est à la fois du merchandising de service, et du merchandising de commercialisation directe producteur/consommateur.

La société Natoora

Les créateurs de cette société sont des spécialistes de la logistique, de l'informatique, du marketing. L'un est ingénieur agronome et l'autre, professionnel des métiers de bouche.

De septembre 1999 à 2001, les fondateurs ont commencé par une phase de recherche sur le système logistique puis un test grandeur nature a commencé en février 2001 jusqu'en septembre 2001.

L'offre produits Natoora

Aujourd'hui la société travaille avec 150 producteurs et offre une gamme de plus de 1 250 produits répartis en différentes catégories :

- Les artisans boulangers : pains traditionnels, spéciaux, pâtisseries...
- Les producteurs crémiers : laitages, fromages, desserts...
- Les maraîchers : fruits, légumes, salades...
- Les charcutiers traiteurs : jambons, saucissons, soupes fraîches...
- Les éleveurs : volailles, porc, veau, bœuf...
- Les artisans pêcheurs : poissons entiers, coquillages...
- Les artisans épiciers : jus de fruit, huiles, pâtes, épices...

Le producteur est un petit exploitant agricole qui, par l'intermédiaire de Natoora, trouve un débouché nouveau et plus profitable et qui de ce fait maîtrise la commercialisation de ses produits.

Tous les produits étant frais, l'offre varie au rythme des saisons.

Si au départ, l'offre était plutôt haut de gamme, aujourd'hui Natoora souhaite avoir des prix compétitifs par rapport à la grande distribution. Les prix sont 3 à 5 % plus cher par rapport au marché mais 2 % inférieur à ceux de Franprix et Monoprix. L'objectif étant d'être 2 à 5 % moins cher que la grande distribution...

Le prix de la livraison (7 €) est volontairement bon marché et expliqué comme une participation.

La clientèle Natoora

40 à 50 % de la clientèle est CSP+, mais il y a aussi une clientèle très variée comme des gens plus modestes désirant manger mieux et plus sain ou des gens à mobilité réduite (femmes enceintes, retraités).

Les personnes travaillant chez Natoora sont friandes de la satisfaction de leurs clients et gardent le contact de deux manières principales :

- Ils font souvent les livraisons eux-mêmes pour connaître leur clientèle.
- Les clients dialoguent facilement (et d'eux-mêmes) par e-mail.

Le panier moyen, d'environ 100 €, se décompose ainsi :

- 30 % fruits et légumes.
- 30 % produits laitiers.
- 30 % poissons, viandes et charcuterie.
- 10 % produits secs.

La clientèle Natoora est une clientèle adepte des cybermarchés qui commande les produits lourds sur les sites de la grande distribution (comme Ooshop ou Telemarket) et complète avec les produits frais chez Natoora, qui profite ainsi du sillage de la grande distribution.

Aujourd'hui, Natoora a un fichier de 5 000 adresses, en expansion régulière (bouche à oreille) dont 1 300 commandent régulièrement.

De la commande sur Internet à l'arrivée des produits en entrepôt

Toutes les commandes passées du lundi au jeudi avant 9 heures du matin peuvent être livrés le lendemain au plus tôt dans la région parisienne et le surlendemain en province à partir de 8 heures du matin. Chaque client peut choisir sa date de livraison ainsi que son créneau horaire de livraison de deux heures.

Pour Natoora à Londres, qui vient de s'ouvrir en franchise, le délai de livraison est un peu plus long : on passe sa commande du mardi au jeudi pour être livré en fin de semaine.

Chaque matin vers 9 h 15, une personne de chez Natoora, dont le site est hébergé chez un serveur spécialisé, récupère toutes les commandes passées sur Internet et les réorganise par producteurs via un logiciel maison.

Chaque producteur reçoit un e-mail l'avertissant des commandes du jour uniquement (pour garantir la fraîcheur) à préparer. C'est ensuite qu'il va cueillir ou ramasser les produits des commandes. Le producteur édite un récapitulatif ainsi qu'un fichier Excel d'étiquettes qu'il colle sur chaque commande indiquant le nom du client avec un code barre. Il y a de ce fait une garantie de fraîcheur exceptionnelle bien plus grande que dans tout autre circuit de distribution puisqu'en 48h le produit est cueilli ou collecté et arrive directement sur la table du consommateur. Même s'il n'y pas de commandes, le producteur reçoit quand même un e-mail pour assurer le contact permanent.

Pour les pêcheurs, un contact vers 10 heures est nécessaire pour vérifier le retour de pêche. Si le poisson commandé n'est pas là, on peut remplacer par un poisson similaire (lieu jaune par lieu noir, par exemple) ou on appelle le client pour suggérer un autre poisson.

Natoora peut surveiller que chaque producteur ouvre son e-mail et édite ses étiquettes à temps et est averti si le délai de préparation devient trop court avant le passage du transporteur : il peut ainsi appeler le producteur et voir pourquoi l'e-mail n'a pas été ouvert.

Le transporteur, avec qui chaque producteur a l'habitude de travailler, récupère les produits qui arrivent chez Natoora dans une zone limitrophe de Rungis où un emplacement est loué dans un entrepôt avec le personnel permettant ainsi de limiter les frais de structure. L'installation dans cette zone lui a permis de bénéficier du réseau déjà en place de transport et de structure. Les produits arrivent sous vide (poissons, viandes, charcuteries) pour un transport plus hygiénique et sous sachet ou boîte pour tous les autres produits. Natoora recommande de retirer les produits des sachets sous vide dès la livraison pour permettre aux produits de s'oxygéner de nouveau.

La préparation de la commande

Tous les produits arrivant en vrac par fournisseur à l'entrepôt sont dispatchés dans chaque commande. Cette opération s'effectue à la main à l'aide d'un Palm Pilot bipant le code barre de chaque produit et indiquant à qui est destiné le produit.

L'emballage et le transport

Un gros travail est effectué sur l'emballage des produits pour lesquels la chaîne du froid ne doit pas être interrompue. De plus, il faut s'assurer que les produits fragiles ne subiront pas de dommages par une manipulation trop énergique pendant le transport.

Pour les livraisons en Province (dans 74 départements), Chronopost étant le partenaire de Natoora, il a fallu s'assurer que les boîtes conservaient du froid suffisamment longtemps et que les produits étaient calés car les boîtes ne sont pas manipulées avec délicatesse.

Des cartons sont utilisés avec à l'intérieur, une poche en polypropylène expansé, gonflée d'air, isolante. Une plaque en plastique avec diffuseur de froid incorporé, brevet exclusif de Natoora, diffuse du froid de 2 à 5° par carboglace pendant 40 heures, assurant toutes les règles d'hygiène requises. Pour combler le vide qui resterait dans le carton, du pop-corn végétal est utilisé. Pour les livraisons dans Paris, des points relais sont mis en place. Natoora a même inventé la Natoomobile, triporteur électrique non polluant pouvant contenir six boites en carton et supporter un poids de 80 kilos !

Ces emballages sont de surcroît très économiques en espace puisque les poches en polypropylène expansé sont gonflées avec un gonfleur d'air sur place et que les pop-corns sont fabriqués sur place également par une machine ad hoc. Les cartons sont réutilisés 4 fois sur Paris et une cinquième fois pour les Chronopost.

Le paiement des fournisseurs et la rentabilité

Le paiement des fournisseurs se fait le 5 du mois suivant et les marges de Natoora vont de 10 à 40 % selon les produits. Le fichier client est donné à chaque fournisseur.

Contrairement à la grande distribution, Natoora n'a pas de stock puisque les produits arrivent quotidiennement à l'entrepôt. De plus cela permet de proposer plus de références et des produits de saison et il semblerait même que les Monoprix prennent exemple sur eux pour l'offre produit.

En terme de rentabilité, la logistique est rentable à ce jour et le point d'équilibre est en phase d'être atteint.

Leur originalité est leur outil de délocalisation des commandes qui supprime la plate-forme et leur permet ainsi de réduire les frais fixes au maximum. L'entrepôt est fonction du CA donc du nombre de commandes – alors qu'il est fonction du nombre de références pour la grande distribution, ce qui change les données. L'unique stock de Natoora étant le stock d'emballage réduit à son strict minimum par des techniques de pointe assurant une hygiène et un transport parfaits.

En conclusion

En ce qui concerne le positionnement de Natoora, il est important d'avoir des prix compétitifs pour garder et conquérir une plus large cible, seule condition de pérennité de l'entreprise cyber achat. Ou bien de monter dans un positionnement plus haut de gamme pour rester sur une niche mais ceci limiterait l'élargissement de la cible.

Natoora est unique en son genre et surfe aujourd'hui sur la vague des nouvelles technologies d'achat qui conquièrent chaque jour de nouveaux acheteurs à la recherche de produits alimentaires plus sûrs et de commerce équitable.

> Extrait de leur communication :
> « Vivre en ville, manger à la campagne. »
> « Natoora livre directement chez vous les meilleurs produits des meilleurs fermiers de France, dans les meilleures conditions de fraîcheur et au meilleur prix. »

Un bel exemple d'adaptation du e-commerce et de merchandising intelligent…et réalisé par des non professionnels du commerce !

Le merchandising et la banque

Il était une fois un groupe régional de banque désirant développer son chiffre d'affaires – surtout faire des « ventes » complémentaires, sortir du rôle basique de gestion des comptes, développer le conseil, bref faire entrer du monde dans une ambiance marchande. Ayant entendu parler du merchandising, et devant le succès des GMS de la région, ils firent appel à un cabinet-conseil en la matière.

> « Du fait de la concurrence et de la déshumanisation des contacts, la banque de demain doit développer de nouveaux produits concurrentiels, à forte marge et attrayants pour le client » déclarait son DG.

Les objectifs de la banque étaient définis ainsi :

- Construire une agence autour du client, et non plus autour des seules fonctionnalités de la banque.
- Améliorer l'accueil, réorganiser l'interne avec la fusion de la cellule administrative et des guichets dans le but d'éliminer les files d'attente.
- Améliorer l'information du client venant en agence.
- Augmenter l'efficacité commerciale de la zone traitant les services courants : grâce à une zone « promotionnelle » clairement matérialisée, facile d'accès et une zone confidentielle jouxtant les zones de passage pour informer personnellement le client.
- Maintenir un espace conseil en étage pour les clientèles professionnelles.
- Donner une image de banque innovante et ouverte.

Après une étude préalable des conditions de vente, de la circulation, des motivations de clientèle, de l'organisation interne, il en ressortait quelques constatations :

- Pour faire entrer les clients et prospects, il faut une large entrée, libre d'accès ; or il y avait (comme souvent, maintenant) un sas de sécurité… d'où impossibilité manifeste.
- Plusieurs « métiers » furent identifiés : gestion classique des comptes au guichet (remise de chèques, ordres de virement) ; placements patrimoniaux[1] ; emprunts des clients[2] ; informations générales et commerciales[3] et enfin la caisse, où circule le numéraire dans un sens ou dans l'autre, mais seul endroit à sécuriser.

1. Dits « *in* » clients qui apportent de l'argent à la banque.
2. Dits « *out* » c'est la banque qui sort de l'argent.
3. Cours de la bourse en *live*, journaux économiques, documentation sur les produits, etc.

Dès lors, les spécialistes merchandising pouvaient établir un cahier des charges précisant la « vocation » et les contraintes de chaque secteur :

- mettre en place un accueil valorisant pour le client, répondant à son besoin de considération ;
- favoriser la fluidité, la rapidité l'efficacité et la discrétion ;
- présenter de façon marchande et attrayante l'ensemble des services et produits ;
- attirer les non-clients ;
- développer l'aspect professionnel de la banque en mettant en avant sa capacité à apporter des conseils dans tous les domaines de son métier.

L'architecte et le *designer* purent alors donner libre cours à leur créativité, pour créer une banque logique, marchande, sécurisée, mais totalement ouverte à la circulation dans la quasi intégralité de sa surface.

- Une large entrée libre, bien ouverte sur la surface pour inciter à y circuler.
- Une zone traditionnelle, avec la banque d'accueil (prise en charge immédiate du client), des guichets rapides près de l'entrée pour faciliter l'accès aux automobilistes mal garés – et où aucune circulation d'argent ne se fait ; opérations simples dans un délai très court. L'objectif est la vitesse du service rendu.
- Dans ce même esprit de rapidité et de disponibilité, une zone d'automates est accessible 24h sur 24.
- Une zone « conseil » avec des petits bureaux fermés et discrets pour le « *in* » ou pour le « *out* » avec au premier étage des bureaux pour la clientèle professionnelle.
- Au centre, une zone d'animation (le forum) lieu ouvert à la clientèle et au public, permet contacts et informations ; avec les présentations des diverses documentations, trois petits fauteuils, des journaux économiques, un telex direct avec la Bourse, distributeur de boissons, point phone, libre-service bancaire et bornes interactives permettant une bonne information sur les services bancaires.
- Au fond, protégé par un sas, la caisse, symbole de la banque. Deux types de caisses sont en service : celles conçues pour les clients pressés et pour des opérations de retrait et de versements de montant peu élevés – et celles conçues pour la clientèle professionnelle en banque

assise où les montants échangés nécessitent de disposer de plus de temps et d'une bonne confidentialité. Plus, bien sûr le coffre-fort. Il n'y a aucune raison, en effet, pour enfermer a double tour le « commerce » de la banque ; il y en a une, a contrario, pour mettre l'argent en sécurité !

C'est un bon exemple, semble-t-il, puisqu'il a donné toute satisfaction, et depuis a été dupliqué, d'un merchandising repensé pour une agence bancaire, fondé sur une logique marchande et une approche raisonnée, en fonction – comme cela doit toujours être dans le merchandising – des attentes et besoins des consommateurs.

Un station-service à Venise...

Nous avons eu à plusieurs reprises l'occasion de travailler le merchandising dans différents types de stations-services, mais l'histoire que nous allons vous raconter est très particulière, en ce sens qu'elle montre l'implication « amont » nécessaire pour faire du bon merchandising.

Un grand pétrolier, pour qui nous avions déjà effectué plusieurs réflexions merchandising, nous a demandé une intervention pour sa filiale italienne... à Venise. Des stations-services à Venise, c'était plutôt curieux. En réalité, sur place, il s'agissait d'une belle station sur l'autoroute à Mestre, la sortie pour Venise.

C'était l'hiver, et un vent glacial balayait la campagne. La station : une boutique rectangulaire de 6 m sur 9 m, dotée d'un bureau pour le pompiste, d'un immense tableau électrique de 2 m de haut et 1,50 de large face à la porte d'entrée, et contiguë à une porte donnant sur la réserve.

Seule une petite gondole de 2 m environ proposait quelques produits traditionnels d'entretien pour la voiture.

Pour pouvoir faire un plan d'implantation de mobilier et proposer un assortiment suffisant, il fallait disposer des façades vitrées, mais, manque de chance, elles étaient rendues inaccessibles à des gondoles à cause des radiateurs à ailettes, au sol, tout le long de ces façades. Nous demandons à modifier le système de chauffage pour pouvoir bénéficier de cette place perdue – il nous est répondu que c'est impossible, les ingénieurs du service technique ayant décidé du type de chauffage et de son emplacement...

Nous demandons ensuite à déplacer le tableau électrique, occupant la meilleure place face à la porte, en le retournant côté réserves : impossible, nous rétorque-t-on, c'est un problème de sécurité, s'il y a le feu, il faut pouvoir très vite couper l'alimentation électrique. Ce sont les ordres du *dottore ingeniore* et de son service.

« Ok, ok, disons-nous en italien, pouvons nous voir ces messieurs ? » Et le surlendemain – le temps de visiter Venise – réunion avec le service technique, les *dottore, ingeniore,* très sérieux à l'air peu engageant. Et de leur expliquer notre besoin de dégager les baies vitrées : « Est-il possible, demandons-nous, de placer un simple aérotherme au-dessus de la porte de la réserve ? Cela dégagerait d'un seul coup la totalité du linéaire mural ». Ils se concertent, et, très vite, donnent leur accord.

Et ce tableau électrique, pouvons-nous le mettre en réserve ? « *Impossibile* » nous répond-t-on, sécurité incendie... Et nous, innocemment : « Et si on plaçait un boîtier-relais à l'extérieur de la boutique ? Ne serait-ce pas possible ? » Evidemment, si ! très facile !

Morale de cette histoire : les ingénieurs étaient ravis de faire des modifications intelligentes, et regrettaient qu'on ne leur ait jamais posé le problème : ils se seraient fait un plaisir de le résoudre. En attendant ils avaient impeccablement fait leur travail : les radiateurs devant les baies vitrées, et le tableau électrique au meilleur endroit pour la sécurité...

Bien sûr, par la suite, un merchandising normal a pu se développer dans ces stations-services, sauf lorsque l'on nous a demandé ensuite de préconiser un merchandising pour les stations de ville : des guérites de 1 m^2 sur le trottoir... Là, nous avons calé !

Télécoms et merchandising

Un autre cas sortant de l'ordinaire : un jour les Télécoms se disent qu'il faudrait bien qu'ils se modernisent (c'était il y a déjà quelque temps...). Il n'y avait pas, alors, de boutiques comme aujourd'hui, c'était encore l'administration dans toute sa splendeur – mais il y avait quand même des cadres dynamiques qui voulaient changer le système de commercialisation.

Nous faisons une « tournée des popotes » pour aller constater sur place les conditions de commercialisation. L'horreur, le non-sens commercial total. Pour entrer dans un magasin, il fallait déjà le trouver (signalétique inexistante ou presque) et surtout que le magasin soit ouvert : ça a l'air d'une plaisanterie, mais l'administration ferme à 17 heures – et peu importe si les clients sont disponibles après leur travail et souhaitent des horaires au minimum à 19h... Bien sûr, me direz-vous, ils peuvent y aller le Samedi ! Non point : le Samedi, c'est fermé !

Vous arrivez à trouver un créneau de jour et d'heure où le magasin est ouvert, vous allez voir les téléphones, mais ils ne fonctionnent pas, on ne peut pas faire un essai. Vous attendez quelqu'un, vous demandez de l'aide, on vous répond : « Vous êtes-vous fait inscrire ? »

Oui, vous devez redescendre un étage (parfois) et aller vous faire inscrire, décliner votre identité et votre demande et la faire enregistrer sur un ordinateur pour qu'un conseiller (à l'étage au-dessus) puisse vous appeler à votre tour... Un non-sens, vous dis-je !

Et lorsqu'une boutique existe, une vraie boutique avec des produits bien présentés, où l'on peut entrer normalement, nous préconisons une présentation classique, comme le « petit électro » dans les grandes surfaces : tablette du haut, au niveau des yeux, pour voir le produit bien mis en valeur, au niveau des mains des produits à essayer, tripoter, faire fonctionner, au niveau des genoux le stock emballé, prêt à emporter :

> « Impossible, nous répond-t-on, le stock est en réserve, dans un placard.
> – Justement, pas de réserve, la marchandise en magasin ! C'est sa place, juste sous les modèles présentés.
> – Non, non, pas possible, il faudrait que le personnel se baisse, ils ne l'accepteront jamais !

Je sais, difficile à croire. Mais je certifie l'authenticité du dialogue...

Bref, nous partons réaliser un cahier des charges, constatant notamment qu'il y a des personnes qui viennent acheter, des chefs d'entreprise souvent, et d'autres qui viennent pleurer, n'ayant pas payé leur facture, et tout ce monde mélangé dans une même salle d'attente...

Le concept a été d'abord de séparer les flux des acheteurs de celui des pleureurs, peu propices à une ambiance marchande et valorisante de produits techniques !

Puis de construire un magasin comme une « fleur », avec un centre d'animation et des « pétales » spécialisés selon les cibles de clients, afin d'accroître l'animation et le côté ludique. Et, de ce fait, l'accueil d'antan s'est instantanément transformé en magasin véritable, avec produits au centre, services en périphérie, et ambiance marchande et sympathique.

Bien sûr, il a fallu former les collaborateurs à ce nouveau rôle marchand et non plus « administratif » dont ils avaient pris les habitudes bien éloignées du service au client...

Cette histoire vraie peut servir de base de réflexion pour tout type de merchandising de services ou d'administration publique offrant un décalage de l'offre et du besoin.

La pharmacie et le merchandising

Les pharmaciens sont une catégorie à part de commerçants. Après six années d'études à la faculté, où ils apprennent tout ce qu'il faut savoir sur les médicaments, on les lâche ensuite dans le monde du commerce – pour lequel ils n'ont reçu en faculté aucune formation... Or, le commerce est un métier, dans lequel il faut maîtriser le marketing, le choix des assortiments, la politique de prix, les marges, les approvisionnements, le merchandising etc.

Nous avons eu souvent l'occasion de parler merchandising avec des pharmaciens. Ils sont en général très réceptifs, car ce sont des scientifiques sensibles aux chiffres ; il y a de moins en moins de rétifs, car la profession a évolué : il y a quelques années bon nombre d'entre eux ne voulaient même pas entendre le mot de « commerçant », dévalorisant à leurs yeux. « Nous sommes, disaient-ils, les gardiens de la santé publique » et ils acceptaient juste de vendre des produits dits OTC[1] parce qu'ils leur permettaient de réaliser de bonnes marges.

Nous avons eu à plusieurs reprises l'occasion de faire découvrir le merchandising à des groupes de pharmaciens ; il est toujours difficile de leur faire admettre que l'on peut gagner beaucoup plus d'argent avec des produits à faible marge qu'avec des produits à forte marge, type

1. *Over The Counter* – de l'autre côté du comptoir.

« confraternels ». Mais dès que l'on prend des exemples chiffrés, ils peuvent alors non seulement l'admettre, mais sont immédiatement convaincus des avantages du merchandising.

Quel dommage que les facultés de pharmacie ne prévoient pas, dans le long cursus de formation, une formation de base aux techniques du merchandising : à l'heure actuelle, encore trop de pharmaciens sont « victimes » des entreprises d'installation, de fabrication de mobilier, qui leur disent faire du merchandising, alors qu'ils n'y connaissent rien ou très peu – dans le but évident de leur placer le maximum de mobilier… Heureusement, aujourd'hui, des formations complémentaires existent (un DESS à Pau, notamment) – et de nouveaux magasins spécialisés en parapharmacie ont ouvert, avec la présence d'un pharmacien diplômé.

Une autre utilisation directe du merchandising – en dehors, bien entendu, de la connaissance de la présentation marchande – c'est l'approvisionnement marchandises. En effet, cette profession est la seule à bénéficier des services de grossistes spécialisés susceptibles de les livrer tous les jours, voire plusieurs fois par jour ! Or, les pharmaciens, comme tous les commerçants, sont régulièrement visités par les laboratoires et fournisseurs divers, non seulement pour les médicaments, mais pour la para-pharmacie.

Les fournisseurs essaient de charger les stocks dans les officines, et proposent des conditions souvent extraordinaires auxquelles les pharmaciens souscrivent souvent, sans réaliser qu'ils se stockent parfois pour six mois ou un an… Nous l'avons constaté plusieurs fois. C'est alors que la maîtrise des ratios de rentabilité (en particulier rentabilité du stock investi) doit prendre toute sa dimension pour juger objectivement s'il vaut mieux stocker en achetant peu cher, ou s'il vaut mieux avoir une forte rotation et un plus faible taux de marque.

C'est une profession difficile à pénétrer sans être du sérail, mais les quelques expériences auxquelles nous avons eu l'occasion de nous livrer ont toutes été très favorables en termes de résultats, avec des améliorations très fortes du ROI.[1] Et n'est-ce pas là la finalité concrète du merchandising ?

1. *Return on Investment* – marge brute par rapport à l'investissement.

Espérons que cette sympathique et indispensable profession apprenne vite, dans toutes les officines, à développer leur para-pharmacie, véritable « vache à lait » avec ses produits exclusifs à ce circuit...

Window convenience shop

On commence à voir fleurir, dans les grandes villes et certaines artères très fréquentées, des magasins de *convenience* – autrement dit de dépannage, de commodité, avec un assortiment très réduit de produits de nécessité courante, ouverts 24 h sur 24.

Il s'agit de vente automatique, ce qui implique une machinerie assez complexe, une logistique spécifique et un système monnayeur complet, avec comme « magasin » une simple vitrine derrière laquelle se trouvent les produits disponibles.

L'assortiment est très réduit : 180 à 200 références sont généralement présentes ; il reste à prouver si un assortiment plus étendu, compte tenu du prix de l'automate, serait rentable.

En effet le robot qui vient faire le « picking » des produits est très onéreux, car produit en faibles quantités pour le moment : il revient à 125 000 euros mais arrive à s'amortir en 5 ans.

L'assortiment comprend des liquides – jus d'orange, eau, boissons lactées mais ni vin ni alcool ; un peu d'épicerie de dépannage, biscuiterie, conserves, *petfoods* ; un ou deux plats cuisinés auto-chauffants (avec couverts) ; fromage et ultra-frais (le magasin est réfrigéré), un peu de charcuterie, ainsi qu'un minimum de produits d'entretien.

S'y ajoutent aussi, de plus en plus, des distributeurs de frites (40 secondes, four haute pression) de pizzas chaudes (45 secondes, four à induction) et même de boissons chaudes.

35 m^2 suffisent, ce qui représente un minuscule pas-de-porte, assez facile à trouver ; le panier est évidemment très faible car les clients n'achètent généralement qu'un ou deux produits, d'autant plus que le prix est en rapport avec le service offert : en gros, même prix que dans les gares – ce qui représente, d'après notre observation, 30 à 40 % de plus qu'en supérette de quartier, mais un peu moins que chez les épice-

rie de proximité, nos *seven-eleven* français. Le rendement au m^2 est très correct : 4 000 à 4 500 euros.

Une partie de la façade est consacrée à un écran indicateur, au tableau de commande (juste quatre chiffres à taper pour commander), au monnayeur et au lecteur de carte bleue (peu utilisé vu les petits achats).

Il y a deux réserves à l'arrière (avec sas de livraison) : une réserve pour le sec, une pour le frais. Chaque jour un manutentionnaire vient faire le réassort de la machine par l'arrière, assurant ainsi la rotation « fifo »[1] pour gérer les dates de péremption. Chaque produit est présenté sur une unité, avec une étiquette informative, le prix, et le code de commande. Par rapport à un tableau de commande classique en ligne, l'intérêt est de privilégier la visualisation du produit, la rapidité de choix et de transaction (300/400 ventes par 24 h). Le monnayeur recycle les pièces pour que le système puisse fonctionner pratiquement en vase clos. La gestion marchandise et fiduciaire est gérée en temps réel par un ordinateur, qui connaît en permanence le stock de billets et de monnaie en caisse. Le relevé est généralement effectué une fois par semaine.

Certes, il y a encore des progrès à faire dans le design général et la signalétique, comme dans la rigueur de l'entretien et du merchandising (propreté, éclairage, problèmes de reflets, classification marchandises). Mais l'expérience nous semble intéressante, mérite d'être signalée et représente un circuit de distribution qui, pour être encore modeste, n'en représente pas moins une formule de dépannage pour l'urbain étourdi, le noctambule ou même résidant, comme vu Porte de la Villette, un hôtel sans restauration.

1. *First in-first out.*

CHAPITRE 17

Le *merchanfeeling*, un nouveau concept[1]

Le *merchanfeeling* ou merchandising sensoriel[2]

Nous apportons ici une *nouvelle approche merchandising*, due à de nombreuses études consommateurs sur le lieu de vente et d'expériences du terrain : c'est le *merchanfeeling*® qu'on peut appeler également merchandising émotionnel pour ne pas dire sensoriel. Ce concept s'applique essentiellement au merchandising des achats d'impulsion – textile, mode, luxe – plutôt qu'à celui des produits de grande consommation, dits banaux, pour les raisons que l'on va voir. Mais il commence aussi à s'appliquer – lentement mais sûrement – à certains PGC.

Nous avons évoqué à plusieurs reprises le rôle des sens dans le merchandising. Nous avons tous appris que l'homme avait 5 sens, (VOTOG) : La Vue, l'Ouïe, le Toucher, l'Odorat et le Goût.

En merchandising, il est évident que le principal sens utilisé est la vue, faute duquel l'attractivité essentiellement visuelle des produits ou des magasins ne peut fonctionner. *(Par exemple on joue facilement sur les couleurs, les formes, la lumière, la mise en scène).* Mais d'autre sens, également moyens physiques de perception, peuvent – et doivent – être sollicités, dans la mesure où ils influent sur le comportement ou la décision d'achat.

Prenons **l'odorat** : nul ne peut nier, pour les produits alimentaires, le rôle déterminant de celui-ci : il n'est que de voir l'attraction fantastique

1. Chapitre écrit en collaboration avec Béatrice Querette.
2. On pourra, à ce sujet, lire avec profit *Le Marketing sensoriel du point de vente* écrit par Sophie Rieunier *et al* et publié en 2002 par les Éditions Dunod.

de l'odeur de viennoiserie sur les ventes de ce rayon ! Ou encore l'influence prépondérante sur les ventes du rayon café par une bonne odeur de café grillé répandue dans l'allée, avant l'ouverture...

La capacité des odeurs à évoquer des souvenirs ou susciter des émotions est bien connue. L'odorat est le 1er sens utilisé dès la naissance (le nourrisson reconnaît sa mère à son odeur !), avant les autres, et ne s'altère pas avec l'âge. Certaines marques se penchent vers une *identité olfactive* avec l'apparition des « *logolf* » ou logo olfactif. Il existe des sociétés spécialisées dans ce domaine.

Le toucher est fondamental pour beaucoup de produits, en particulier le textile, bien sûr, mais aussi les flacons de parfums ou de cosmétique. Le client a toujours *besoin* de toucher. En merchandising on dit « pas vu, pas pris » mais aussi « pas pris, pas vendu »). Un produit touché est presque acheté, le client commence à se l'approprier. L'environnement lui-même, par le jeu des matériaux utilisés pour le mobilier ou la décoration donne un sens tactile en accord avec les produits.

L'ouïe est sollicitée, dans les magasins, surtout par la musique d'ambiance, qui induit notoirement les comportements. Certains sons spécifiques (oiseaux, bébés, ambiances de stade, de mer, etc.) sont connus pour influer sur les achats ou le comportement du consommateur. Sans parler du bruit de la soie ou du tissu qui craque doucement à l'oreille...

Quant au **goût**, il est fortement sollicité par tout l'alimentaire, lorsque les consommateurs peuvent profiter d'un échantillon ou d'une dégustation. L'odeur est liée étroitement avec le goût : dans certains magasins des odeurs sont diffusées qui mettent en action les glandes salivaires... (café, chocolat, pain chaud).

Pour peu qu'au goût s'ajoutent l'odorat, la vue, l'ouïe et un toucher délicat : tous les sens sont alors sollicités, et l'envie d'acheter, la motivation d'achat trouve tout leur... sens !

Cependant, il s'agit là des sens dans leur acception générale, physique, neurophysiologique, distingués par Aristote.

Ayant procédé depuis des années à beaucoup d'études sur les motivations d'achat auprès de toutes catégories de consommateurs(trices) et analysé de nombreuses études s'y rapportant, nous avons pu déterminer cinq sens complémentaires, qui, pour n'être pas d'ordre physique, mais psychophysiologique n'en sont pas moins de puissants stimuli de l'achat.

Après les 5 sens « neurophysiologiques » (VOTOG), les 5 sens « psycho-physiologiques »[1] (IPIVE) presque « subliminaux », en tout cas émotionnels.

Ce sont l'identification, la possession, l'intuition, la valorisation et l'émotion (IPIVE).

Identification

Sans pouvoir logiquement le justifier, sans en être même tout à fait conscients, certains consommateurs achètent les produits « parce qu'ils en ont l'habitude » ou bien « parce qu'il leur plaît » sans pouvoir dire en quoi… et lorsque l'on fouille, en interview, les motivations (dans la mesure où l'on cherche toujours à comprendre le pourquoi) on constate une sorte d'identification du client au produit, à la marque ou à l'environnement : c'est comme ça, c'est tout.

Il y a sûrement empathie avec le produit, mais on ne trouve réellement aucune autre motivation d'achat que cette sorte de symbiose non consciente avec le produit – c'est pourquoi nous l'avons appelée « identification ». C'est un sens non explicable, mais réel. Il correspond à un état d'esprit. Le client retrouve ses repères.

C'est le « désir mimétique » cher à René Girard, philosophe enseignant à Stanford.

> Exemple : un consommateur proche de la nature va retrouver des repères familiers chez Nature & Découverte – ou bien le jeune qui va s'identifier au style du mobilier, du magasin, à une marque ou à la musique d'ambiance…

Possession

Le sens défini par ce mot représente une véritable prise de possession physique et morale d'un objet, désiré presque comme un désir sexuel, fondamental, inexplicable mais très présent. C'est un comportement majoritairement féminin, exacerbé au moment des soldes, principale-

1. Nous parlons bien de sens, dans l'acception « sensation » telle qu'elle est définie dans le Petit Robert (édition 2002) : « Phénomène parapsychologique par lequel une stimulation externe ou interne a un effet modificateur spécifique » ; « état psychologique à forte composante affective ».

ment dans le domaine du textile. Mais les hommes sont aussi concernés, avec de forts désirs de possession, ne serait-ce que dans l'automobile. Ce sens est tout à fait « lisible » dans les analyses de motivation, sans être perçu comme tel par le consommateur, même quand on lui fait réaliser son comportement après l'achat. Non pas qu'il en ait honte, mais il ne conçoit pas qu'il puisse y être sensible. Et pourtant, ce sens de la possession est bien réel. Et plus particulièrement dans le luxe, le sentiment que ce produit est fait pour soi, qu'il est unique.

> Exemple : la femme qui a un véritable « coup de foudre » pour un modèle spécifique, qu'elle pense « fait pour elle ». Ou l'homme qui « s'approprie » un modèle de voiture avant de l'avoir acheté...

Intuition

Beaucoup plus difficile à décoder, ce sens n'est décelable qu'après l'achat, un peu comme une justification logique. « Je ne sais pas pourquoi, mais j'avais le sentiment que ce produit était pour moi »...Et pourtant, il ne s'agit pas d'une rationalisation après-coup pour se justifier. Particulièrement sensible dans les achats de vêtements participant à l'allure générale. C'est à la fois une réassurance de l'achat et une satisfaction d'avoir fait le bon choix. L'intuition, c'est ce qu'on appelle le sixième sens. Mais c'est aussi le « bon goût » : « Jugement intuitif des valeurs esthétiques » (*Petit Robert*, 2002).

> Exemple : « c'est cette robe qui me va ». Instinctivement la cliente sait « je suis belle dedans, elle me met bien en valeur ».

Valorisation

Il ne faut pas confondre avec l'intuition ; l'achat de valorisation fait appel au raisonnement avant l'achat, dans le désir de donner de soi-même une image dans différents domaines. Comme évoqué dans le chapitre des motivations primaires et fondamentales d'achat (besoin, sécurité, image), l'image que l'on veut projeter de soi, et que l'on souhaite bien sûr valorisante, dépend beaucoup des produits utilisés.

Dans le cas des motivations primaires, nous avons vu que le simple fait de choisir un whisky haut de gamme permet au consommateur de se positionner comme un amateur, qui honore également ses hôtes en leur offrant une boisson haut de gamme.

Mais cela est encore plus vrai dans le domaine du textile et des griffes, où l'on se valorise en portant le sigle d'un couturier ou d'une marque de luxe. Il s'agit d'une image de soi que l'on renvoie aux autres, d'une valorisation à ses propres yeux, mais aussi, dans le cas d'une invitation ou d'une réception, d'une image d'hôte raffiné, honorant ses invités comme il convient. Le produit ou la marque porte des valeurs dans lesquelles les clients se reconnaissent, se sentent valorisés.

Exemple : « Je porte un carré Hermès. »

Émotion

Ce n'est ni de la possession, ni de l'identification, ni de l'intuition, c'est un peu plus large que le fameux « coup de cœur » – le produit, quel qu'il soit, déclenche chez le consommateur une émotion positive, le touche quelque part, mais ce sens est très délicat à cerner tellement il est ténu et fragile – mais profond.

Ce n'est qu'en poussant l'acheteur dans ses retranchements que l'on perçoit cette émotion, non consciente, mais qui explique en l'absence de toute autre raison une envie d'achat fondamentale (alors que la possession est consciente).

Exemple : Les magasins L'Occitane qui recréent l'atmosphère du Sud... ou les magasins Résonance qui jouent sur la nostalgie de l'enfance ou du passé.

En réalité, le merchandising étant un écrin ou un support pour valoriser le produit, on s'aperçoit vite que tous ces sens peuvent et doivent être sollicités en fonction des caractéristiques propres des produits proposés, de leur univers spécifique ou du style du magasin.

Il est intéressant de souligner que les sens physiques sont à ce moment au service d'un ou des cinq sens psychiques. On éviterait ainsi la réalisation fréquente de très belles présentations ou de très beaux magasins sans chaleur et sans âme.

Lorsque l'on porte un regard attentif et professionnel sur l'offre marchande des différents types de magasins, avec la « grille de lecture » spécifique aux dix sens explicités plus haut, on s'aperçoit très clairement de la non utilisation de tel ou tel sens, en particulier dans les fameux sens psychophysiologiques. Faire en sorte de créer l'émotion, ou l'identification, par exemple, n'est-ce pas une motivation d'achat puissante ?

Les magasins sont trop souvent réalisés uniquement par des architectes ou des designers, qui n'ont pas le sens de la « commercialité » et encore moins du merchandising. Ils font de très beaux magasins, trop souvent froids et statiques, quels que soient leur talent et leur créativité. Ils l'imaginent vide, (conception qui ne prend en compte ni la présence des clients, ni celle des produits et de leur environnement, ni les changements réguliers de collections) alors que le merchandiser l'imagine plein... (de produits avec leurs contraintes, et de clients avec leurs comportements). Il est indispensable que le spécialiste merchandising puisse établir un « cahier des charges » à destination du créatif, pour que le talent de ce dernier puisse s'exprimer dans la bonne direction.

Il y a là matière à recherches approfondies pour des étudiants en sciences humaines, sociologie ou psychosociologie ou pour des sociétés d'études du comportement des consommateurs : espérons que ces cinq sens émotionnels seront un jour décodés plus profondément.

En ce qui nous concerne nous avons testé et appliqué ce *merchanfeeling* dans le domaine de la mode et du luxe : excellent accueil et compréhension immédiate de ce concept par les professionnels concernés, excellents résultats d'application.

Tant il est vrai que le merchandising se renouvelle sans cesse, se trouve de nouvelles applications – ce qui prouve bien que c'est une technique qui vit !

Le *fashion merchandising*

Historique

C'est à la fin du XIXe siècle avec l'arrivée de la confection et des grands magasins que la mode jusque-là réservée aux élites devient à la portée de tous. Mais il faudra attendre les années 60 pour que la mode devienne « prêt-à-porter » avec la naissance des stylistes et le développement de la mode de la rue. Ce sont les débuts de la distribution de masse et de la grande consommation.

Les années 70 amorcent le début des concepts de magasins avec les premiers centres commerciaux dans les grandes banlieues et le développement des centres-villes. Ce sont les années franchises : Benetton, Manoukian, Caroll, Rodier, Devernois avec un merchandising fonctionnel, voire basique.

Après le choc pétrolier de 1973 et les premières difficultés économiques, on voit apparaître dans les années 80, un merchandising de gestion avec une expansion des succursalistes permettant une meilleure rentabilité ainsi qu'un meilleur contrôle de l'image : C&A, Etam, Promod, Camaïeu. Mais c'est aussi la grande époque des merchandising narratifs avec des marques telles que Polo Ralph Lauren ou Banana Republic.

Les années 90 voient plusieurs phénomènes : tout d'abord une internationalisation de la mode avec l'arrivée de marques telles que GAP, Zara ou encore H&M. Mais il y a aussi une prise de conscience : le magasin est devenu un vecteur média puissant. Les espaces de plus en plus grands sont donc confiés à des architectes de renom ainsi que des *designers* et publicitaires. Ceci a permis des progrès très nets sur l'amélioration des concepts et de la sophistication de l'offre, mais en même temps on a eu tendance à oublier la commercialité avec des concepts froids et minimalistes où les produits n'étaient pas toujours accessibles au client.

Dans le courant des années 90, la saturation du marché ainsi que l'incertitude économique (crise du Golfe, 11 septembre), vont profondément changer le paysage. De plus, le consommateur étant plus averti, il devient plus difficile à séduire, impressionner et exige toujours plus de qualité, de services, de valeur ajoutée. Il faut donc se différencier et affirmer son identité à travers un merchandising sur mesure traduisant des valeurs propres à l'enseigne dans lesquelles les clients se reconnaissent (valeurs éthiques, écologiques, socio-culturelles...).

Pour les années 2000, l'expérience des années antérieures avec l'intégration des contraintes économiques amorcent un retour à la commercialité avec les règles de base du merchandising : massification des produits que l'on met en scène pour les pousser vers le client.

Mais on parle aussi de plus en plus « d'expérience client » ou en encore de *fun shopping*. Si le magasin est un lieu permettant de véhiculer la personnalité et les valeurs de la marque, il est aussi un lieu de plaisir. En plus du développement d'un merchandising sensoriel interpellant tous nos sens neurophysiologiques, les sens psychophysiologiques à travers le *merchanfeeling*® doivent être pris en compte dans la réflexion sur les concepts.

Le choix d'une stratégie de fashion merchandising

Même si aujourd'hui, toutes les marques de mode n'ont pas encore leur département merchandising, il apparaît de plus en plus évident qu'une véritable stratégie merchandising doit être conçue et mise en place. Cinq étapes sont nécessaires avant de se lancer dans un concept merchandising.

➤ Définir l'univers de la clientèle visée

Il fût un temps où l'on définissait sa cible par CSP uniquement. Aujourd'hui, il faut surtout comprendre l'univers et les références des clients : des études plus approfondies étudient les comportements, les habitudes de vie, les attitudes, les goûts...

Toutes ces informations socio-démographiques et comportementales doivent être croisées pour définir le plus finement possible la cible visée.

Ces nouvelles tendances offrent de nouveaux créneaux intéressants dans un univers hyper concurrentiel, mais aussi complexifient la définition de l'identité de la marque. Il faut en effet traduire l'univers de la cible à travers le merchandising pour que la clientèle « s'identifie » à la marque.

➤ Positionner son concept

Il s'agit là de choisir les traits de caractère distinctifs du concept qui vont traduire l'univers de la clientèle visée. Le concept devient un support physique de communication concrétisé par des objets, des couleurs, des matériaux ou des mises en scène qui permettent de distinguer la marque et ainsi renforcer son identité.

➤ Segmenter sa présentation produits

Une fois que le client se reconnaît dans son univers, il doit se repérer dans une offre produit lisible et compréhensible. On découpe son offre en segments dans un ordre logique et évident selon les codes du client. Il s'agit de présenter l'assortiment par collections, silhouettes, thèmes, couleurs, univers, produits... C'est aussi un moyen d'associer les produits et de suggérer des idées au client car le merchandising consiste aussi à vendre plus.

➤ Organiser la vente

Le merchandising étant un support d'aide à la vente, on peut simplement choisir une vente libre-service. Mais étant donné l'exigence grandissante des clients, l'organisation de la vente est à réfléchir surtout dans des marques où le conseil, donc l'intervention de vendeurs polyvalents ou spécialisés, joue un rôle important.

On peut choisir d'exposer tous les produits à la portée du client ou de ne montrer qu'un ou plusieurs articles accessibles ou non de telle manière qu'ils nécessitent l'intervention d'un vendeur pour être touchés ou essayés. On retrouve ce type de vente surtout dans le commerce du luxe pour valoriser la préciosité et la rareté du produit.

➤ Construire l'image de la marque

Une image cohérente suppose une adéquation entre l'univers que l'on souhaite montrer au client et celui qu'il perçoit. Tout changement de l'image implique que tous les éléments suivants soient pris en considération : choix des produits, type de zone de chalandise, communication, publicité, identité visuelle.

Les composantes du fashion merchandising

➤ La zone de chalandise des magasins de mode

Si chaque marque décide d'une stratégie de développement géographique nationale, voire internationale, il n'en reste pas moins qu'il faut de plus en plus que la zone de chalandise draine la clientèle ciblée. Le quartier, la rue ou même la ville doit refléter la personnalité de l'enseigne et être en harmonie avec l'univers que l'on crée à travers le merchandising. On constate de ce fait de plus en plus une différenciation des quartiers ; chics, branchés, avant-gardistes, artistes, bobos, mass-market, enfants...

On ne cherche plus à s'isoler loin des concurrents mais plutôt à créer une synergie où les univers se côtoient en parfaite harmonie.

➤ L'ambiance du point de vente

L'ambiance du point de vente est faite de tous les éléments matériels qui concourent à l'identité de la marque. Il faut tenir compte ici des différents sens neurophysiologiques et psychophysiologiques pour que l'expérience client soit totale et réussie.

La façade étant la première partie visible avec les vitrines, on comprend qu'il faut accorder le plus grand soin à son élaboration. C'est elle qui donnera le ton ainsi que l'envie de tenter l'expérience. Ne dit-on pas que les vitrines sont l'âme du magasin ?

Aucun des éléments ne doit être négligé sous peine d'efficacité réduite : le choix des couleurs, des matériaux, de la lumière, de la musique, du parfum (« logolf[1] »), du mobilier, des mannequins.

Les volumes et l'espace ainsi que la circulation sont équilibrés avec des repères facilement compréhensibles par le client qui se sentira d'autant plus à l'aise et confortable.

➤ Le linéaire

Si les niveaux de présentation doivent être pris en compte, on parlera plus ici de *mass merchandising* ou *no mass merchandising* : plus on veut donner une impression d'exclusivité et de rareté, moins on exposera de produits. Les taux de saturation de l'espace varie de 15 pièces au m^2 (voire moins) dans les univers du luxe à 100 pièces au m^2 dans les univers mass-market sachant que la tendance aujourd'hui est un retour à la profusion.

Mais dans un univers où l'achat d'impulsion domine, il faut sans cesse changer le linéaire pour que les clients aient le sentiment de changement et nouveautés.

➤ Les produits et assortiments

La recherche esthétique alliée à une efficacité commerciale représente toute la difficulté du choix de ses produits et de son assortiment.

Si nous cherchons tous à satisfaire les besoins et les pulsions de nos clients, il faut aussi anticiper les tendances et les désirs qui deviennent de plus en plus volatils. La réponse à ces changements rapides est la

1. Combinaison des mots logo et olfactif.

pratique du flux tendu nécessitant des moyens d'action élaborés, mais aussi des mini-collections et dans les boutiques plus haut de gamme, des séries limitées.

Il faut ensuite gérer les croisements de collections (cross-merchandising) et produits tout en gardant une cohérence.

➤ La CLV

Le magasin étant devenu un véritable média, la communication sur le lieu de vente s'est considérablement améliorée. Si les signalétiques sont maintenant en totale cohérence avec l'identité de la marque, on voit apparaître les books de collections, les livres racontant l'histoire de la marque, les *consumers* (magazine propre à la marque) mais aussi les nouvelles technologies avec les écrans plasmas, hologrammes et bornes interactives.

La boutique devient un lieu où il se passe des événements comme des défilés, des soirées spéciales (célibataires, porteurs de carte, anniversaires, lancements), des expositions, des concerts...

Le packaging fait partie de la communication, est une publicité gratuite, se perfectionne, se saisonnalise. On retrouve l'univers et les codes de la marque ainsi que les événements qui s'y passent au fil de l'année.

Les différentes formes de circuits (retail)

➤ Les grands magasins

Les grands magasins, premiers révolutionnaires du commerce moderne, ont traversé les temps avec de profonds changements architecturaux. Avec une image ringarde à la fin des années 80, ils ont su se repositionner et se moderniser dans les années 90 en entamant des travaux importants pour re-segmenter l'offre non plus par âges mais par attitudes et styles de vie.

Ils ne peuvent plus se contenter aujourd'hui d'être des loueurs de m^2, mais doivent allier des enseignes à forte personnalité avec des marques moins connues, le tout en accord avec leur propre image et leur configuration.

Leur image de multi-spécialistes haut de gamme ainsi que leurs particularités architecturales sont certainement des atouts majeurs pour inventer une expérience client distincte des autres formes de distribution de plus en plus compétitives.

➤ Les chaînes spécialisées

Les chaînes spécialisées, ayant vu le jour dans les années 80, sont aujourd'hui le premier réseau de distribution textile en France. On peut considérer les chaînes avec des surfaces supérieures à 400 m^2 et celles avec des surfaces inférieures à 400 m^2. Dans la première catégorie, des succursalistes tels que La Halle aux Vêtements, Kiabi, C&A ou encore Marks & Spencer se sont d'abord développés aux alentours des zones de la grande distribution. Mais l'internationalisation a permis l'arrivée de nouveaux venus comme Zara, Mango, Gap et H&M qui ont su séduire les adolescents, développant les points de vente en centre-ville à des emplacements numéro 1 avec un assortiment à la pointe de la mode, laissant derrière eux leurs prédécesseurs.

Pour les plus petites surfaces, implantées en centre-ville, certains ont su se reconvertir en modernisant leur réseau comme Camaïeu pendant que d'autres sont restés sur leurs acquis laissant la place à des nouveaux venus comme Jennyfer.

Le succès de ces chaînes spécialisées repose aujourd'hui sur une logistique calquée sur le modèle de la grande distribution avec des outils informatiques de plus en plus performants permettant de gérer les stocks en flux tendu. Des mini-collections sont développées dans des bureaux de style intégrés à la marque pour répondre à une clientèle de plus en plus volatile. L'assortiment est adapté à la taille de chaque point de vente et à sa zone de chalandise.

➤ Les marques de luxe

Le luxe, jadis inaccessible, a connu dans les années 90 une démocratisation et un développement indéniables. Ce qui qualifie une marque de luxe est tout d'abord une image d'authenticité, de tradition et de savoir-faire emphasée par un marketing du rêve. L'histoire et le passé combinés à des codes forts sont présents dans les caractéristiques identitaires merchandising que l'on retrouve à travers tous les magasins avec une adaptabilité à l'environnement culturel. C'est le cas chez Chanel ou Hermès qui, de plus, savent évoluer en douceur avec leur temps sans perdre l'essence de ce qui fait leur distinction.

Mais il y a aussi chez les marques de luxe cette notion de perfection et d'exclusivité où le produit est valorisé par un merchandising cohérent et une distribution sélective. C'est pour cela que les enseignes aujourd'hui s'inspirent de ce secteur et copient ces codes du luxe qui ont fait leur succès.

➤ Les petits magasins créateurs

Diffusant plusieurs marques ou une marque propre ainsi que des objets divers et variés, cette forme de distribution se caractérise plus par la personnalité du fondateur qui fera le caractère du lieu. Avec une connotation d'exclusivité donc luxe, ces endroits connus des initiés sont situés en dehors des artères commerciales et prennent plus la forme d'appartements ou de salons privés.

À l'heure de la globalisation et de l'uniformité, ces endroits font plus penser à des clubs où l'on se sent comme à la maison.

➤ Les multimarques

Malmenés par une concurrence toujours plus forte des réseaux succursalistes organisés, les multimarques voient leur part de marché diminuer chaque année. En réponse à cette pression, ils doivent se moderniser, se re-concentrer sur un positionnement plus haut de gamme, faire preuve de créativité et de compétitivité.

Certaines enseignes, comme Miss Sixty, offrent un soutien merchandising à ses distributeurs mettant ainsi à leur service des techniques de merchandising moderne : les magasins gagnent en performance et la marque préserve une cohérence de son image.

Pour les marques, ces réseaux de distribution peuvent être un moyen d'atteindre une clientèle fidèle dans une zone géographique à faible concurrence où elles ne peuvent développer un magasin en nom propre faute de potentiel suffisant.

➤ Les concepts-stores

Nouvelle tendance forte du moment, les concepts-stores ou lieux de vie, sont la réponse au zapping d'achat des consommateurs d'aujourd'hui : on trouve toutes catégories de produits et de services dans un même endroit. Mais c'est aussi un moyen de montrer l'univers de son enseigne ainsi que ses valeurs à travers un art de vivre et un mélange des genres subtil.

L'autre caractéristique fondamentale est le changement rapide des assortiments et du merchandising car ils doivent être dans l'air du temps et précurseurs des nouvelles tendances.

➤ Les magasins d'usine

Longtemps organisés dans des lieux type hangars, l'engouement de ces dernières années pour l'achat de produits de marques à prix réduits a vu naître de véritables villages et centres commerciaux. La Vallée® *Outlet Shopping Village*, à proximité des parcs à thèmes Disney, est un des meilleurs exemples de l'évolution de ce type de distribution. Dans un contexte convivial, les marques haut de gamme vendent leurs collections antérieures dans un environnement reprenant les codes de la marque ce qui permet de préserver leur image.

➤ Les magasins vintage

Plus communément appelés « dépôts vente », ces magasins proposent de plus en plus de produits griffés, certains se spécialisant dans des marques offrant ainsi la possibilité aux victimes de la mode et aux collectionneurs de dénicher la pièce rare.

➤ Les solderies

Très souvent sous forme de chaînes, ces magasins proposent en majorité des produits fin de séries toutes marques, dégriffés et griffés.

➤ Les hard-discount

Comme dans l'alimentaire, les magasins hard discount textile ont fait leur apparition sur le marché ces dernières années avec un franc succès. Les enseignes Vêt'affaires ou Parti prix reprennent certains codes de l'alimentaire hard discount comme les têtes de gondole, les présentations mono produits ou en vrac.

Ils sont de plus situés proches des enseignes de la grande distribution dans les grandes banlieues par souci d'économie.

Les développements futurs

Sur un marché de plus en plus saturé, on pratique aujourd'hui un merchandising sur mesure, matérialisation d'un univers identitaire de la marque. Cette matérialisation passe par l'utilisation des cinq sens neurophysiologiques (vue, odorat, ouïe, toucher, goût), où il y a encore de grands progrès à faire, et par les cinq autres critères psychophysiologiques (identification, possession, intuition, image, émotion) qui doivent être intégrés dans la réflexion.

Il faut réinventer sans cesse le commerce de distribution en intégrant de nouvelles connaissances, progrès technologiques, changements, mutations.

Et si le merchandising est une science où les règles sont en constante mutation, la seule chose dont on peut être sûr pour le futur est qu'il faudra toujours rester proche et à l'écoute de ses clients pour anticiper et les étonner.

Conclusion

Toutes les techniques merchandising que nous avons abordées ne sont utiles que mises au service d'un *projet*. Le merchandising ne saurait être figé, il est vivant, changeant, surprenant, bref il doit apporter la vie aux linéaires de vente.

Depuis de nombreuses années, nous avons appliqué le merchandising dans un grand nombre d'entreprises, industriels, grossistes, distributeurs/services/. Nous n'avons jamais fait deux fois la même chose.

Nous avons vu des applications merchandising faire instantanément décoller des produits, jusque-là statiques. Nous avons vu des forces de vente transformées par l'utilisation de nouveaux moyens d'agir sur les linéaires. Nous avons même vu des chiffres d'affaires doubler en une année seulement, par l'effet de levier des études de cas, d'application du potentiel, de la démonstration des performances.

Le merchandising n'a pas fini de nous étonner. Nous pensons que c'est plus une *culture,* un *état d'esprit,* qu'un ensemble de techniques. Bien sûr ces techniques sont indispensables, mais il faut vite les dépasser pour reprendre le regard simple du consommateur, dont la satisfaction est l'objectif final.

Faciliter l'achat ; suggérer le besoin ; créer l'envie : tels sont les rôles du merchandising vis-à-vis du consommateur.

Augmenter les ventes ; faciliter la négociation ; permettre le contrôle : ce sont les rôles du merchandising vis-à-vis du producteur.

Améliorer la rentabilité ; maîtriser les performances ; donner les moyens de manager un rayon, un magasin, en toute connaissance de cause : ce sont les rôles du merchandising vis-à-vis du commerçant.

Créer, remettre en cause, poser les problèmes « autrement », utiliser un merchandising sensoriel, c'est l'avenir du merchandising.

Le merchandising n'arrêtera jamais d'évoluer, dans ses techniques ou ses applications ; mais ce sera toujours dans ces directions. Ce qui n'est pas une conclusion, mais une introduction.

Glossaire

Agent merchandising : assure la maintenance du linéaire et éventuellement la gestion des stocks ; peut être le représentant ou le gestionnaire de stock.

Allotissement : groupement de plusieurs produits en lots, devenant alors unité de vente.

Animation : toutes actions et moyens d'animer un produit, un rayon, un magasin.

Assortiment : assemblage de produits de même famille en fonction des besoins consommateurs.

Bénéfice brut : ou marge brute cumulée, c'est la marge brute unitaire multipliée par les quantités vendues/an.

Bénéfice commercial : ensemble bénéfice brut + benéfice différé.

Bénéfice différé : remises de fin d'année plus tous avantages non portés sur facture produits, en valeur absolue.

Bénéfice financier : bénéfice réalisé sur la trésorerie dégagée par le délai de paiement du fournisseur.

Bergerie : type de mobilier-comptoir anciennement utilisé en magasins populaires.

Blister : coque plastique transparente sur carton, packaging pour petits produits.

Bout de gondole : extrémité d'une gondole, au début ou à la fin de la longueur de celle-ci, perpendiculaire à la tête.

Broches : crochets métalliques supportant des produits, fixés sur peg-board ou barres de force.

Cadence de vente : rythme d'écoulement d'un produit entre deux comptages.

Cadencier : document de comptage des stocks permettant de calculer la cadence de vente et la commande.

Cash cow : vache à lait – produit apportant de bonnes marges.

Category killer : « tueurs de catégories », magasins spécialisés discount, leaders de leur marché.

Category management : processus de management d'une catégorie homogène de produits

Chalandise : zone de chalandise, zones préférentielle d'attraction de la clientèle d'un magasin.

Check-out : caisse de sortie en magasins libre-service.

Cheminée : système de présentation verticale, formant comme une tête de gondole dans le linéaire .

CLV : communication sur le lieu de vente.

Coefficient de rotation : rapport ventes/stock, nombre de fois où un stock « tourne » dans l'année.

Coefficient multiplicateur : mode de calcul du prix de vente consommateur en partant d'un prix d'achat net hors-taxe.

Compte-clé : *(key-account)* responsable commercial d'une ou plusieurs chaînes chez un fournisseur.

Compte d'exploitation : document comptable périodique permettant de suivre les performances semi-nettes (rayon, magasin).

Consommativité : productivité de l'acte d'achat du consommateur (J. Baudrillard).

Conurbation : ensemble d'agglomérations proches, formant en réalité un tissu urbain continu.

Convenience store : magasin de proximité de petite surface et grande amplitude horaire, avec assortiment réduit.

COS : coefficient d'occupation du sol.

Couverture : quantité de produits prévus pour couvrir la vente d'une période (stock + reste à livrer + commande).

CRM *(Consumer Relationship Management)* : maîtrise des relations consommateurs par étude fine du comportement.

Cross-Merchandising : placement en linéaire de produits complémentaires qui restent également dans leur famille.

Cybermarché : super ou hypermarché sur Internet.

Délister : supprimer la référence du listing d'assortiment.

Démarque : diminution volontaire d'un prix de vente, pour liquider son stock ou s'aligner sur la concurrence.

Démarque inconnue : euphémisme pour vol, c'est ce qui manque dans la caisse en rapprochant les comptes de la réalité.

Deux-ponts : meuble réfrigéré à deux niveaux.

Dispenser : présentoir spécifique distribuant de petits produits par gravité.

Display : présentoir promotionnel.

DPH : droguerie-parfumerie-hygiène.

Écoulement : ventes d'un produit pendant une période donnée.

ECR : *(Eficient Consumer Response)* technique de gestion de produits intégrant une réaction rapide aux ventes.

EDI : échanges de données informatisées.

Élasticité : du linéaire, sensibilité des écoulements à la variation du linéaire.

Extender : avancée de rayon (PLV).

Facing : unité de présentation d'un produit en linéaire, vu de face.

Fenêtre : cadre pour la mise en valeur d'une présentation en gondole (PLV).

Fiche fantôme : fiche signalétique de manquant derrière les blisters.

FIFO : First In/First Out, axiome pour une bonne gestion de stock en produits frais.

FLS : frais libre-service.

Flux : circulation des clients dans un magasin.

Format : standard de surface d'une enseigne.

Gencod : groupement d'étude de normalisation et de certification (codes barres).

GHM : grand hypermarché (plu de 6 000 m^2).

GMS : grandes et moyennes surfaces.

Gondole : mobilier de présentation en libre-service.

GSA : grandes surfaces alimentaires.

GSS : grandes surfaces spécialisées.

HD : hard discount.

HM : hypermarché (plus de 2 500 m^2).

ILV : information sur le lieu de vente.

Ingénieur merchandising : responsable merchandising, au niveau conception.

Isochrone : caractéristique des lignes délimitant les zones de chalandise selon les distances-temps du magasin.

Lay-out : disposition générale d'une implantation dans un magasin.

Linéaire : longueur horizontale de présentation.

Linéaire développé : total du linéaire d'un produit.

Linéaire sol : linéaire occupé au sol.

Loss leader : produit d'appel vendu à 0 ou à perte.

LS : libre-service.

Marge brute : différence entre le PV HT et le PA net HT d'un produit.

Market place : « place de marché » virtuelle sur internet.

Marque d'enseigne : marque signée par l'enseigne du magasin.

Marque privée : marque réservée à une enseigne.

Mass merchandiser : merchandiser producteur attaché à une chaine de magasins.

MDD : marque de distributeur.

MEA : mise en avant.

Mégabases : immenses bases de données comportementales consommateurs.

Merchandiser : spécialiste, fournisseur ou distributeur chargé d'appliquer le merchandising (études et réalisation).

Merchandising mix : mix d'assortiment entre produits à faible marge/forte vente (volume) et l'inverse (marge).

ML : mètre linéaire.

MLD : mètre linéaire développé.

MLS : mètre linéaire sol.

Musée : échantillonage en linéaire avant implantation.

Nivelling : action de remettre les produits en ordre et en façade en linéaire.

Packing : suremballage de vente par plusieurs unités.

Panel : échantillon de consommateurs ou de magasins servant à établir les statistiques suivies de vente.

PGC : produits de grande consommation.

PLV : publicité/promotion sur le lieu de vente.

Power item : article puissant, d'appel.

PPX : premiers prix.

Profit : en merchandising, c'est la marge pour 100 F d'achat multipliée par le coefficient de rotation *(voir* ROI).

Pricing : étiquetage des prix.

Pyramide de classification : schéma de structure d'un assortiment (rayon, catégorie, famille, sous-famille, article, variété).

Rack : mobilier de vente simpliste, étagères et montants de style réserve.

Rack jobbing : gestion d'un rayon ou d'une famille par un fournisseur. Ne pas confondre avec rayon concédé.

Rail strip : glissière de prix de gondole.

Ratios de rentabilité : rentabilité du linéaire, rentabilité du stock investi, rentabilité commerciale, financière, totale.

Rémanence : persistance de l'effet promotionnel après la période de promotion.

Rendement linéaire : chiffre d'affaires au prix de vente public par rapport au linéaire occupé par un produit.

Rotation : nombre de fois où un stock« tourne » pour assurer les ventes annuelles. La rotation n'est pas la vente.

Saturation : Point de la courbe d'élasticité linéaire où l'augmentation du linéaire n'a plus d'effet sur l'écoulement.

Scanning : enregistrement aux caisses par lecture optique.

Shop-in-shop : boutique spécialisée, avec mobilier spécifique, à l'intérieur d'un magasin.

SM : supermarché (de 400 à 2 500 m^2).

Squelette : *voir* musée.

Stock : ensemble des produits présents en magasin plus réserve.

Stop-rayon : élément de PLV indiquant un emplacement en linéaire.

Store-check : relevé en magasin de la présence, de la présentation, du prix d un ensemble de produits.

Supply chain : système d'approvisionnement marchandises amont-aval.

Surface de vente : surface d'un magasin consacrée à la vente, y compris la zone des caisses de sortie.

Surmarque : augmentation du prix de vente d'un produit, sans changement du prix d'achat.

Switcher : client non fidèle (zappeur).

Taux de marge : rapport entre le bénéfice réel, après exploitation, et le chiffre d'affaires, en %.

Taux de marque : rapport entre la marge brute et le prix de vente hors taxe, en %.

Taxinomie : étude des lois de la classification.

Tête de gondole (TG) : emplacement situé en tête de gondole, perpendiculairement à celle-ci.

TLV : théâtralisation sur le lieu de vente.

Trade marketing : opérations marketing, commerciales, merchandising mises en œuvre conjointement par un fournisseur et un distributeur.

Trafic : flux de clientèle vers un magasin.

Valeur merchandising : étude de la déperdition de prospects entre le promeneur et le client.

Vocation : politique commerciale d'un magasin, en fonction de son positionnement sur le marché.

Index

Réponse au problème posé p. 190 : la rentabilité totale du stock (RTS) est de 4 124 %

48902 - (IV) - (0.7) - OSB90° - CP2 - MNL
Achevé d'imprimer par Dupli-Print en août 2009
Imprimé en France
www.dupli-print.fr

N° d'impression : 127751

Dépôt légal : Janvier 2005, suite du tirage : août 2009